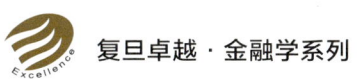

金融学

主编 李磊

副主编 朱雅宁 张菲菲 孙加森

Finance

图书教学资源总码

复旦大学出版社

内容简介

本教材立足现代金融体系构建课程逻辑,紧扣金融作为现代经济核心的时代定位,回应全球化与数字化背景下金融学教学的新需求。在吸收经典金融理论基础上,融入中国特色金融实践,既系统阐释货币、信用、金融市场等核心要素,又聚焦金融调控、监管等现实议题,实现理论深度与实践价值的统一。

本教材通过四篇十二章的内容架构,搭建起层次分明、逻辑严谨的知识体系,适合普通本科、应用型院校及高职高专的教学需求,通过数字化资源与学术前沿模块增强互动性与前瞻性,为金融专业师生及从业者提供兼具基础性与时代性的学习资料。

前　言

　　金融是现代经济的核心,保持经济平稳健康发展,一定要把金融搞好。随着全球经济的飞速发展,金融的重要性愈加凸显。在全球化与数字化交织发展的背景下,其理论与实践日新月异。金融学作为一门理论与实践紧密结合的学科,其教学内容与方法亟须与时俱进。

　　长期以来,在教学实践中,我们发现现有教材难以完全满足当前的教学需求。经典的金融学教材虽然知识覆盖面广,但知识点繁杂,对于普通本科生而言,往往缺乏针对性和实用性;其他大部分教材,则在内容或时效上存在或多或少的问题。经过几年的教学实践与反馈,我们决定着手编写这本《金融学》教材,以弥补现有教材的不足。

　　本教材根据现代金融体系的逻辑框架和中国金融实际,系统地编排了全书的内容。全书分为四篇,共十二章。第一篇是现代金融体系的构成要素,共包括三章内容,分别为第一章货币、第二章信用、第三章利率;第二篇是现代金融体系的运作载体,共包括三章内容,分别为第四章金融市场、第五章金融机构、第六章金融工具;第三篇是金融总量与均衡,共包括三章内容,分别为第七章货币需求、第八章货币供给、第九章货币均衡;第四篇是金融调控与监管,共包括三章内容,分别为第十章货币政策、第十一章金融监管、第十二章金融发展。

　　本教材具有以下几个特色:

　　1. 体系严谨,逻辑缜密。教材以现代金融体系为基石,系统地构建内容架构,内容涵盖现代金融体系的构成要素、运作载体、总量均衡及调控监管四大核心领域,共计十二章,全方位呈现金融学的精髓与广度。

　　2. 金融经典,特色融合。在具体内容的安排上,教材的主线围绕经典的金融理论和知识展开,辅线则结合中国特色金融理论与实践。主线和辅线的有机结合,学生能够深入理解金融学的基本理论、基础知识,同时关注中国金融市场的实际情况和发展动态。这一编排不仅突出了教材理论性,还彰显了其思政性、实践性和时代性。

3. 精准筑基，应用导向。教材在编写过程中充分考虑了普通本科高校的特点和需求，内容精准聚焦金融学的基本理论和基础知识，力求准确传达核心要点，表述简洁明了，确保学生易于理解并掌握。同时，在介绍基础理论时，紧密结合中国金融改革与实践，理论联系实际，突出应用。

4. 数字互动，前沿洞察。教材在编写时，密切关注金融学领域的最新研究成果和金融市场的动态变化，及时将最新知识融入教材中，确保教材内容的时效性和前瞻性。另外，教材配套了丰富的数字化教学资源，旨在通过数字互动的方式，激发学生的学习热情与参与度。同时，教材还特别设计了学术前沿拓展模块，满足不同层次学生的需求。

参与本教材编写的人员有：薛誉华，负责全书的逻辑框架审阅工作；李磊，负责第一、二、三、六、十、十一、十二章，并负责全书"历史""专栏""学习目标""思维导图"和"学术拓展模块"的收集、整理和插入；朱雅宁，负责第七、八、九章；张菲菲，负责第四、五章；邢晨和秦俭为第十一和十二章搜集了相关资料；全书由李磊总纂和校验。21级投资班的刘阳同学为第一至六章的"历史"和"专栏"搜集了相关资料，21级投资班的颜梓芸同学为第一章的货币职能收集了资料，22级国贸班的高金东同学对第二章进行了校对。另外，本教材在编写过程中借鉴了大量的文献资料，在此一并向所有参与人员和文献作者表示最诚挚的感谢。

本教材既可以作为普通本科院校的金融学和投资学专业学生的教材，也能作为金融行业的从业者以及对金融学有兴趣的自学者的参考用书。我们期望这本教材能够成为读者学习金融学知识、提升金融实践能力的良师益友。感谢您选择这本《金融学》教材，由于水平有限，错误在所难免，恳请读者提出宝贵意见，以便我们不断改进和完善。

李 磊

2025年5月20日于苏州

目　录

1 | 第一篇　现代金融体系的构成要素

3 | **第一章　货币**

货币，作为一种特殊的商品，在人类历史长河中扮演着举足轻重的角色。它的产生与发展是与人类社会经济活动的演变紧密相连的。从最初的物物交换到贝壳、金属的使用，到纸币和电子货币的普及，再到数字货币的出现，货币形式的演进反映了经济结构的变迁与交易方式的革新。货币的基本职能包括价值标准、交易媒介、支付手段、价值贮藏和世界货币，它极大地简化了交易过程，提高了交易效率，同时也为经济活动的计量和预测提供了便利。货币制度的建立和完善，如金本位制、银本位制以及现代的信用货币制度，不仅保障了货币的稳定性和可靠性，也为经济发展提供了必要的货币环境。

3	学习目标
3	思维导图
3	第一节　货币概述
3	一、货币的起源与发展
6	二、货币形态的演变
12	第二节　货币的职能与作用
12	一、货币的职能
15	二、货币的作用
15	第三节　货币制度
16	一、货币制度的内容
19	二、货币制度的演进
22	关键词
23	本章小结
23	学术前沿拓展

23	习题
27	参考文献

第二章　信用

信用，作为现代金融体系的重要构成要素，在人们的社会交往与经济活动中扮演着重要的角色，它贯穿于个人、组织和社会的方方面面。现代经济又被称为"信用经济"，政府、企业、个人、金融机构等信用主体相互联系相互影响，信用活动已经渗透到社会生活中的各个领域，交织成庞大而复杂的信用关系。完善的社会信用体系是信用发挥作用的前提，是保持国民经济持续健康稳定发展的重要保障，因此，要加强社会信用体系的建设。

29	学习目标
29	思维导图
30	第一节　信用概述
30	一、信用的含义
30	二、信用的产生与发展
35	第二节　信用形式
35	一、商业信用
36	二、银行信用
37	三、政府信用
37	四、消费信用
38	五、国际信用
39	第三节　信用体系
39	一、信用体系构建的基础
40	二、信用机构体系
41	三、社会信用体系
43	四、社会征信系统
44	关键词
44	本章小结
45	学术前沿拓展
45	习题
48	参考文献

第三章 利率

跨越时间的货币价值之桥梁——利息，承载着资金增值与时间价值的转换。在其表象之下，利息实质是资本市场上借贷双方之间关于资金使用权的一种交易价格。而利率，作为这一价格的度量标尺，不仅反映了货币的时间价值，更蕴含了风险、流动性和期限等多维度的经济信息。利率的种类繁多，从基准利率到实际利率，从名义利率到有效利率，每一种都扮演着不同的角色，满足不同的经济需求。利率的决定理论构成了利率形成的基石。此外，利率有诸多影响因素，如政策调控、经济周期、通货膨胀以及市场供求关系等。

- 50 学习目标
- 50 思维导图
- 50 第一节 利息及利率
- 50   一、利息及其实质
- 51   二、利息的计算
- 52   三、利率及其分类
- 55 第二节 利率的决定及影响因素
- 55   一、利率决定理论
- 58   二、影响利率变化的其他因素
- 60 第三节 利率的作用
- 60   一、宏观调控功能
- 60   二、收入分配功能
- 61   三、平衡国际收支功能
- 62 关键词
- 62 本章小结
- 63 学术前沿拓展
- 63 习题
- 67 参考文献

第二篇 现代金融体系的运作载体

第四章 金融市场

合理配置资源是推动国家经济发展的关键，而其中的核心在于资金配置。金融市场的核心在于资金的流通机制，如何高效地、

合理地配置资金对于国家经济的发展至关重要。通过各种市场活动，各经济主体可以调剂资金余缺，进而使资金配置更加合理。货币市场针对的则是一年以内的融资活动，主要解决各经济主体短期资金周转的问题。在金融市场中，资本市场以中期或长期投资为基本特征，对满足各经济主体的长期投融资需求起到了关键作用。本章将重点介绍金融市场的概念、分类、构成要素及功能，以及金融市场的两大主要市场——货币市场和资本市场的构成及其特征。

71	学习目标
71	思维导图
72	第一节　金融市场概述
72	一、金融市场的概念
72	二、金融市场的分类
74	三、金融市场的构成要素
77	四、金融市场的功能
78	第二节　货币市场
78	一、货币市场概述
79	二、同业拆借市场
80	三、回购市场
81	四、国库券市场
82	五、票据市场
82	六、大额可转让定期存单市场
83	第三节　资本市场
83	一、资本市场概述
84	二、证券发行市场
87	三、证券流通市场
89	关键词
89	本章小结
90	学术前沿拓展
90	习题
93	参考文献

95　第五章　金融机构

金融机构，作为金融活动的中介和桥梁，连接资金的供需双方,确保资金的优化配置。同时,金融机构也是金融市场的重要参与者,通过发行和交易金融工具,为市场提供了流动性和交易机会。本章将介绍现代金融机构体系的构成,重点介绍商业银行和中央银行的性质、职能和业务。

95	**学习目标**
95	**思维导图**
96	**第一节　金融机构体系**
96	一、金融机构的概述
97	二、金融机构体系的构成
104	**第二节　商业银行**
104	一、商业银行的产生与发展
105	二、商业银行的组织形式
106	三、商业银行的性质与职能
107	四、商业银行的业务
110	**第三节　中央银行**
110	一、中央银行的产生与发展
112	二、中央银行的组织形式
113	三、中央银行的性质与职能
116	四、中央银行的业务
120	**关键词**
120	**本章小结**
120	**学术前沿拓展**
121	**习题**
124	**参考文献**

125	**第六章　金融工具**

　　随着经济全球化的深入发展,金融市场在资源配置、价值发现、风险管理等方面发挥着越来越重要的作用。金融工具作为金融市场的交易媒介,对于投资者、企业乃至国家经济都具有重要意义。本章将对金融工具的概念、分类及特征进行介绍,重点介绍货币市场工具和资本市场工具的具体内容,以便理解金融工具在金融市场中的运作方式,为未来的金融实践提供有力支持。

125	**学习目标**

125	思维导图
125	第一节　金融工具概述
125	一、金融工具的概念
126	二、金融工具的分类
126	三、金融工具的特征
127	第二节　货币市场工具
128	一、票据
129	二、国库券
130	三、大额可转让定期存单
131	四、短期债券
132	第三节　资本市场工具
132	一、基础工具
137	二、衍生工具
141	关键词
141	本章小结
142	学术前沿拓展
142	习题
145	参考文献

147　第三篇　金融总量与均衡

149　第七章　货币需求

货币需求是宏观经济与金融体系运行的关键变量，反映了经济主体在不同动机下持有货币的意愿。从交易媒介到价值储藏，货币需求既受微观个体决策影响，也受宏观经济环境制约。利率、收入水平、金融市场发展等因素共同导致了货币需求的动态变化，而不同经济学派对此形成了各自的理论解释。本章将从基本概念出发，分析货币需求的主要影响因素，并系统介绍不同学派的货币需求理论，帮助读者深入理解货币需求的本质及其在经济中的作用。

149	学习目标
149	思维导图
150	第一节　货币需求概述
150	一、货币需求的含义

150	二、货币需求的分类
151	**第二节　影响货币需求的因素**
151	一、收入状况
152	二、物价水平
152	三、利率
152	四、其他因素
153	**第三节　货币需求理论**
154	一、马克思的货币需求理论
154	二、古典学派的货币需求理论
157	三、凯恩斯的货币需求理论
159	四、弗里德曼的货币需求理论
162	关键词
162	本章小结
162	学术前沿拓展
163	习题
167	参考文献

168　第八章　货币供给

在现代金融体系中，货币供给是核心要素之一，其运行机制与调控策略对经济运行产生深远影响。货币供给的规模与结构，不仅决定了市场中流动性的充裕程度，还与物价水平、经济增长、就业状况等诸多宏观经济变量紧密相连。深入剖析货币供给的内涵、机制与理论，对于理解金融与经济的互动关系至关重要。本章将围绕货币供给概述、货币供给机制以及货币供给理论展开系统性探讨，揭示货币供给的运行规律，为理解金融体系的运作提供关键视角。

168	学习目标
168	思维导图
169	**第一节　货币供给概述**
169	一、货币供给和货币供给量
172	二、货币供给模型
173	**第二节　货币供给机制**
173	一、中央银行与基础货币
175	二、商业银行与存款货币的创造

180	第三节　货币供给理论
180	一、货币供给的内生性与外生性
181	二、凯恩斯的货币供给理论
182	三、剑桥学派的货币供给理论
182	四、货币学派的货币供给理论
183	关键词
183	本章小结
184	学术前沿拓展
184	习题
188	参考文献

189　第九章　货币均衡

货币均衡是宏观经济运行的核心命题，它既是货币政策调控的目标，也是经济稳定增长的前提条件。当货币供给与货币需求相匹配时，物价水平保持稳定，经济体系处于相对均衡状态；而一旦货币供求失衡，则可能引发通货膨胀或通货紧缩，进而对经济增长、就业和金融稳定产生深远影响。本章将围绕货币均衡这一核心概念，系统分析其内在机制与经济影响，并深入探讨通货膨胀和通货紧缩的成因、效应及治理策略。

189	学习目标
189	思维导图
190	第一节　货币均衡
190	一、货币均衡的定义
190	二、货币均衡与总供求均衡
191	三、货币均衡的实现机制
192	四、影响货币均衡实现的因素
193	第二节　通货膨胀
193	一、通货膨胀概述
197	二、通货膨胀的效应
198	三、通货膨胀与经济增长
199	四、通货膨胀的治理
200	第三节　通货紧缩
200	一、通货紧缩概述
203	二、通货紧缩的效应

204	三、通货紧缩的治理
205	关键词
205	本章小结
206	学术前沿拓展
206	习题
210	参考文献

211 第四篇 金融调控与监管

213 第十章 货币政策

在宏观经济的大舞台上，货币政策以其独特的魅力和影响力，成为调控经济、引导发展的关键力量。作为中央银行行使经济调控职能的主要手段，货币政策通过调节货币供应量、影响利率水平，对经济活动产生深远影响。随着经济全球化和金融市场的快速发展，货币政策的作用愈发凸显，其复杂性与挑战性也与日俱增。如何设计和实施有效的货币政策，以应对通货膨胀、经济周期波动、金融市场动荡等经济现象，成为政策制定者非常关注的事项。本章将介绍货币政策的含义、目标和工具等，并深入探讨货币政策的传导机制与有效性。

213	学习目标
213	思维导图
214	第一节 货币政策目标
214	一、货币政策的含义
214	二、货币政策目标
217	三、货币政策操作目标和中介目标
219	第二节 货币政策工具
220	一、一般性货币政策工具
223	二、选择性货币政策工具
225	三、其他货币政策工具
226	第三节 货币政策的传导机制与有效性
226	一、货币政策的传导机制
227	二、货币政策的效果
230	关键词

230	本章小结
231	学术前沿拓展
231	习题
234	参考文献

第十一章　金融监管

236　　金融市场在现代经济中扮演着核心角色，但其运行始终伴随着复杂性与风险。从金融创新引发的市场波动到系统性危机的潜在威胁，金融体系的稳健性直接关系到经济安全与社会福祉。金融监管作为维护金融秩序的核心手段，通过规范金融机构行为、防控市场风险、保护参与者权益，为金融市场的公平、高效运行筑牢防线。本章将围绕金融监管的基础理论展开，从概念内涵与监管必要性出发，解析监管目标与基本原则，系统介绍监管体制的构成类型，深入探讨监管手段、方法及不同金融行业的监管重点，帮助读者构建对金融监管体系的完整认知。

236	学习目标
236	思维导图
236	**第一节　金融监管概述**
236	一、金融监管的概念
237	二、金融监管的必要性
238	三、金融监管的目标和原则
239	**第二节　金融监管体制**
239	一、金融监管体制的构成
241	二、金融监管体制的类型
242	**第三节　金融监管内容**
242	一、金融监管的手段和方法
244	二、不同行业的金融监管
250	三、专项金融风险的监管
251	关键词
251	本章小结
252	学术前沿拓展
252	习题
256	参考文献

第十二章　金融发展

257

金融发展是现代经济发展的核心动力与重要标志。一个成熟、高效的金融体系能够有效地动员储蓄,优化资源配置,促进投资活动,加速技术创新,从而为经济发展注入动力。金融创新,作为金融发展的引擎,通过引入新工具、新技术和新业务模式等,不断满足市场需求,提高金融服务的效率和范围,为经济发展注入新鲜血液。本章旨在探讨金融发展与经济发展之间的互动机制,分析金融抑制与金融深化对经济增长的不同影响,并考察金融创新对经济发展的影响。

257	学习目标
257	思维导图
258	第一节　金融发展与经济发展
258	一、经济发展决定金融发展
258	二、金融发展推动经济发展
259	第二节　金融抑制与金融深化
259	一、金融抑制
261	二、金融深化
264	第三节　金融创新与经济发展
264	一、金融创新概述
271	二、金融创新对经济发展的影响
272	关键词
272	本章小结
272	学术前沿拓展
273	习题
276	参考文献
277	习题参考答案

第一篇
现代金融体系的构成要素

第一篇

现代金融体系

什么区域要素

第一章 货 币

学习目标

1. 了解货币的起源及其价值形式的演变；
2. 掌握货币的定义及职能；
3. 掌握货币制度的概念和内容；
4. 熟悉货币制度的演变过程；
5. 引导学生树立正确的货币观念，激发学生的民族自豪感和爱国情怀。

思维导图

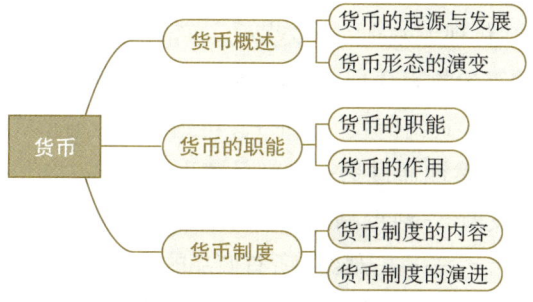

货币，作为一种特殊的商品，在人类历史长河中扮演着举足轻重的角色。它的产生与发展是与人类社会经济活动的演变紧密相连的。从最初的物物交换到贝壳、金属的使用，到纸币和电子货币的普及，再到数字货币的出现，货币形式的演进反映了经济结构的变迁与交易方式的革新。货币的基本职能包括价值标准、交易媒介、支付手段、价值贮藏和世界货币，它极大地简化了交易过程，提高了交易效率，同时也为经济活动的计量和预测提供了便利。货币制度的建立和完善，如金本位制、银本位制以及现代的信用货币制度，不仅保障了货币的稳定性和可靠性，也为经济发展提供了必要的货币环境。

第一节 货币概述

一、货币的起源与发展

（一）货币的起源

货币自出现以来，已有几千年的历史，但货币是如何出现的一直吸引着众多学者的研究。不同的学者从不同的角度进行了研究,于是产生了不同的货币起源说。

1. 中国古代的货币起源说

中国古代的货币起源主要包含两种代表性观点。一种是以管子为代表的"先王制币说",认为货币并非自然产生,而是远古时期的圣明君主为了便利百姓交易、解决物物交换的困难,设计和推行的一种制度工具。另一种是司马迁在《史记·货殖列传》中提出的"交换需要说",强调货币是商品经济发展到一定阶段的必然产物,货币的出现是为了满足市场交换的内在需求,是一个自然演进的过程。

2. 西方的货币起源说

西方学界对货币起源的观点大致有三种。一是古罗马法学家鲍鲁斯提出的"创造发明说",认为货币是国家或先哲设计的产物。二是古典经济学代表人物亚当·斯密提出的"便于交换说",认为货币是为解决直接物物交换的困难产生的。三是法国经济学家西斯蒙第提出的"保存财富说",认为货币是为了保存财富而产生的。

3. 马克思的货币起源说

马克思从商品和商品交换的角度对货币的起源进行了分析。马克思认为,货币是商品交换发展到一定阶段的必然产物。商品具有使用价值和价值的二重性:使用价值是商品的自然属性,能满足人们的某种需要;价值是商品的社会属性,体现无差别的人类劳动。商品交换的依据是价值,而价值需要一种共同的等价物来表现。在商品交换的发展过程中,价值形式经历了从简单偶然价值形式到扩大价值形式,再到一般价值形式的演变。最初,一种商品的价值偶然地通过另一种商品表现出来,如"1只羊=2把斧头"。随着商品交换的发展,一种商品的价值可以通过多种商品表现,如"1只羊=2把斧头=3斤大米=……"。最终,所有商品的价值都通过一种共同的商品来表现,这种商品成为一般等价物。当一般等价物固定在某种特定的商品(如金银)上时,货币就产生了。

货币的本质是固定地充当一般等价物的特殊商品。它具有价值尺度、流通手段、支付手段、贮藏手段等职能。价值尺度职能使货币能够衡量其他商品的价值;流通手段职能使货币成为商品交换的媒介;支付手段职能用于清偿债务或支付赋税、租金等;贮藏手段职能则用于保存财富。货币是商品世界价值关系的结晶形态,也是社会劳动时间的直接体现形式。马克思的货币起源说揭示了货币的自然产生过程及其本质属性,为理解货币经济提供了深刻的理论基础。

专栏 1-1

中国古代的货币

据古籍、青铜器铭文和考古挖掘，中国最早的货币是贝，最早可追溯至公元前2000年。西汉桓宽《盐铁论·错币》中有"夏后以玄贝"的说法，考古发掘更屡有证实。商周的青铜器铭文和甲骨文都有关于用贝作赏赐的记载；墓葬发掘的陪葬品中则有大量可推断是用作货币的贝。作为货币的贝，单位是"朋"，10个贝串起来为1朋。大约是在金属铸币广泛流通的春秋时期，贝仍在流通。在我国的文字记载中也可看出贝作为货币长期存在的事实：很多与财富有联系的字，其偏旁都为"贝"，如货、财、贸、贱、贷、贫等。产于南方海里的天然海贝成为夏、商、周的货币，这是外来物品作为货币的典型例子。此外，日本、印度尼西亚以及美洲、非洲的一些地方也有用贝作货币的历史。

资料来源：黄达，张杰.金融学[M].5版.北京：中国人民大学出版社，2019：11.

（二）货币的价值形式

随着商品交换的不断发展，货币的发展产生了不同的价值形式，主要包括四个阶段，即简单的偶然的价值形式、扩大的价值形式、一般价值形式和货币价值形式。

1. 简单的偶然的价值形式

最初的交换带有偶然的性质，一种商品的价值偶然地、简单地由另一种商品来表示。

人类社会分工以前，商品交换只是偶然现象。极为低下的生产力水平，决定了人们不可能经常有剩余产品拿来交换，更谈不上专门为交换而进行生产。但这种偶然的商品交换已经具有了商品价值表现的简单形式，即商品的价值通过另一种商品相对表现出来。它说明商品已经有了等价物，价值不再是完全抽象的，而具有了"物的形式"。作为交换，商品只是满足交换者对不同使用价值的需求；作为等价物，它的意义并不在使用价值方面，而在价值方面。

2. 扩大的价值形式

扩大的价值形式证明了价值的无差别性，暴露了物物直接交换的缺陷。随着生产力的发展，尤其是社会分工的出现，商品交换不再是偶然发生的事情，而成为一种经常性的有规律的现象。这样，每一种商品不再是偶然地和另一种商品相交换，而是经常地与其他许多种商品相交换；其价值不再是由另一种商品简单地表现，而是由许多种商品来表现，每一种商品的等价物不止有一个，而是有一系列。这种情况说明，商品价值同它借以表现的使用价值的特殊形式没有关系，每一种进入交换的商品都可以充当其他商品的等价物。此时，商品之间的交换比例不再是偶然确定的，而是更加接近于它们内部实际包含的价值量。

3. 一般价值形式

一般价值形式（等价物）的出现，解决了直接物物交换的矛盾和困难。随着交换物品的种类越来越多，交换物品的质量、数量、时间和地点等方面越来越难相互匹配，物物交换的困难日益凸显。因此，人们急需一种交换次数最多、为大家共同需要的商品，先把自己的物品换成这种商品，然后再用该商品去换自己需要的物品，久而久之这种商品就成为交换的媒介，这个媒介就是一般等价物。

4. 货币价值形式

货币的出现，促进商品交换的进一步发展。由于一开始充当一般等价物的商品不固定，阻碍了商品交换的进一步发展，因此人们便在较大范围内将一般等价物统一起来，使其成为长期固定的一般等价物，这种固定充当一般等价物的商品便可以称之为货币。

二、货币形态的演变

货币自产生以来，其货币形式一直在演变，从最早的实物货币到金属货币，再到纸币、存款货币等信用货币，再到电子货币和现今的数字货币，货币的币材、形态和性质伴随着商品交换发展的不同阶段而不断地改变。

（一）实物货币

实物货币是指以自然界存在的某种物品或人们生产的某种商品充当货币，是最古老的货币。古代西方一些国家曾用牛、羊、烟草、可可豆、盐等作为实物货币，我国古代曾用贝、刀、皮、帛、牛、羊、猪等作为实物货币。

这些实物货币一般有两个特点：首先是珍贵罕见，为大家喜爱，人们普遍认可并广泛使用；其次是容易转让，即在交易中能够作为交易媒介而转手。但随着商品经济的发展，这些实物货币存在的诸如形态不一、不易分割、不易携带、价值不稳定等缺点，阻碍了商品经济的发展。所以，实物货币不是理想的货币形式，渐渐被金属货币取代。

（二）金属货币

金属货币是指以铜、铁、银、金等材料做成的货币。中国是最早使用金属货币的国家，最开始是使用铜、铁等贱金属作为币材，随着商品经济的进一步发展，开始使用价值含量更高、体积小易携带、耐磨易分割的贵金属，如银和金。西方国家使用金银等贵金属作为货币的历史比较久。

金属充当货币材料采用过两种形式：一是称量货币，二是铸币。称量货币是指以金属条块的形式按重量流通的金属货币，即将金属货币做成块状，使用时称重量流通。中国最早从汉代开始实行银两制度，直到1933年国民党政府实行"废两改元"为止。铸币是指将金属铸造成一定的形状，并由国家印记证明其重量和成色的金属货币。中国历史上的铸币形态各异，有仿造贝币形状的铜贝、银贝、金贝，还有仿造工具形状的刀币、布币，最后铸币的形状过渡到便于携带、不易磨损的方孔圆形。西方国家的铸币形状主要是无孔圆形，币面上通常铸有统治者的头像。

金属货币的特点主要有价值稳定、易于分割、易于携带、易于贮藏、不易磨损、不易变质等，更适合充当商品交易媒介，有利于交换和借贷活动的发展。但一方面，由于金属的数量比较稀缺，同时受其贮藏量和开采的限制，当经济高速发展，大量的商品交易需要数量巨大的金属货币，此时会因为金属货币的短缺导致经济发展不畅，从而阻碍经济的发展。另一方面，在进行大额交易时，金属货币还存在不易携带的缺点。由于以上缺点的存在，金属货币逐渐被纸质货币取代。

（三）纸质货币

纸质货币又称纸币，是指代替金属货币进行流通，由国家发行并强制使用的货币符号，不能与金属货币自由兑换。纸币是当今世界各国普遍使用的货币形式，世界上最早出现的纸币，是中国北宋时期四川成都的"交子"。

纸币的特点有制作成本低，易于保管，易于携带和运输，避免了铸币在流通中的磨损；同时，纸币具有供给弹性，即纸币的发行量能在较短时间内大量增加。正因为如此，纸币的缺点也很明显，当发行量过大时，超过了实际流通中所需要的货币量会导致通货膨胀产生。

专栏1-2

世界最早的纸币——北宋交子

大约在10世纪末，在北宋川峡诸路出现了纸币交子。交子是四川方言，"交"字是交合的意思，指合卷取钱。交子最早在四川产生，绝非偶然。第一，当时四川僻处一隅，未遭唐末五代时期兵燹之灾，社会长期安定，商品经济繁荣，需要纸币代替铸币。第二，当时四川流通中使用的货币——铁钱体积大、分量重、价值低，"行旅囊持不便"。第三，四川悠久的信用事业为交子的产生创造了条件。第四，宋代四川高度发达的造纸、印刷技术和雕版印刷业为交子的产生提供了有利的技术条件。蜀纸厚重坚韧，细白光滑，耐折叠，不易磨损，套版印刷的交子朱墨间错，印有屋木人物，隐秘题号，难以仿造。

资料来源：姚遂.中国金融史[M].北京：高等教育出版社,2007:13,136.

图1-1 宋代纸币——交子

(四) 存款货币

存款货币是指能够发挥货币作用的银行存款,包括可以直接进行转账支付的活期存款和定期存款。存款货币产生的背景是现代银行业转账支付业务的广泛开展,存款货币一般采用支票的形式进行转移支付结算,交易额度较大。

存款货币的特点包括支付快速、安全和方便,同时存款货币也是一种弹性货币,其弹性取决于中央银行发行的基础货币和商业银行的派生存款规模。

(五) 电子货币

随着人们对交易活动中更加灵活快捷支付方式的需求增加,加上计算机技术、网络技术和电子信息技术等的快速发展,电子货币应运而生。电子货币是指以金融电子化网络为基础,以商用电子化工具和各类交易卡为媒介,以计算机技术和通信技术为手段,以电子数据形式存储在银行的计算机系统中,并通过计算机网络系统以电子信息传递形式实现流通和支付功能的货币。电子货币是基于持有人所拥有的纸币或存款货币而产生的,同样具有存款、贷款、支付和汇兑功能。电子货币具有支付便捷、安全、迅速、可靠等特点,适用于小额支付领域。

电子货币的类型主要包括借记卡、贷记卡和储值卡三类。借记卡和贷记卡主要是由商业银行发行的,如日常生活中的银行卡和信用卡。储值卡主要是由非金融机构发行的具有电子钱包性质的多用途卡,如公交卡、加油卡、超市购物卡、校园卡等。

电子货币与传统货币既有区别又有共同点。主要的区别体现在形态、使用和规模等方面。形态方面,电子货币是存款货币的电子呈现方式;使用方面,电子货币的支付基础是存款货币,它必须依赖于存款账户才能使用;规模方面,电子货币是存款货币的一部分。主要的共同点是两者从性质上看都属于信用货币,都具有价值标准、交易媒介等货币职能。

(六) 数字货币

数字货币是一种基于节点网络和数字加密算法的虚拟货币,包括以比特币为代表的私人数字货币和法定数字货币。

作为私人数字货币的代表,比特币不依靠特定货币机构发行,不受央行和任何金融机构控制,它是依据特定算法,通过大量的计算产生,网络上的任何人都可以参与比特币的制造、买卖交易,并且交易过程中外人无法辨认用户身份信息。私人数字货币一般用于投资和投机交易,价格易暴涨暴跌,不具备货币的基本功能。因此,很多国家的中央银行不承认其货币属性,且各国相关政府部门一直密切关注私人数字货币业务的扩张,从法律、政策等方面对其发展进行多方位监管,以防其对货币政策有效性、金融市场、金融稳定等方面产生不利影响。

法定数字货币是指各国中央银行研发的数字货币,关于法定数字货币的定义,英国央行英格兰银行指出其是中央银行货币的电子形式,家庭和企业都可以使用它来进行付款和储值。中国法定数字货币是指数字人民币,是由中国人民银行发行,由指定运营机构参与运营并向公众兑换,以广义账户体系为基础,支持银行账户松耦合功能,与纸钞和硬币等价,并具有价值特征和法偿性的可控匿名的支付工具。目前,世界许多国家和地区都进行了央行数字货币的试点工作,国际清算银行预计到2030年,新兴经济体和发达经济体的24家央行将会实现数字货币流通。

央行数字货币由各国中央银行发行,以国家信用为支撑,具有货币的价值标准、交易媒介、价值贮藏等功能。

1-2 什么是数字货币

历史1-1

人民币演变史

1. 第一套人民币

我国第一套人民币的发行时间为1948年12月1日,此时距新中国成立仍有近一年时间,其流通期主要为我国战后经济恢复阶段,是我国重建经济基础的关键。由于国民党政府发行的金圆券泛滥,第一套人民币面额普遍较大,最大面值为一万元。

2. 第二、第三套人民币

第二、第三套人民币是我国计划经济时期的典型代表。随着我国农业、手工业、资本主义工商业的社会主义改造不断深化,我国的国民经济体系全面进入计划经济阶段。第二套人民币的发行,大幅缩减了币值,具有非常鲜明的公有制计划经济的特色,象征着我国正式进入延续数十年之久的计划经济时代。第三套人民币则是对第二套人民币的补充和调整,流通时间长达38年,是迄今为止流通时间最长的人民币版本。

3. 第四套人民币

1987年,我国开始发行第四套人民币,代表着我国改革开放已经步入了一个崭新的阶段。第四套人民币的发行,在实质上确认了计划经济时代的经济政策,尤其是货币政策已难以满足当时我国国内经济发展的需求。该版本的人民币最大特点是将币种的最大面额提升至一百元,有效解决了大额度现金交易困难的问题。

4. 第五套人民币

我国当前流通的第五套人民币于1999年10月1日新中国成立50周年开始发行流通,最大面额仍为一百元,但取消了二元币种,同时增加了二十元面额的币种并逐步淘汰了分位货币的流通,反映了在我国经济飞速发展的同时,物价的不断上升及货币实际购买力的持续下降。第五代人民币的发行,将人民币推向了国际化的舞台,在这一阶段,我国顺利完成世贸组织会员谈判,经过十余年的发展后,人民币成功成为国际货币基金组织(IMF)的特别提款权(SDR)篮子货币,进一步推进了人民币的国际化发展。

资料来源:陈宏亮,陆昱江.人民币发展史简析[J].时代金融,2016(36):13-14.

历史 1-2

人民币七十余年:从解放区走向国际化

"诸位同胞和姐妹,听我谈谈人民币;从前咱们解放区,花的票子种类齐……三个银行合并了,统一发行新货币;12月1日开始花,名称就叫人民币。"这是1948年中国人民银行成立时,时任行长南汉宸组织工作人员为宣传人民币编写的快板。

70多年后的今天,人民币作为国民经济运行的血液,在每个中国人的日常生活中流通循环。不仅如此,得益于我国经济实力的崛起以及改革开放的深化,人民币把握住了全球格局变迁的历史机遇,已经成长为国际化货币。2016年10月1日,人民币被正式纳入国际货币基金组织特别提款权新货币篮子,这被视为人民币国际化的里程碑事件。

从个人业务到贸易结算、从经常项目到资本项目、从边境地区零星使用到走向国际,人民币国际化的发展进程,是伴随中国改革开放的不断推进和市场发展的需要顺势而为的演进过程。从小币种晋升为全球第五大储备货币,人民币走向国际化也是中国推进改革开放和融入全球化过程的历史必然。

1. 跨境贸易结算:人民币国际化的原始驱动力

2008年,国际金融危机爆发,对国际货币体系产生了深刻的影响,特别是美元流动性紧缺、金融市场波动加剧。中国周边一些国家的央行希望通过与中国人民银行签署本币互换协议获得流动性支持,维护金融市场稳定。同时,随着中国在全球贸易和投资比重的持续增长,国内外企业希望通过人民币结算降低交易成本,避免汇率风险的意愿逐渐上升。

国际金融危机后,中国经济率先恢复并成为世界经济增长的重要引擎,国际上使用人民币的需求显著增加。为顺应市场需要,中国开始逐渐改变过去严格区分本外币的管理方式,主动消除政策障碍,积极推进人民币跨境使用便利化。2009年7月,中国人民银行推出面向我国港澳地区和东盟国家的跨境贸易人民币结算试点。自此,人民币国际化进入了加速阶段。人民币成为国际货币体系多元化进程中的新成员。

2020年,在新冠疫情冲击下,人民币跨境使用赢得市场主体的更多青睐,从一个侧面展示出人民币跨境使用促进跨境经贸投资便利化的独特优势。根据中国银行发布的《2020年度人民币国际化白皮书》,2020年,人民币作为跨境交易结算货币的职能进一步增强,约有79%的受访境内外工商企业考虑在跨境交易中使用人民币或提升人民币的使用比例,这一比重是此前最高水平。2020年全年中国跨境人民币结算量超过28万亿元,同比增长44%。

2. 金融对外开放:为人民币国际化注入新动力

通常而言,一种货币的国际化程度由三个部分组成,分别是作为贸易货币、金融货币和储备货币。

人民币的跨境贸易结算货币职能,是人民币行使国际货币职能的重要基础。除此之外,2016年以来,人民币国际化进程出现了新的特点——"熊猫债"增长迅猛、境外机构投资境内金融市场热情高涨,人民币跨境使用的主体正在由传统工商企业向境外主权机构、境外金融机构等各类主体延伸。这说明人民币正在从支付结算的功能逐渐向投资交易和储备资产的功能拓展。

"十三五"期间,外资净流入和持有境内证券市值规模均显著增长。根据《2020年中国国际收支报告》,截至2020年底,外资持有境内债券和股票市值10 542亿美元,是2015年末外资持有规模的4.7倍。

这背后离不开金融领域一系列对外开放政策的推动。2016年,"深港通"正式开通;2017年,"债券通"北向正式开通;2018年,以原油期货为代表的境内期货市场开始对外开放;2019年,取消QFII/RQFII投资额度限制,"沪伦通"正式落地;2020年,进一步扩大QFII/RQFII投资范围、放宽准入要求,境外红筹企业回归境内科创板上市。随着金融市场持续扩大对外开放、境外投资者入市便利度不断提高,A股和债券市场分别被纳入国际主流指数,引导境外投资者增加人民币资产配置,为人民币国际化程度的进一步提高打下了市场基础。

在人民币作为储备货币方面,自加入SDR货币篮子后,人民币的国际认可度得到极大提升,储备货币地位得以确认。国际货币基金组织公布的数据显示,2020年四季度,人民币在全球外汇储备中的占比升至2.25%,创下新高。

3. 坚持市场化原则稳步推进人民币国际化

中国人民银行副行长表示:"人民币自2016年加入SDR货币篮子以来,已被正式赋予全球公共物品属性。人民币国际化水平的提升,将增加储备货币这一全球公共物品的有效供给,促进国际货币体系的平衡和稳定。"

中国银行的调查显示,2021—2030年,认为人民币的国际地位不弱于日元和英镑的境内外工商企业合计占受访境内外工商企业的82%,这一比例较2019年的调查结果提升了两个百分点,是2016年以来的五连升,创下2013年首次市场调查以来的新高。其中,预计未来人民币的国际货币地位接近美元和欧元的企业占受访境内外工商企业的比例首次超过50%。

2020年以来,在疫情冲击全球贸易、金融及经济的背景下,人民币跨境使用仍保持韧性并呈现增长趋势。中国人民银行发布的《2020年人民币国际化报告》强调,"人民币国际化是市场驱动下水到渠成的过程"。

《中共中央关于制定国民经济和社会发展第十四个五年规划和二〇三五年远景目标的建议》提出,稳慎推进人民币国际化,坚持市场驱动和企业自主选择,营造以人民币自由使用为基础的新型互利合作关系。《2020年人民币国际化报告》表示,未来将继续以服务实体经济为导向,坚持市场化原则,稳步推进人民币国际化。一是坚持市场驱动。探索推进更高水平的贸易投资便利化,不断消除境内外限制人民币使用的障碍,为人民币与其他主要可兑换货币创造公平竞争的环境。二是继续推动国内金融市场开放和基础设施互联互通。进一步便利境外投资者使用人民币投资境内债券和股票。三是引导离岸人民币市场健康发展。提升人民币可自由使用水平,促进离岸与在岸市场良性互动、深度整合。四是完善宏观审慎管理机制。加强对跨境资金流动的监测、分析和预警,做好逆周期调节,防范跨境资金流动风险。

资料来源：人民币七十余年：从解放区走向国际化[N].金融时报，2021-06-07.

专栏1-3

中国的数字人民币

数字人民币是由中国人民银行负责发行的基于区块链等信息科学技术以及计算机算法的虚拟加密货币。2014—2016年是我国数字人民币的启动阶段，中国人民银行成立专门的法定数字货币研究小组，对央行数字货币展开研究；2017—2019年是我国数字人民币的推进阶段，这期间央行数字货币研究所正式挂牌成立，并成功线上测试了数字票据交易平台；2020年至今是我国数字人民币的试点阶段。从2020年4月开始，数字人民币先行在深圳、苏州、雄安新区、成都及2022北京冬奥会场景进行内部封闭试点测试。后续根据试点情况，有序逐步扩大试点地区，目前数字人民币的试点地区已基本涵盖京津冀、长三角、粤港澳大湾区及中西部地区。

目前，我国正有序稳妥推进数字人民币的建设，2021年11月，在芬兰央行新兴经济体研究所建立三十周年庆典活动上，中国人民银行行长易纲表示，中国人民银行将根据数字人民币的试点情况，有针对性地完善和优化数字人民币的设计和使用。同时中国人民银行还主动与国际清算银行（BIS）以及国际货币基金组织等国际机构进行有关数字人民币的沟通与协作。2023年7月，中国人民银行就《中国人民银行业务领域数据安全管理办法》（简称《办法》）公开征求意见。《办法》所约束的数据处理活动明确包括目前试点的数字人民币业务，这对于数字人民币的数据安全与行业规范有着重要意义。中国人民银行在《中国数字人民币的研发进展白皮书》中指出，数字人民币是人民银行发行的数字形式的法定货币，是安全等级最高的资产。而在2024年，数字人民币成两会热议话题，"立法"和"安全"成为讨论的重中之重，相信随着数字人民币的试点推进，在两会代表的建言献策，政策法规的不断完善，生态企业的共同努力之下，数字人民币的发展未来可期。

资料来源：2024年光明网关于"两会"中数字人民币的报道；2024年中国人民银行举行工作会议有关报道。

1-3 革命党史·红色金融：井冈山上的"良心"货币

第二节 货币的职能与作用

一、货币的职能

货币在经济活动和市场交易中都发挥着极为重要的作用，交易的进行，债权债务的清偿,国际贸易的结算都依赖于货币功能的发挥。货币固有的功能就称为货币的职能,按照现代经济学公认的标准,货币先后形成了价值标准、交易媒介、支付手段、价值贮藏和世界货币五种职能。在上述五种职能中,经济学家通常把价值标准与交易媒介作为货币的基本职能,而支付手段、价值贮藏和世界货币等职能,则是由基本职能延伸出来的。

1-4 革命党史·红色金融:长征途中的红军票

(一)价值标准

价值标准是用来衡量和表现商品价值的一种职能,是货币的最基本、最重要的职能。

货币价值标准职能最突出的特点是在履行职能时,并不需要有现实的货币,只需要观念上的货币即可。例如,一个手机值5 000元,那只需要在手机旁贴个标签就可以,而不需要直接将5 000元放在旁边,也就是说,当人们在做这种价值估量时,只需要在头脑里有这个钱的概念即可。

市场上充斥着各种商品和劳务,大到火箭飞船,小到衣服食物都有其各自的价值,而这些商品和劳务的自身价值不尽相同。举例而言,一头羊和一袋米都有各自的内在价值,但是它们之间是难以比较的,将货币作为尺度来衡量不同商品或者劳务的价值,就很容易进行内在价值比较,可以极大便利交换,便于控制成本、计算收益。

(二)交易媒介

货币的交易媒介职能是指货币在商品交换中通过一手交钱一手交货的方式作为商品流通的媒介,在此交易过程中,原来的物物直接交换被分割成买和卖两个环节,商品出卖者把商品转化为货币,然后再用货币去购买商品。

货币履行交易媒介职能时有以下两个特点。第一,必须使用现实的货币,在流通时要体现出"一手交钱,一手交货"的等价原则。例如,在购买价值1 000元的一头牛的过程中,需要实际拿出1 000元才能购买成功。第二,作为流通手段,货币可以是不足值的。因为在发挥交易媒介职能时,货币只是一个媒介物,甚至可以用没有价值的符号代替,人们关注的也并不是货币的本身,而是货币的购买力。所以无论什么样的货币,只要能被大众接受认可,且具有购买力,就能够正常使用流通。

货币发挥交易媒介职能,使商品买卖突破时间上的限制,商品所有者可以选择在任何时间购买商品;也打破了空间上的限制,商品所有者可以选择在任何地方购买任何商品,也可以选择不购买任何商品。

(三)支付手段

货币的支付手段职能是指货币作为延期支付手段结清债权债务关系。该职能是随着商品生产和交换的发展而逐渐形成的,在商品经济中,由于商品生产和交换在时空上存在差异，产生了商品使用价值的让渡与商品价值的实现在时间上分离开来的客观必然性。因此，当某些商品消费者在需要购买时没有货币，而某些商品生产者又急需出售商品以获取货币。这种情况下，就产生了赊购赊销现象，即买方先取得商品，延期支付货款，卖方则先交出商品，延期收回货款。这样，货币就被用来清偿债务，后来又被逐渐用来支付地租、利息、税款、工资等。

货币的支付手段职能在经济中起到了重要作用：一是促进了信用关系的发展，货币作为支付手段，使得信用关系得以建立和发展；二是简化了交易过程，货币作为支付手段，使经济交易变得更加简单和高效，人们不需要通过复杂的物物交换或其他交易媒介来完成交易；三是促进资源的合理配置，货币作为支付手段，使得资源可以更加有效地从一方转移到另一方，从而实现了资源的合理配置。

（四）价值贮藏

在商品流通过程中，人们在卖出商品换得货币之后，并不一定要将货币立刻转换成商品，也可以先保留或储存起来。因此，当货币退出流通领域充当独立的价值形式和社会财富的一般代表而储存起来时，就履行了价值贮藏职能。

金银等贵金属货币本身具有价值稳定、贮存方便、不易腐烂变质等特点，因而是一种理想的价值贮藏形式。即使在今天黄金非货币化的条件下，各国政府或者居民仍然把黄金作为重要的价值贮藏对象。在信用货币流通的条件下，企业和居民已经把储蓄和存款作为财富积累的主要手段，其他形式的资产，如股票、债券、房地产，也可以作为价值贮藏的手段，且这些资产在贮藏中还可以获得收入。但相比于货币资产，这些资产往往具有价格不稳定、易遭贬损、流动性差等缺点。

货币要发挥价值贮藏功能，其本身的价值必须稳定。在金属货币流通条件下，因金银本身具有价值不易遭贬损，所以有较好的保值性。而在纸币流通情况下，物价与币值的稳定则成为货币发挥价值贮藏功能的关键，如通货膨胀、物价不稳、货币不断变值，货币便丧失了价值贮藏手段的功能。

（五）世界货币

世界货币职能是指货币在世界市场上执行一般等价物的职能。

世界货币的职能主要体现在以下三个方面：一是充当一般购买手段，比如国家可以直接使用金银向另一个国家购买商品；二是作为一般支付手段，即世界货币可以用于平衡国际贸易的差额，比如偿付国际债务、支付利息和其他非生产性支付等；三是充当国际财富转移的手段，即货币作为社会财富的代表，可以由一国转移到另一国，比如支付战争赔款、输出货币资本或由于其他原因把金银转移到外国去。

二、货币的作用
（一）积极作用
（1）从货币的职能来看，货币对人类的生活产生了重要的影响。作为交易媒介，货币克服了物物交换的困难，降低了商品交换成本，提高了交换效率，促进了商品流通与市场的扩大；作为价值标准，货币克服了价值衡量与交换比率确定的困难，为顺利实现商品交换提供了便利；作为价值贮藏手段，货币提供了最具有流动性的价值贮藏形式，丰富了贮藏手段。

（2）货币成为推动经济发展和社会进步的特殊力量。在没有货币的年代，人们积累的是实物财富，而实物财富的转移相对困难，这必然会限制人们行动的自由，同时也会禁锢人们的思想。而货币出现以后，人们的活动领域得到了很大的扩展，人们的思想也不再受一地传统习俗及偏见的束缚，激发了人们的想象力和创造力，商品生产规模扩大，对思想文化的进步产生了积极的作用。与此同时，人们可以利用货币去进行财富的积累和承袭，这就激发了人们创造财富的无限欲望，随之而来的，它为扩大再生产创造了条件。

（二）消极作用
（1）由于货币的出现将交换过程分离为买和卖两个环节，商品买卖脱节和供求失衡成为可能。

（2）货币在发挥支付手段职能时促使经济主体之间形成复杂的债务链条，债务危机的发生成为可能。

（3）货币的跨时支付使得财政超分配和信用膨胀成为可能，货币过多会造成通货膨胀，而货币过少又会影响商品价值的实现，导致价格下跌。

1-5 货币的起源与职能

第三节 货 币 制 度

货币制度简称"币制"，是对货币的职能、货币的相关要素、货币流通的组织与管理等内容以国家法律或国际协议等形式加以规定形成的制度。完善的货币制度可以确保对货币发行和流通的管理，能够保证货币和货币流通的稳定。

货币制度的核心是货币的发行和管理。通常由中央银行负责货币的发行和监管,确保货币的价值稳定和流通秩序。不同国家和地区的货币制度各有特点,但一个稳定的、有秩序的,能为经济发展提供有利客观条件的货币制度是各国政府共同追求的目标。

一、货币制度的内容

(一) 规定货币的材料

货币材料简称币材,是指制作货币的材料。不同的货币材料就构成了不同的货币本位,比如以金为币材的金本位制,以银为币材的银本位制。

在漫长的历史中,金、银是最常见的货币材料。各国往往会选取其中一种或两种,再搭配铜、铁等金属并行流通。在古代,人们常常使用贵重金属如金、银等制作货币。随着社会的发展,纸币逐渐取代了贵金属货币,纸张成为主要的币材。而在现代,随着科技的进步,电子货币的兴起以及数字货币的出现,数字信息成为一种全新的币材。在当今世界,各国实行不兑现的信用货币制度,也就不需要对货币材料进行规定。

虽然币材是由国家规定的,但币材更迭的深层次原因是不同经济阶段对交易媒介的需求不同和技术条件的变化。因此,国家规定货币材料只是对流通使用中的货币材料在法律上进行认可和保护。

(二) 规定货币的单位

货币单位是指货币计量单位,用于表示货币价值和进行经济交易的标准形式。货币单位的存在使得人们可以更方便地进行交易和贸易,促进了经济活动的发展。货币单位的规定主要包括货币单位的名称和货币单位的值两个方面。

货币单位的名称因国家和地区而异,通常是由国家或货币发行机构制定和管理的。最早期,人们使用实物货币进行交换,如粮食、家畜等,没有统一的货币单位名称。随着金融体系的不断完善和国际贸易的日益频繁,各国纷纷采用新的货币单位名称,货币单位的名称逐渐标准化,如英国的"英镑"、美国的"美元"等。世界上常见的货币单位包括美元、欧元、人民币、日元、英镑、加拿大元等。随着电子货币的兴起,如比特币、以太坊等成为新的数字货币单位名称,但这些大多没有政府监管,其价值波动幅度较大,安全性、稳定性是其面临的最大问题。在国际金融市场中,货币单位的名称通常以ISO国际标准编码表示,如USD代表美元、EUR代表欧元、CNY代表人民币、JPY代表日元等。这种标准化的命名方式有助于简化跨国交易和金融报告,促进国际货币体系的稳定和发展。

货币单位的值是指一种货币在国际市场上或者国内经济体系中所代表的实际购买力和价值。在金属货币条件下,货币单位的值主要是确定每一货币单位所包含的金属重量和成色，这种货币系统在历史上曾经被广泛采用。当不兑现的信用货币没有完全和金属货币制度脱离时，确定货币单位的值主要是确定每单位货币的含金量。随着时间的推移和社会的发展，当黄金在世界范围内非货币化后，纯粹的信用货币不再硬性规定单位货币的值，此时货币单位的值受多种因素的影响，包括国家的经济实力、通货膨胀水平、国际贸易状况以及货币供应量等，主要体现在对外如何维持本国货币与外国货币的交换比价，对内则是如何维持本国货币币值的稳定。

（三）规定货币的种类

规定货币种类主要是指规定主币和辅币以及它们之间的兑换关系，为货币发挥交易媒介职能创造条件。

主币也叫本位币，是一个国家中流通的基本通货。主币的最小规格通常是1个货币单位。在金属货币制度下，主币是以足值货币形式存在，具有实际价值，可以进行自由铸造和熔化。在信用货币制度下，主币是强制流通的价值符号，是由国家借助法律赋予其流通手段的职能。

辅币即辅助货币，是指本位币单位以下的小额货币，主要用于辅助大面额货币的流通，以满足日常零星交易和找零的需求。辅币的特点是面额小、流通频繁、磨损快，因此通常使用铜、镍等贱金属或其合金铸造，也有些辅币是纸制的。

在金属货币流通条件下，由于辅币的名义价值大于其实际价值，因此国家会垄断辅币的铸造与发行权，并且采取限制铸造的政策。在当代不兑现的信用货币制度下，辅币的发行权一般都集中在中央银行或政府机构。辅币一般是有限法偿货币，即每次交付的辅币数量有一定限制，超过限额，收方可以拒收。但在一些国家，辅币也和主币一样具有无限清偿的能力。

（四）货币的铸造和发行

1. 金属货币的铸造

金属本位货币制度下，货币的铸造主要有两种模式：一种是自由铸造，另一种是限制铸造。

自由铸造是指公民有权把法令规定的金属币材送到国家的造币厂铸成铸币，也有权把铸币熔化，但禁止公民私自铸造。这种铸造制度的意义在于，它可以使铸币的价值与其包含的金属价值保持一致。如果铸币的市场价值偏高，人们就会把贵金属送到造币厂要求铸成铸币，从而增加流通中的铸币数量。相反，如果铸币的市场价值偏低，人们就会将铸币熔化还原为金属条块，退出流通，这会引起铸币市场价值的回升，直到与其所包含的金属价值相等。这种自由铸造制度实际上利用货币贮藏作为调节流通货币量的手段，有助于保持货币价值的稳定和物价的稳定。

限制铸造则是对自由铸造的一种限制，国家通过法律或行政手段对货币的铸造进行管理和控制。在限制铸造制度下，造币厂对铸币的铸造数量、成色、重量等方面都有严格的规定和控制，公民不能随意将金属送到造币厂铸造成货币。这种制度通常是为了防止货币滥发和通货膨胀等问题而采取的措施。

2. 信用货币的发行

在不兑现的信用货币制度下，货币的发行主要有分散发行和垄断发行两种方式。

分散发行是指货币的发行权分散在不同的机构或个体手中，每个机构或个体都可以根据自己的需要和能力发行货币。在这种情况下，货币的发行量和稳定性取决于各个发行机构的信誉和管理能力。例如，在早期的商业银行体系中，各个银行都可以根据自己的需要发行银行券，这种银行券就是一种分散发行的信用货币。由于发行权分散，缺乏统一的管理和监管，容易导致货币发行的混乱和不稳定。

垄断发行则是指货币的发行权集中在中央银行或指定机构，中央银行或指定机构具有垄断发行权力。例如，在现代经济中，大多数国家的货币发行权都集中在中央银行手中，中央银行负责货币的印制、发行和流通管理。由于发行权集中，垄断发行可以更好地进行货币政策的调控和管理，维护货币的稳定和信用。

（五）无限法偿和有限法偿

无限法偿指的是货币具有无限的支付能力，即无论支付数额多大，属于何种性质的支付，如购买商品、结清债务、支付费用、归还贷款、缴纳税款等，收款人都必须接受。这种支付能力是由国家法律所保障的，因此也被称为"法定支付能力"。在金属货币流通时期，本位币通常具有无限法偿的能力；在不兑现的信用货币制度下，中央银行发行的纸币具有无限法偿能力，流通中的存款货币虽然被普遍接受，但大多数国家并未明确规定其是否具有无限法偿能力。

有限法偿主要是对金属货币制度下辅币的支付能力进行规定，由于辅币的名义价值大于其实际价值，国家一般规定辅币具有有限的支付能力，即在一次支付中，如果辅币的数量超过规定的限额，收款人有权拒绝接受，但在法定限额内不能拒收。在不兑现的信用货币制度下，主币和辅币的名义价值都大于其实际价值，便不再对无限法偿和有限法偿进行区分。

（六）货币发行准备制度

货币发行准备制度是指国家规定和实施的一种货币供给管理制度，旨在确保货币的稳定发行和有效运转。在金属货币制度下,货币发行准备制度主要涉及金属储备和货币发行的挂钩关系。金属货币制度下,货币的价值由金属(如金、银等)所支撑,因此货币发行准备制度需要确保中央银行拥有足够的金属储备来支持货币的发行。这种制度可以有效避免通货膨胀和货币贬值,因为货币的价值受到金属储备的限制,难以无限度地发行。同时,金属货币制度下的货币发行准备制度也对国家的金属资源储备和开采产生直接影响,需要平衡金属资源的开采与货币供应的关系。而在不兑现的信用货币制度下,货币发行准备制度则更多地涉及中央银行的信用和资产。在这种制度下,货币的价值不再由金属支撑,而是由政府或中央银行的信用支撑。货币发行准备制度需要确保中央银行有足够的资产和信用支持货币的发行,以维持货币的稳定价值。这种制度下,货币的发行受到中央银行的控制和监管,可以更灵活地应对经济形势的变化,但也容易受到银行信用和金融体系稳定性的影响。

专栏1-4

我国现行的货币制度

我国现行的货币制度较为特殊。由于我国目前实行"一国两制"的方针,1997年香港、1999年澳门回归祖国以后,继续维持原有的货币金融体制,从而形成了"一国多币"的特殊货币制度。人民币是我国的法定货币。人民币主币"元"是我国法定计价结算的货币单位。人民币的符号为"¥",取人民币单位"元"字的汉语拼音"Yuan"的第一个字母Y加两横,读音同"元"。人民币不规定含金量,是不兑现的信用货币。人民币以现金、存款货币、电子货币、数字人民币等形式存在:现金由中国人民银行统一发行;存款货币由商业银行体系通过业务活动投入流通;电子货币基于存款货币支付流通;数字人民币由中国人民银行发行和管理。中国人民银行依法实施货币政策,对人民币总量和结构进行管理和调控。

资料来源:李健.金融学[M].4版.北京:高等教育出版社,2022:43.

二、货币制度的演进

货币制度经历了从金属货币制度到信用货币制度的演变过程,在这个过程中,货币的形式从实物货币逐渐演变为纸币、电子货币和数字货币,货币的发行也从自由铸造逐渐转变为由国家垄断发行。货币制度的演变反映了经济发展和金融市场的变化,是货币体系不断适应经济发展的结果。纵观世界各国货币制度的演变过程,货币制度主要经历了银本位制、金银复本位制、金本位制和信用货币本位制四个阶段。

(一）银本位制

银本位制是以白银作为本位币币材的一种货币制度。在这种制度下，白银被规定为货币金属，并铸造成一定形状、重量和成色的银币；银币具有无限法偿的能力，并可以自由铸造和自由熔化；银行券可以自由兑换银币或等量的白银，且银币和白银可以自由输出或输入。

银本位制最早可以追溯到古希腊和古罗马时期，随着时间的推移，银本位制逐渐演变成为欧洲中世纪的主要货币制度。在此期间，许多国家的货币价值都与一定重量的白银相挂钩，这种稳定的货币制度为当时的贸易和经济发展提供了稳定的基础。然而，银本位制并非一成不变，随着大航海时代的到来，大量的黄金和白银从新大陆流入欧洲，导致了银币的价值下降，从而破坏了原有的货币体系，这一转变标志着银本位制的衰落。但在当时的亚洲地区，银本位制仍然持续存在，19世纪末至20世纪初，银本位制再度成为世界范围内的重要货币制度。特别是在中国，银本位制得到了长久应用。清政府曾经大规模铸造银币，并将其作为法定货币，以此来维持国内的经济秩序。

然而，由于白银的价值相对于黄金来说较为不稳定，容易受到市场供求关系的影响而波动，这导致银本位制下的货币价值也相应地不稳定，给经济带来了一定的风险；此外，由于白银的重量较大和价值较低，在大宗交易和价值较大的交易中使用不便。因此，随着经济的发展和金银产量的变化，银本位制逐渐被金银复本位制所取代。

（二）金银复本位制

金银复本位制是指金银两种金属同时作为本位货币的货币制度。在这种制度下，金和银同时作为本位币币材，金币和银币都具有无限法偿能力，均可以自由铸造，可以自由输入输出国境，且两种货币可以自由兑换。

金银复本位制的发展历史可以追溯到16到18世纪，这一时期西方各资本主义国家正处于发展初期，商品和劳务的种类及数量与以前相比有了极大的增长。然而，由于当时开采技术的限制，黄金的存量相对较少，如果仅以黄金作为货币材料可能会导致货币短缺。因此，金银复本位制应运而生。这种制度有两种形式：一种是平行本位制，另一种是双本位制。

1. 平行本位制

平行本位制下，金币和银币按照各自所包含的金和银的实际价值流通，国家不规定它们之间的兑换比率。然而，由于金银的市价会随着供求的变动而不断变动，因此它们的实际价值也会不断变动，从而导致二者的兑换比率随着实际价值的变动而变动，这在一定程度上引起了价格紊乱，金币银币难以有效发挥价值标准职能。为了克服这一问题，双本位制应运而生。

2. 双本位制

双本位制下,国家用法律规定金银两种货币的兑换比率,金币和银币按法定比价同时流通,双本位制克服了平行本位制下"双重价格"的缺陷。然而,当金银币的法定比价与其市场比价相背离时,市场上又会产生"劣币驱逐良币"的现象,这种现象也被称为"格雷欣法则"。它指的是在双本位货币制度的情况下,两种货币同时流通时,如果其中一种货币发生贬值,其实际价值相对于另一种货币的价值降低,那么实际价值高于法定价值的"良币"将被普遍收藏起来,逐步从市场上消失,最终被驱逐出流通领域,而实际价值低于法定价值的"劣币"将在市场上泛滥成灾,导致货币流通不稳定。随着资本主义经济的进一步发展,这种货币制度越来越不能适应流通要求,最终被单本位制取代。

(三) 金本位制

金本位制是以黄金作为本位币币材的货币制度。在历史上,曾有过三种形式的金本位制,即金币本位制、金块本位制和金汇兑本位制,其中金币本位制是最典型的形式。

1. 金币本位制

金币本位制是指以金铸币为本位币的货币制度,其特点包括:以黄金为币材,金币为本位币;金币可以自由铸造,具有无限法偿能力;银行券可以自由兑换金币;货币发行准备全部是黄金;黄金可以自由输出输入。由于金币可以自由铸造和自由熔化,金币的面值与黄金含量能始终保持一致,金币的数量能自发地满足流通中的需要,从而保持了货币的稳定性。因此,金币本位制被认为是一种稳定有效的货币制度,对资本主义经济发展和国际贸易的发展起到了积极的促进作用。

资本主义经济的不断发展对于货币的需求量不断增加,然而黄金的供应量有限,难以满足日益增长的货币需求,再加上帝国主义列强间的矛盾加剧,战争冲突不断,金币流通的基础被不断削弱,第一次世界大战期间,各国逐渐停止了金币的流通、银行券的自由兑换和黄金的自由输出输入。第一次世界大战后,由于黄金的储备不足、黄金在各国的分配极不均衡以及黄金被参战国集中用于军备而停止自由输出和银行券兑现,金币流通的基础被严重削弱,因此,没有一个国家能够重新恢复金币的流通,只能改为残缺不全的金块本位制和金汇兑本位制。

2. 金块本位制

金块本位制又称生金本位制,其特点是国内不铸造也不流通金币,而是流通代表一定重量黄金的银行券,银行券达到一定数量后可以兑换为金块。

3. 金汇兑本位制

金汇兑本位制也称为虚金本位制，是一种间接的金本位制度。其特点是国内不再铸造和流通金币，而是发行银行券作为本位币，且规定银行券的含金量；规定本国货币同实行金币（块）本位制的国家的主币的兑换比率，并在该国存放一定数量的外汇或黄金作为平准基金，以便稳定汇率；银行券在国内不能兑换黄金，只能按法定比率用本国银行券兑换实行金币（块）本位制的国家的货币，再向该国兑换黄金。

金汇兑本位制的设立是为了让那些黄金储备不足的国家能够通过与金本位制国家的固定汇率关系来维持其货币价值的稳定。这种制度在第一次世界大战后的一段时间内被一些国家采用，以应对战争带来的经济变化和黄金储备的减少。

（四）信用货币本位制

1929—1933年的经济大危机摧毁了第一次世界大战结束后西方各国残缺不全的金本位制，各国国内开始实施信用货币制度，但是很多国家仍然规定信用货币的含金量，货币制度依然保持与黄金的联系。20世纪70年代布雷顿森林体系彻底崩溃后，各国货币与黄金既无直接联系，亦无间接挂钩关系，意味着金属货币制度已经完全退出历史舞台，取而代之的是不兑现的信用货币制度。

信用货币本位制的主要内容包括：经济生活中流通的都是信用货币，信用货币一般由中央银行发行，信用货币具有无限法偿能力；信用货币的发行不与任何金属挂钩，不能兑换黄金，其发行和流通主要依赖国家的信用；在信用货币本位制下，执行货币职能的主要是纸币和银行存款。

信用货币本位制的优点在于其赋予了政府和中央银行在经济调控中更大的灵活性，政府可以根据实际的经济状况制定并调整货币政策，如通过增加货币供给以刺激经济增长，通过收紧货币供应来抑制通胀。信用货币制度能够更好地适应现代经济的复杂性和多变性，为促进经济稳定和发展提供了有力的工具。然而，这种制度也有缺点，即它依赖于国家的经济稳定和政策信誉，一旦这些因素受损，可能导致货币价值波动，甚至引发通货膨胀。

货币　货币职能　货币制度　主币　辅币　有限法偿　无限法偿　格雷欣法则　银本位制　金银复本位制　金本位制　信用货币本位制

本章小结

1. 货币自出现以来,已有几千年的历史,但货币是如何出现的一直吸引着众多学者的研究。不同的学者从不同的角度进行了研究,于是产生了不同的货币起源说,主要包括中国古代的货币起源学说、西方的货币起源说和马克思的货币起源说。

2. 随着商品交换的不断发展,货币的发展产生了不同的价值形式,主要包括四个阶段,即简单的偶然的价值形式、扩大的价值形式、一般价值形式和货币价值形式。

3. 货币自产生以来,其货币形式一直发生着演变,经历了实物货币、金属货币、纸质货币、存款货币、电子货币和数字货币六个阶段。

4. 货币在经济活动和市场交易中都发挥着极为重要的作用,交易的进行,债权债务的清偿,国际贸易的结算都依赖于货币功能的发挥。

5. 货币的作用既有积极的一面,也有消极的一面。从货币的职能来看,货币对人类的生活产生了重要的影响,成为推动经济发展和社会进步的特殊力量。然而,货币也有可能引发债务危机和通货膨胀。

6. 货币制度简称"币制",是对货币的职能、货币的相关要素、货币流通的组织与管理等内容以国家法律或国际协议等形式加以规定所形成的制度。

7. 货币制度经历了从金属货币制度到信用货币制度的演变过程,货币制度的演变反映了经济发展和金融市场的变化,是货币体系不断适应经济发展的结果。

学术前沿拓展

1. 李秀辉,韦森.货币制度史研究的基本问题[J].学术月刊,2023,55(11):63-72.

2. 张杰.货币超越、本位谜题与中国货币制度演进——兼议戈兹曼眼中的中国金融遗产[J].社会科学战线,2024(02):58-72.

3. 杨明真,张发林.制度变迁与权力博弈:国际货币体系的双重困境[J].国际安全研究,2024,42(03):98-125.

习 题

一、单项选择题

1. 货币的( )职能允许我们将财富储存起来以供将来使用。
   A. 交易媒介　　　B. 价值尺度　　　C. 价值贮藏　　　D. 支付手段

2. 实物货币最先被（　　）形式的货币取代。
   A. 信用货币　　　　　B. 电子货币　　　　　C. 金属货币　　　　　D. 数字货币
3. 经济学家认为货币的两个基本职能是（　　）。
   A. 价值储存和延期支付　　　　　　　　　B. 价值标准和交易媒介
   C. 交易媒介和延期支付　　　　　　　　　D. 世界货币和价值储存
4. 延期支付的功能与货币的其他功能的不同点是（　　）。
   A. 需要真实货币来进行交易　　　　　　　B. 涉及商品价值的衡量和表现
   C. 有利于商品的跨时间买卖　　　　　　　D. 主要用于储存财富
5. 货币制度的核心是（　　）。
   A. 货币流通　　　　　　　　　　　　　　B. 货币的发行和管理
   C. 国家法律　　　　　　　　　　　　　　D. 国际协定
6. 货币的发行和管理通常由（　　）负责。
   A. 商业银行　　　　　B. 政府机构　　　　　C. 中央银行　　　　　D. 国际组织
7. 与贵金属硬币相比，纸币的主要优势是（　　）。
   A. 价值稳定　　　　　B. 携带方便　　　　　C. 防伪　　　　　　　D. 广泛认可
8. 现代的信用货币制度主要基于（　　）。
   A. 个人信用　　　　　　　　　　　　　　B. 国家和中央银行的信用背书
   C. 黄金或其他实物货币　　　　　　　　　D. 固定汇率
9. （　　）货币制度的货币价值直接以特定数量的黄金为基础。
   A. 法定货币体系　　　　　　　　　　　　B. 信用货币体系
   C. 固定汇率制　　　　　　　　　　　　　D. 金本位制
10. 无限法偿的主要特征是（　　）。
    A. 债务人的偿还责任有明确的终止时间
    B. 在一些特殊的金融交易中能够提供更大的灵活性
    C. 债权人面临的风险降低
    D. 通常出现在普通的金融交易中
11. 有限法偿的主要特征是（　　）。
    A. 债务人对债权人的偿还责任有明确的期限
    B. 债务人不需要在特定的时间内履行偿还责任
    C. 债权人不方便规划自己的资金流动
    D. 通常出现在特殊的借贷交易中
12. 下列有关货币准备金制度的各项表述中，错误的是（　　）。
    A. 货币发行准备制度可以确保货币的稳定发行和有效运转
    B. 在金属货币制度下，货币发行准备制度可以有效避免通货膨胀和货币贬值

C. 在信用货币制度下,货币发行准备制度更多地涉及中央银行的信用和资产

D. 在信用货币制度下,货币发行准备制度不容易受到银行信用和金融体系稳定性的影响

13. 下列关于银本位制的有关表述中,错误的是(　　)。

　　A. 银本位制以银币作为货币

　　B. 大航海时代的到来导致了银币的价值下降,从而破坏了原有的货币体系

　　C. 19世纪末至20世纪初,银本位制再度成为世界范围内的重要货币制度

　　D. 银本位制目前仍广泛存在于世界的货币体系中

14. 下列关于金本位制的有关表述中,错误的是(　　)。

　　A. 在金本位制下,货币的价值取决于黄金的价值

　　B. 在金本位制下,国家的货币发行量不受国家所持有的黄金储备的影响

　　C. 金本位制下的货币政策容易导致国际金融体系的不稳定

　　D. 布雷顿森林体系的建立标志着金本位制的结束,国际货币体系转向了以美元为基础的货币体系

15. 下列关于不兑现的信用货币体系的有关表述中,错误的是(　　)。

　　A. 布雷顿森林体系彻底崩溃后,不兑现的信用货币制度代替了金属货币制度

　　B. 不兑现的信用货币制度不会导致通货膨胀和货币贬值

　　C. 不兑现的信用货币制度为经济发展提供了更大的灵活性

　　D. 不兑现的信用货币制度有利于促进全球经济一体化

16. 在货币的历史发展中,哪种形式的货币是通过银行账户中的数字表示的(　　)。

　　A. 实物货币　　　　B. 金属货币　　　　C. 纸币　　　　D. 电子货币

17. (　　)是以法定货币作为流通手段,不与任何特定商品挂钩。

　　A. 金本位制　　　　B. 银本位制　　　　C. 纸币本位制　　D. 商品本位制

18. "劣币驱逐良币"的现象发生在(　　)。

　　A. 银本位制　　　　　　　　　　　　　B. 金本位制

　　C. 金银复本位制　　　　　　　　　　　D. 现代信用货币制

19. 在金属货币本位制下,货币的铸造主要有两种模式,一种是自由铸造,另一种是(　　)。

　　A. 限制铸造　　　　B. 分散发行　　　　C. 垄断发行　　　D. 自由熔化

20. 在不兑现的信用货币制度下,货币的发行主要是(　　)模式。

　　A. 分散发行　　　　B. 自由铸造　　　　C. 垄断发行　　　D. 自由熔化

二、多项选择题

1. 导致实物货币逐渐被金属货币取代的主要原因有(　　)。

　　A. 价值稳定　　　　B. 形态统一　　　　C. 不易携带　　　D. 不易分割

2. 金属货币的特征包括(　　)。

  A. 价值稳定   B. 分割方便

  C. 易于贮藏   D. 大额交易时便于携带

3. 电子货币的特点有(　　)。

  A. 电子货币是基于纸币或存款货币而产生的

  B. 电子货币以电子计算机技术和通信技术为手段

  C. 电子货币是以电子信息传递形式实现流通和支付功能的货币

  D. 电子货币具有支付便捷、安全、迅速、可靠等特点

4. 以下对于比特币的说法正确的是(　　)。

  A. 不依靠特定货币机构发行

  B. 不受央行和任何金融机构控制

  C. 依据特定算法,通过大量的计算产生

  D. 交易过程中外人可以辨认用户身份信息

5. 中国法定数字货币具有(　　)特点。

  A. 由中国人民银行发行

  B. 由指定运营机构参与运营并向公众兑换

  C. 支持银行账户松耦合功能,与纸钞和硬币等价

  D. 具有价值特征和法偿性的可控匿名的支付工具

6. 下列对于货币的价值贮藏职能的表述,(　　)是正确的。

  A. 作为贮藏手段的货币,必须是现实的货币

  B. 若是金属货币,那必须保证金属货币十足

  C. 在有需要的时候可以重新流入市场,推进商品经济的发展

  D. 是在货币的价值标准职能和世界货币职能的基础上产生的

7. 货币作为交易媒介的功能有(　　)。

  A. 货币能够长期储存价值

  B. 在促进延期支付方面的作用

  C. 在交易过程中必须是现实的货币

  D. 在交易中能够突破时间和空间的限制

8. 世界货币职能具有四个特点,表述正确的有(　　)。

  A. 世界货币具有价值尺度职能

  B. 作为一般购买手段,但不可以使用金银直接购买商品

  C. 作为支付手段可以平衡国际贸易的差额,偿付国际债务,支付利息等

  D. 作为国际间财富转移的手段

9. 以下关于本位币的表述,(　　)是正确的。

  A. 是一个国家中流通的基本通货

  B. 本位币制度分为金本位制和银本位制两种形式

  C. 简化了跨国交易和投资,促进了国际贸易的发展

  D. 一些国家逐渐放弃了固定的本位币制度,转向自由浮动汇率制度

 10. 以下关于辅币的表述正确的是(　　)。

  A. 辅币是本位币的辅助货币单位

  B. 辅币指在一个国家或地区内作为流通手段的非主要货币

  C. 辅币主要用于解决商品流通中不足1个货币单位的小额货币支付问题

  D. 辅币的发行和管理由国家的中央银行负责,其价值通常与主要货币挂钩

三、判断题

1. 扩大的价值形式说明了价值的专门化,突出了物物直接交换的优势。（　　）
2. 金属货币由于无法保持稳定的价值而逐渐被淘汰。（　　）
3. 电子货币与传统货币主要的共同点是两者从性质上看都属于信用货币。（　　）
4. 规模方面,存款货币是电子货币的一部分。（　　）
5. 在漫长的历史中,金银本位制是最常见的货币本位。（　　）
6. 电子货币则以区块链技术为基础,通过去中心化的特点,改变了传统货币发行的方式。（　　）
7. 有限法偿指的是债务人对债权人的偿还责任没有明确的期限,债务人需要在未来不确定的时间内履行偿还责任。（　　）
8. 相比有限法偿,无限法偿更为常见。（　　）
9. 有限法偿通常出现在普通的借贷交易中,例如银行贷款、债券发行等。（　　）
10. 不兑现的信用货币制度是现代金融体系的货币制度基础。（　　）

四、问答题

1. 经济社会为什么离不开货币?
2. 货币形式不断演变的原因是什么?都有哪些货币形式?
3. 货币的职能有哪些?
4. 建立货币制度的主要目的是什么?货币制度包括哪些内容?
5. 货币制度是如何演变发展的?

参 考 文 献

1. 李健.金融学[M].4版.北京:高等教育出版社,2022.
2. 黄达,张杰.金融学[M].5版.北京:中国人民大学出版社,2019.

3. 吴军梅.金融学[M].3版.厦门:厦门大学出版社,2020.
4. 万解秋.货币银行学通论[M].4版.上海:复旦大学出版社,2023.
5. [美]弗雷德里克·S.米什金.货币金融学[M].13版.王芳,译.北京:中国人民大学出版社,2024.
6. 曹龙骐.金融学[M].6版.北京:高等教育出版社,2019.
7. 戴国强,柳永明.货币金融学[M].5版.上海:上海财经大学出版社,2023.
8. 李秀辉,韦森.货币制度史研究的基本问题[J].学术月刊,2023,55(11):63-72.
9. 张杰.货币超越、本位谜题与中国货币制度演进——兼议戈兹曼眼中的中国金融遗产[J].社会科学战线,2024(02):58-72.
10. 杨明真,张发林.制度变迁与权力博弈:国际货币体系的双重困境[J].国际安全研究,2024,42(03):98-125.

第二章 信 用

 学习目标

1. 了解信用的产生与发展,掌握信用的概念;
2. 了解高利贷的含义、原因及其作用;
3. 理解现代信用经济的特点,掌握现代信用关系的构成、现代信用的形式及内容;
4. 了解现代信用体系构建的基础,熟悉现代信用机构体系的构成和社会信用体系的内容;
5. 弘扬契约精神和诚信精神,培养学生增强诚信意识,勇于承担责任。

信用,作为现代金融体系的重要构成要素,在人们的社会交往与经济活动中扮演着重要的角色,它贯穿于个人、组织和社会的方方面面。现代经济又被称为"信用经济",政府、企业、个人、金融机构等信用主体相互联系相互影响,信用活动已经渗透到社会生活中的各个领域,交织成庞大而复杂的信用关系。完善的社会信用体系是信用发挥作用的前提,是保持国民经济持续健康稳定发展的重要保障,因此,要加强社会信用体系的建设。

思维导图

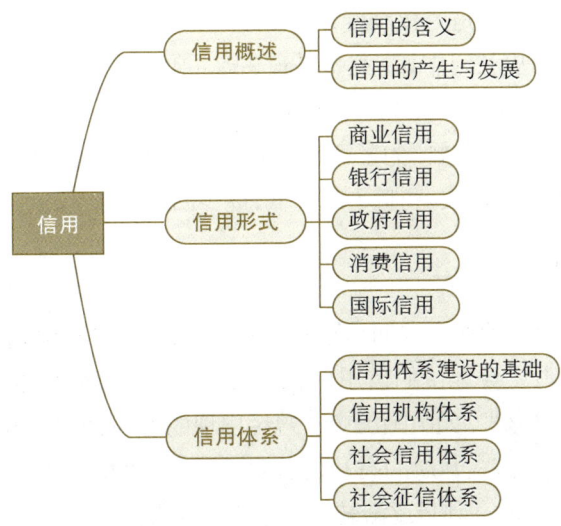

第一节 信 用 概 述

一、信用的含义

信用和货币一样,也是一个古老的经济学概念,都是重要的金融基本要素,同时又是现实生活中最普遍的经济活动。日常生活中,信用一词经常出现,使用频率很高,如信用体系、信用危机、信用缺失、失信黑名单等。到底什么是信用呢?其实,信用的含义可以从两个方面阐述,一个是道德范畴的含义,一个是经济范畴的含义。

信用一词的原意是相信、信任、声誉等,这是道德范畴的含义。在经济范畴中,信用是指以还本付息为条件的借贷活动,是以收回本金并获得利息为条件的贷出,或以偿还本金并支付利息为前提的借入,它代表着一种债权债务关系。金融学中的信用,通常是经济范畴的信用。

二、信用的产生与发展

关于信用是如何产生的,目前没有比较完善的阐述。从逻辑上推论,私有财产的出现是借贷关系存在的前提条件。没有私有权的观念,借贷就无从谈起,即付出不必讨回,取得也无须考虑将来是否归还,也就更谈不上利息。私有制的出现,满足了不同所有者之间以不改变所有权为条件的财富调剂的需要。

信用发展的基础是产权制度,完善的产权制度是信用良性发展的动力。在信用发展的历史长河中,高利贷是最古老的信用形式。高利贷是指利息极高的贷款,其在前资本主义之前的社会中,有其存在的必要性。然而,随着人类社会不断向前发展,为了适应商品货币经济发展需要,现代信用活动中,高利贷这种高息贷款,利息不断降低,逐步回归正常。

(一) 高利贷

1. 高利贷的特点

高利贷始于原始社会末期,盛行于奴隶社会和封建社会,在奴隶社会和封建社会中是占主导地位的信用形式。历史上高利贷名目繁多,最初主要采取实物借贷的形式,如中国历史上曾经出现的谷利、油利、盐利、布利、青苗利等,是以实物方式开展的高利贷活动。后来,随着社会分工的加深和商品货币经济的发展,高利贷逐渐转向货币借贷的形式。

高利贷最大的特点是利率极高。如曾盛行于广东一带的"大耳窿",即借钱一万元,只能得到九千元,但还款时却要支付一万三千元。而且,高利贷的利息是逐日起"钉"(利息),以复息计算。往往借几百元,过了一年半载才还,连本带利可能要还几万元。又如曾盛行于华北一带的"驴打滚",多在放高利贷者和农民之间进行,借贷期限一般为1个月,月息一般为3~5分,到期不还,利息翻番,并将利息计入下月本金。以此类推,本金逐月增加,利息逐月成倍增长,像驴打滚一样。此外,羊羔息、坐地抽等都是封建社会常见的高利贷形式。

高利贷的另一个特点是利率差异性大,高利贷的利率水平往往会因借款人的偿还能力、与其关系的亲疏远近有很大的差异。此外,高利贷的利率水平具有随意性,由于高利贷的贷方处于绝对优势和话语权,对于出借资金的利率高低的规定往往自己说了算,具有较大随意性。

2. 高利贷产生的原因

高利贷之所以出现主要是由其特定的历史条件决定的。在前资本主义时期,经济活动以自然经济为主导,主要的生产活动是农业和手工业,生产活动的主体主要是以个人、家庭等为基本生产单位的小生产者,其生产活动可能是自给自足,也可能是为市场进行,但生产规模较小,一般是简单的再生产。

这一时期,高利贷存在的领域有三个领域,不同领域高利贷产生的具体原因不同,但其共同原因还是上述提到的特定历史条件。第一个领域是家庭和手工业者的生产经营活动中,一些农民和小生产者在遇到天灾人祸或是意外变故等情况时,不借贷可能无法维持简单的生产经营活动,为了维持生存,他们不得不向有钱的奴隶主和封建地主借高利贷。第二个领域是家庭的消费活动中,在自然经济条件下,人们遇到婚丧嫁娶、受灾生病等情况后,无力应付支出而必须借高利贷。第三个领域是政府的统治活动中,当时政府的收支主要依靠税收,但税收和支出往往具有不稳定性,如遇到战争、动乱或天灾时,可能因收入锐减而无法应对支出,此时,政府就有可能向民间或商人借高利贷。

3. 高利贷的作用

高利贷的积极作用主要体现在为社会提供了一种资金流通的方式,在早期的社会经济环境中,高利贷是一种重要的资金借贷方式,为需要资金的个人或企业提供了一定的流动性支持,从而推动了社会经济的发展。同时,高利贷也在一定程度上促进了金融市场的发展,为后来的金融制度和金融工具的创新提供了土壤。

高利贷的负面影响主要体现在其过高的利息率和严苛的偿还条件上,这通常导致借款人陷入沉重的债务负担,甚至可能因此失去其财产。此外,由于早期高利贷的运作缺乏有效监管,有时还会引发社会不公和冲突。这

2-1 秒懂高利贷

种剥削性的贷款不仅对个人造成严重伤害，也对社区和社会的稳定产生负面影响。

专栏2-1

大学生群体要远离不良"校园贷"

2023年3月30日，中国消费者协会联合共青团中央发布了"校园贷"消费警示，提醒广大大学生群体树立健康消费观，远离不良"校园贷"。

近年来，"校园贷"在大学校园内兴起，这一方面是因为互联网和普惠金融的发展，另一方面也是由于大学生群体消费需求和信贷需求的增长。但"校园贷"火热的背后也有着种种隐患。中消协相关负责人表示，一方面，"校园贷"市场存在办理贷款业务门槛低、经营者资质参差不齐、身份审核形同虚设、合同信息不透明、风险提示不充分等一系列问题；另一方面，由于大学生三观尚未完全成熟，物质需求旺盛，对未知事物的好奇心强，但自身控制能力较差，风险防范意识薄弱，再加上社会经验缺乏，容易落入不法分子的圈套。

对此，中消协提醒广大青年学生消费者，要理性考虑超前消费，审慎选择贷款机构，避免陷入不良"校园贷"陷阱。

中消协提醒青年学生消费者：

一要树立正确消费观念。大学生应该树立正确的价值观和消费观，全面客观地认识自己，接受自己，不被外界的焦虑、压力、浮躁左右，不要将精神需求过度寄托于物质上，克服从众、攀比、虚荣等心理，理性认识自己的消费能力，根据自身经济条件制定消费计划，合理安排生活支出，培养理性消费意识和良好消费习惯。

二要学习金融理财知识。在金融数字化的背景下，大学生应当学习基本的理财知识，提高自身认识金钱、驾驭金钱的能力，能够熟悉常见的金融产品服务类型及相关法规政策，了解个人信用记录的重要性，善于评估自身还款能力并珍视信用记录，学会对金钱的合理分配和使用，做到量入为出，清醒地认识到分期付款、超前消费、网络平台借贷的本质。

三要增强风险防范意识。不良"校园贷"为迎合大学生的消费需求，不断翻新其骗局和陷阱，"美容贷""培训贷""刷单贷""多头贷""高利贷""套路贷""裸条贷"等违法违规贷款层出不穷。大学生应妥善保护好自己的身份证号、银行卡号、手机号以及验证码等重要个人信息，不扫描来源不明的二维码，也不轻易向他人透露家庭住址、宿舍地址、父母联系电话；对高利贷、诈骗、敲诈勒索等违法行为有基本的认定，在自身权益受损的情况下及时向公安机关报案。

四要找正规银行机构贷款。2021年2月24日，中国银保监会、中央网信办、教育部、公安部、中国人民银行等五部门联合印发了《关于进一步规范大学生互联网消费贷款监督管理工作的通知》，规定未经银行业监督管理部门或地方金融监督管理部门批准设立的机构不得为大学生提供信贷服务。大学生如果确需申请贷款的，一定先和父母沟通，认真评估自己的还款能力，并检查该机构是否有相关部门批准的资质证明。贷款前还应仔细阅读合同内容,明确贷款的额度、利率、还款方式、违约责任等重要信息,确保合同条款合法、合理。

同时,中消协还呼吁社会各方力量加大对不良"校园贷"的关注,积极构建多方协同共治的格局,完善行业准入、运营监管体系,明确行业准入门槛,健全行业风险防控机制,排查整顿违规机构,针对大学生提供定制化、规范化、安全放心、真实透明、风险可控的金融产品和服务。同时,努力营造崇尚节约、反对浪费的校园文化环境,倡导大学生积极弘扬中华民族优秀的传统文化,树立科学、理性的消费观,追求文明、高尚的精神生活,摒弃落后、低俗的物质攀比,将更多的时间和精力投入到实现人生价值的事情上。

资料来源:人民网.中消协发布消费警示:大学生群体要远离不良"校园贷"[Z/OL].[2023-03-30].http://finance.people.com.cn/GB/n1/2023/0330/c1004-32654407.html。

(二)现代信用

1. 信用经济

现代经济可以称为信用经济,因为债权和债务关系无处不在,相互交织,形成网络,覆盖着整个经济生活。信用经济社会往往伴随着盈余、赤字、债权和债务的出现。

经济主体的经济活动常常伴随着货币的收支,收入大于支出即出现盈余,收入小于支出即出现赤字,收入等于支出便是收支平衡。当经济主体出现赤字时,就需要借入资金或收回债权,即通过资金流入的方式为其赤字融资,而这会导致其债务的增加或债权的减少;同样地,当经济主体出现盈余时,就可以将盈余资金贷出去进行投资,也可以用盈余偿还债务,即通过资金流出的方式来安排盈余,而这会导致其债权的增加或债务的减少;当经济主体出现收支平衡,就没有必要进行资金的借贷,但实际情况可能是债权债务正好相等。

2-2 革命党史·红色金融:双重压迫下残酷荒诞的高利贷

现代经济生活中各经济主体往往是既有借入又有贷出,既是债权人也是债务人,当其债权大于债务则表现为净债权,反之则表现为净债务。因此,现代信用经济中的赤字,必然需要有资金的净流出,即导致净债务增长或净债权减少,盈余则必然会有资金的净流入,从而导致净债权的增加或净债务的减少。

2. 信用关系

信用关系是指在信用活动中产生的债权债务关系,它构成了信用的基本要素。信用关系通常涉及的经济主体包括个人、企业、政府、金融机构和外国部门。

(1) 信用关系中的个人。个人是非常重要的经济主体,他们参与市场的生产、消费和储蓄、投资等活动，因此，在参与这些活动过程中便会有货币的收支。当其收入大于支出就形成盈余，入不敷出就产生赤字，信用关系就是在这样的条件下产生的。一般情况下，个人的支出取决于其可支配收入，但通常情况下，个人为了预防生病、养老、家庭变故等风险会进行储蓄以及投资，而不会全部支出。因此，将所有个人视为一个整体的话，几乎在任何国家，个人通常是盈余者，是货币的主要贷出者。

（2）信用关系中的企业。企业是信用活动中最主要的资金需求者，同时也是最主要的资金供给者之一。市场经济中，企业为了实现利润目标，常常需要借入资金经营，从而扩建厂房、扩大生产、更新技术和设备等，因此而形成赤字；但企业同时也经常有盈余可以贷出，如在企业的生产经营过程中，一定时期内的资金周转出现收入大于支出时，就会形成盈余，便可以贷出去。但是，把所有的企业视为一个整体的话，企业通常的资金需求会大于资金供给，是货币的主要需求者。

（3）信用关系中的政府。政府在信用关系中的地位主要由政府的财政收支决定，当财政收入大于财政支出时就会出现财政结余，当财政收入小于财政支出时会出现财政赤字，收支相等时便出现财政平衡。政府的收入主要来自税收，税收有一定的税率和缴纳时间；政府的支出主要包括政府购买和转移支付，支出项目非常多，且支出时间不固定，支出不稳定。因此，多数情况下，政府的财政状况都会出现赤字，纵观当代世界各国政府的财政运行，赤字已成为一种常态。此时，政府通常需要借入资金弥补赤字、保持平衡，往往选择发行债券进行融资，或者通过国内外金融机构进行融资，从而成为货币的需求者。

（4）信用关系中的金融机构。金融机构在信用关系中扮演的角色是信用媒介。一方面，金融机构作为经济生活中的经济主体，在其日常经营管理中，其收支情况可能会出现盈余或赤字；另一方面，作为信用媒介，金融机构从社会各个部门吸收存款聚集资金，形成自己的债务，同时通过贷款、投资等活动将聚集的资金运用出去，形成自己的债权。

（5）信用关系中的外国部门。将一国之外的所有经济主体视为一个整体，即这里所说的外国部门，外国部门是与国内部门相对应的部分，两者之间的信用关系主要体现在国际贸易活动中的国际收支情况，它通常用国际收支平衡表显示。

当一国在一定时期内与外国部门的经济往来的所有货币收入大于所有货币支出，就出现了国际收支盈余，也称国际收支顺差，此时会导致以外汇储备为代表的一国对外债权的增加或一国对外债务的减少；当所有货币收入小于所有货币支出，则出现国际收支赤字，也称国际收支逆差，此时一国需要动用外汇储备或者借入外债来平衡赤字，这会导致以外汇储备为代表的一国对外债权的减少或对外债务的增加。

第二节 信用形式

借贷关系表现出来的具体形式就是信用形式，它是信用活动外在表现。随着商品货币经济的发展，信用的具体形式呈现出多样化和复杂化的特征，主要的信用形式有商业信用、银行信用、国家信用、消费信用和国际信用五种形式。

一、商业信用

（一）商业信用的内容

商业信用是指企业在商业活动中建立起来的信用关系，是企业在购买商品或服务时所享受的一种信用待遇。它是企业在市场经济中进行交易和合作时所展现的信用表现，反映了企业在商业活动中的信用水平和信用能力。商业信用的形成基础是商品生产和交换活动。当企业在购销活动中，以延期付款的方式获取货物或者服务时，就产生了商业信用。例如，供应商允许购买方在一定期限内支付货款，即为供应商向购买方提供了商业信用。这种信用关系涉及债权债务关系的确立，反映了市场经济中企业间的相互依赖与合作。

商业信用的具体表现形式多样，包括赊销、预付账款、分期付款等。赊销是最常见的商业信用形式，即卖方先交付货物，买方在约定的未来某个时间点支付货款；预付账款则是买方先行支付部分或全部款项，卖方随后按合同规定提供产品或服务。

（二）商业信用的作用

商业信用的作用范围主要是市场流通领域，商业信用的良性发展，对商品流通和经济发展有重要的推动作用。一方面，商业信用直接为商品流通服务，是促进商品生产和流通的有力武器；另一方面，商业信用的工具简单，方式灵活，关联企业一般优先考虑使用商业票据。商业票据的内容将在第六章金融工具那里详细介绍。

（三）商业信用的局限性

（1）商业信用的方向局限性。一般地说，是上游产品企业向下游产品企业提供信用,是工业向商业提供信用。因而有些企业很难通过这种形式取得必要的信用支持。商业信用直接关系到企业的生存和发展,一旦出现问题可能导致企业倒闭,影响整个市场秩序。而且商业信用涉及资金流动和交易安全,一旦信用出现问题可能引发连锁反应,影响整个经济体系。

(2) 商业信用的规模局限性。商业信用以商品买卖为基础,其规模会受到商品买卖数量的限制,而且生产企业也不可能超出所售商品数量向对方提供商业信用,这也决定了商业信用在规模上的界限。

(3) 商业信用的期限局限性。工商企业受其自身资金数量和生产周转时间的限制,能提供的信用期限一般很短,只能解决短期资金融通的需要。因此,商业信用不能成为现代信用的主要形式。

二、银行信用

(一) 银行信用的内容

银行信用是银行或其他金融机构以货币形态提供的信用。它是在商业信用的基础上发展起来的更高层次的信用形式,并在一定程度上克服了商业信用的局限性。与作为直接融资范畴的商业信用不同,银行信用属于间接融资的范畴,在信用关系中发挥信用中介的角色:一方面,银行作为债务人,吸收的客户存款构成其资金来源;另一方面,银行又以债权人的身份将资金贷给需求方。

(二) 银行信用的特点

(1) 银行信用是以货币形态提供的。不同于商业信用中的商品资本,银行信用是产业资本循环中分离出来的暂时闲置的货币资本,这使得它能够克服商业信用在数量规模上的局限性。

(2) 银行信用的资金流向不受商品流转方向限制,克服了商业信用授受在方向和对象上的局限性。

(3) 银行信用的范围和规模非常大。由于银行在现代经济生活中扮演着非常重要的信用中介角色,因此,它与各经济主体建立了广泛的信用关系,其资金来源范围和规模会非常大,克服了商业信用范围和规模的局限性。

(4) 银行信用具有信用创造的能力。银行信用的资金来源包括其自有资金和吸收的客户存款,银行基于此资金积累进行放贷和资产业务扩张,又同时会导致客户在银行的存款增长,最终能够创造出数倍的存款货币。

基于以上特点,银行信用更能适应商品经济发展的需要,使其成为现代信用的主要形式,在现代经济社会信用体系中占据核心地位,发挥主导作用。

三、政府信用

（一）政府信用的内容

政府信用又称国家信用，是国家以债务人的身份向社会筹集资金的一种信用形式，是国家在筹集和运用财政资金过程中遵循信用原则的一种再分配形式。国家信用的实质是国家举借债务，其债务人是国家。内债的债权人若是国内居民、企业、团体；外债的债权人若是国外居民、企业团体和政府。国家信用既是国家为弥补收支不平衡、建设资金不足的一种筹集资金方式，也是国家实施财政政策、进行宏观调控的一种措施与手段。

（二）政府信用的形式

1. 中央政府债券

中央政府债券是指中央政府发行的债券，用于筹集资金以支持政府的财政支出。这些债券通常被称为国债或国库券，是金融市场的重要组成部分。中央政府债券是一种债务证券，投资者购买债券后，将定期获得利息收入，并在债券到期时收回本金。与私人企业发行的债券相比，中央政府债券具有较高的信用等级，因为它们是由国家信用支持的。这使得中央政府债券成为低风险、高流动性的投资工具。根据偿还期限的不同，中央政府债券可以分为短期债券、中期债券和长期债券。短期债券的偿还期限通常在一年以内，中期债券的偿还期限为一年以上十年以下，长期债券的偿还期限则在十年以上。

2. 地方政府债券

地方政府债券是指由地方政府或其授权机构发行的债券，用于筹集资金以支持地方政府的财政支出，通常也被称为市政债券。与中央政府债券相比，地方政府债券的信用等级相对较低，但通常仍高于私人企业发行的债券。这使得地方政府债券成为一种中等风险、中等流动性的投资工具。

3. 政府担保债券

政府担保债券是指由政府机构或政府部门担保的债券，旨在提高债券的信用等级，降低投资者的风险。这类债券通常由私营部门发行，但由政府机构为其提供担保，确保债券能按期支付利息和偿还本金。政府担保的主体通常是政府所属的企业或者与政府相关的部门。政府担保债券的信用等级仅次于中央政府债券，因为其发行人一旦失去了偿还能力，政府代其偿还债券的本息。

四、消费信用

（一）消费信用的内容

消费信用是指工商企业、银行和其他金融机构提供给消费者用于消费支出的一种信用形式。它往往与住房、耐用消费品的销售联系在一起。

（二）消费信用的形式

消费信用的形式主要有赊销、分期付款、消费贷款三种形式。

1. 赊销

赊销是工商企业对消费者提供的小规模的短期信用，即以延期付款的方式进行销售，到期后一次付清货款。

2. 分期付款

分期付款是指消费者购买消费品或享受相关服务时，只需支付一部分货款，然后按合同条款分期支付剩余货款的本金和利息。分期付款一般用于购买汽车、数码产品、家电等高档耐用消费品，属于中长期消费信用。

3. 消费贷款

消费贷款是银行及其他金融机构采用信用放款或抵押放款方式对消费者发放的贷款，即消费贷款有信用贷款和抵押贷款两种。信用贷款不需要抵押物，靠自身信用状况获得贷款，抵押贷款需要将消费者所购买商品（如房屋）作为抵押物获得贷款。消费贷款的期限一般比较长，最长可达30年，属于长期消费信用。

国家对一般的消费信用多通过信用卡方式发放，信用卡是商家和银行联合向消费者提供的信用，消费者可凭信用卡在信用额度内购买商品或进行其他支付，也可以在一定额度内提现。

（三）消费信用的作用

1. 积极作用

消费信用的积极作用主要有三个：一是消费信用有助于扩大消费需求总量，推动经济增长；二是通过分期付款等方式，帮助消费者实现跨时消费，提升消费质量和生活水平；三是消费信用有助于推广新技术和新产品，促进技术和产品的更新换代。

2. 消极作用

消费信用的消极作用主要体现在：一是消费信用过度发展可能掩盖真实的消费需求情况，导致供给过剩；二是过度使用消费信用可能导致消费者负债过多，引发信用风险，进而可能引发严重的经济危机。

五、国际信用

（一）国际信用的内容

国际信用是指一切跨国的借贷关系和借贷活动，包括各国政府、企业、银行之间相互提供的信用和国际金融机构向各国政府、银行、企业提供的信用，体现了国与国之间的债权债务关系，直接表现为资本在各国间的流动，是国际经济联系的一个重要方面。

(二) 国际信用的形式

国际信用可以分为两大类：一类是国外借贷；另一类是国际直接投资。

国外借贷是指一国与该国之外的经济主体之间进行的借贷活动，其基本特征是在国内经济主体与国外经济主体之间形成债权债务关系，主要包括出口信贷、国际商业银行贷款、外国政府贷款、国际金融机构贷款、国际资本市场融资、国际融资租赁等。

国际直接投资，也称对外直接投资，是指一国居民、企业等直接对另一个国家的企业进行生产性投资，并由此获得对投资企业的管理和控制权。国际直接投资主要包括在国外开办独资企业、收购或兼并国外企业、与东道国企业合资开办企业等形式。

(三) 国际信用的特点

1. 规模大

一般国际信用中的授信方通常拥有充足的资金来源，受信方则可能有较大的资金需求，这使得国际信用能够跨越国界，支持大规模的经济活动。

2. 风险大且具有双向性

由于涉及跨国或跨地区的交易，授信方可能会面临政治风险、外汇风险等多种风险，同时也需要应对受信方的信用风险。这种风险的相互性和双向性增加了国际信用的复杂性和不确定性。

3. 复杂性

国际信用的程序、形式、工具和动机比国内信用更加复杂。跨国公司在国外直接投资时，其动机可能不仅仅是追求资本收益，还包括分散投资风险、规避监管、寻求避税地和维护出口市场等因素。

4. 方向上的不对称性

尽管国际信用的流动可以是多方向的，但从授信方的角度来看，主要是国际金融机构、发达国家政府、跨国公司和商业银行等主导。相比之下，许多发展中国家和新兴市场国家更多地扮演着净债务方的角色。

2-3 现代信用形式

第三节 信用体系

一、信用体系构建的基础

(一) 信用制度

信用制度是指关于信用及信用关系的"制度安排"，是对信用行为及关系的规范和保证,即约束人们信用活动和关系的行为规则。它既包含正式的法律法规,又包括非正式的约定俗成的道德规范。信用制度是保证信用活动正常进行的基本条件,信用缺失、信用危机会直接危及社会经济发展乃至政治的稳定。

(二) 基础保障

1. 道德规范

虽然道德规范对于抑制失信行为不具有任何强制力,但道德规范会对失信行为人传递强大的舆论压力,从而降低失信者的主观违约与欺诈可能性。

2. 社会征信系统

社会征信系统通过信用调查,建立信用档案,进行信用评估,建立并完善信用查询和失信公示系统,能够在很大程度上降低识别和避免信用欺诈的难度。

3. 失信惩治

当经济社会中出现失信行为或信用危机时,相关部门或机构需要严格按照法律规定对失信人进行严厉的惩罚,做到有法必依,执法必严,这样才能保证信用系统的有效建立。

二、信用机构体系

信用机构是指依法设立,向社会提供信用产品,从事信用担保、信用管理、信用咨询、信用风险控制以及评级评价等相关活动的法人或者非法人组织。信用机构体系主要由信用中介机构、信用服务机构和信用管理机构构成。信用机构体系是现代经济社会中不可或缺的重要组成部分。

(一) 信用中介机构

信用中介机构是指为资金融通直接提供服务的机构,即金融机构。在不同的国家,信用中介机构的形式和名称有比较大的差别,它们不仅能为资金融通提供相关服务,而且能够收集市场参与者的信用信息,在监督违约行为、预防失信行为中扮演着重要角色。

(二) 信用服务机构

信用服务机构是指提供信息咨询和征信服务的机构,主要包括信息咨询公司、投资咨询公司、征信公司、信用评估机构等。除了专业的信用服务机构外,律师事务所、会计师事务所等机构也在一定程度上发挥着信用服务机构的作用。

(三) 信用管理机构

信用管理机构主要是指对各种信用中介机构和信用服务机构实施管理

的机构,可以分为政府设立的监管机构和行业自律性管理机构。政府设立的监管机构主要包括中央银行和其他专业监管机构。

三、社会信用体系

社会信用体系是一种综合性的国家治理机制,其目标是建立一套全社会范围内的信用记录和评价标准。该体系通过收集个人、企业和其他组织在经济活动中的信用行为信息,为政策制定者、企业和公众提供决策参考。社会信用体系包括公共信用体系、企业信用体系和个人信用体系。

(一)公共信用体系

公共信用体系也称政府信用体系,是影响社会全局的信用体系,也是建设好企业信用体系和个人信用体系的前提,其核心作用是规范政府的行为,避免各级政府的失信行为,提高政府行政和司法的公信力。

(二)企业信用体系

企业信用体系是社会信用体系的重要组成部分,其作用是约束企业的失信行为,促进企业间的公平竞争。企业信用体系建设的关键环节是企业信用数据库,数据库应该动态地记录企业在经济交往中的信用信息,为企业信用评估提供准确的数据支撑。

(三)个人信用体系

个人信用系统是社会信用体系的基础,同时影响政府信用体系和企业信用体系的运行,因为政府信用体系和企业信用体系中相关负责人的信用信息来源于个人信用体系。个人信用体系建设的关键环节是个人信用数据库,数据库应该动态地记录个人各方面的信用信息。由于市场主体是由个体组成的,市场交易中所有的经济活动,与个人信用息息相关,一旦个人行为失之约束,就会发生个人失信行为,进而出现集体失信。因此,个人信用体系建设具有极其重要的意义。

历史 2-1

我国社会信用体系的构建过程

我国社会信用体系的构建过程大致可以分为以下几个阶段。

1. 起步阶段(20世纪80年代末—1999年)

改革开放前,中国实行计划经济体制,信用管理服务市场几乎不存在。新中国的信用建设起源于金融领域,起步于信贷征信。1986年国家允许地方企业发行债券,为加强统一管理,1987年国务院颁布了《企业债券管理暂行条例》。1988年上海远东资信评估公司成立,是中国第一家社会化专业资信评估公司。

2. 初步发展阶段（2000—2007年）

2000年，国务院办公厅转发《关于鼓励和促进中小企业发展的若干政策意见》，明确提出建立和完善信用评估制度。2001年，国家经贸委等部门提出"信用是市场经济的重要基础"。2002年，党的十六大提出"健全现代市场经济的社会信用体系"的目标。2003年，十六届三中全会提出建立健全社会信用体系的必要条件。2005年，中国人民银行出台《个人信用信息基础数据库管理暂行办法》。

3. 加速发展阶段（2007年—2014年5月）

2007年，国务院办公厅出台《关于社会信用体系建设的若干意见》，系统地提出社会信用体系建设的指导思想、目标和推进的重要内容。同年，国务院建立社会信用体系建设部际联席会议制度，由国家发展改革委、中国人民银行"双牵头"。2011年，十七届六中全会提出推进政务诚信、商务诚信、社会诚信和司法公信建设。

4. 全面推进阶段（2014年6月至今）

2014年6月，国务院印发《社会信用体系建设纲要（2014—2020年）》出台，标志着社会信用体系建设工作进入全面推进阶段。这是我国第一个关于整个社会信用体系建设的顶层设计，是国家级专项规划。2019年，国务院办公厅印发《关于加快推进社会信用体系建设 构建以信用为基础的新型监管机制的指导意见》，旨在加强社会信用体系建设，深入推进"放管服"改革，发挥信用在创新监管机制、提高监管能力和水平方面的基础性作用。2022年，中共中央办公厅、国务院办公厅印发《关于推进社会信用体系建设高质量发展促进形成新发展格局的意见》，强调了社会信用体系对于促进国民经济循环高效畅通、构建新发展格局的重要意义，并提出了总体要求、工作要求和具体实施意见。2024年，国家发展改革委、中国人民银行联合印发了《全国公共信用信息基础目录（2024年版）》和《全国失信惩戒措施基础清单（2024年版）》，为社会信用体系建设提供了最新的目录和清单，以推动高质量发展。

资料来源：中诚信征信.漫谈中国社会信用体系建设与改革40年［Z/OL］.［2019-10-25］.https://www.sohu.com/a/349543084_556060；国务院关于印发社会信用体系建设规划纲要（2014—2020年）的通知［EB/OL］.中华人民共和国中央人民政府网.［2014-06-14］.https://www.gov.cn/zhengce/content/2014-06/27/content_8913.htm；国务院办公厅关于加快推进社会信用体系建设构建以信用为基础的新型监管机制的指导意见［EB/OL］.中华人民共和国中央人民政府网.［2019-07-16］.https://www.gov.cn/zhengce/content/2019-07/16/content_5410120.htm；中共中央办公厅 国务院办公厅印发《关于推进社会信用体系建设高质量发展促进形成新发展格局的意见》［EB/OL］.中华人民共和国中央人民政府网.［2022-03-29］.https://www.gov.cn/gongbao/content/2022/content_5686028.htm；国家发展改革委 中国人民银行关于印发《全国公共信用信息基础目录（2024年版）》和《全国失信惩戒措施基础清单（2024年版）》的通知［EB/OL］.中华人民共和国中央人民政府网.［2024-02-18］.https://www.gov.cn/zhengce/zhengceku/202403/content_6935680.htm。

四、社会征信系统

征信是评价信用的工具,是指通过测算、分析、研究法人、非法人等企事业单位或自然人的历史信用记录以及构成其资质、品质的各要素、状态、行为等综合信息,借以判断其当前信用状态,判断其是否具有履行信用责任能力进行的评价估算活动。根据征信涉及的对象不同,社会征信系统主要包括两大类:一是与以企业为主体的法人组织相关的企业征信系统;二是与公民个人的经济和社会活动相关的个人征信系统。根据征信系统数据库的形成和使用过程,一个完整的社会征信系统通常包括以下五个子系统。

1. 信用档案系统

信用档案是指法人和自然人信用活动中信用状况的原始记录,它是整个征信系统的基础。信用档案系统中包括个人信用档案和企业信用档案。

2. 信用调查系统

信用调查是了解征信档案的事实真相,是市场决策的重要参考依据。信用调查的内容主要包括贷款信用调查、融资信用调查、合资合作信用调查、贸易伙伴信用调查等几个方面。

3. 信用评估系统

信用评估是对企业、金融机构、社会组织和个人履行各类经济承诺的能力及可信程度的评价,主要包括对偿还债务的能力及其可偿债程度的综合评价,信用评估的结果通常采用特定的等级符号来表示。

4. 信用查询系统

信用查询系统是指在社会征信系统数据库建立起来后,可供商业机构和个人查询相关企业以及个人信用状况的系统。根据查询对象不同,可将信用查询体系分为个人信用查询系统和企业信用查询系统。

5. 失信公示系统

失信公示系统是征信机构依法及时、客观地将有不良信用记录的个人和企业的名单以及对其处罚意见在某一范围内进行公布,让失信记录在特定范围内有效传播,以警示与其有联系的机构、企业或个人的系统。

2-4 信用经济时代,你的信用究竟有多珍贵

专栏2-2

中国人民银行征信系统

中国人民银行征信中心(简称"征信中心")作为中国人民银行直属事业单位,主要职责是依据《征信业管理条例》《国务院关于实施动产和权利担保统一登记的决定》等国家法律法规和中国人民

银行规章,负责金融信用信息基础数据库(征信系统)、动产融资统一登记公示系统、应收账款融资服务平台建设、运行和管理。征信中心注册地为上海市浦东新区,内设23个部门以及上海资信有限公司、中征(北京)征信有限责任公司、中征(天津)动产融资登记服务有限责任公司3家所属公司,并在全国31个省(自治区、直辖市)和5个计划单列市设有征信分中心。自2006年成立以来,征信中心立足金融、服务社会,赢得了良好社会声誉。

目前,征信中心已经建成世界规模最大、收录信息全面、覆盖范围和使用广泛的信用信息数据库征信系统,基本上为国内每一个有信用活动的企业和个人建立了信用档案。截至2023年末,金融信用信息基础数据库收录自然人11.6亿人,企业和其他组织1.3亿户。2023年,个人征信接入机构达到5 328家,企业征信接入机构达到5 115家,共提供个人信用报告查询51亿次,企业信用报告查询1.6亿次。

信息来源:央行:金融信用信息基础数据库收录个人11.6亿[Z/OL].中国消费网.[2024-01-18].https://www.ccn.com.cn/Content/2024/01-18/1422205414.html.

关键词

信用 高利贷 信用经济 信用关系 信用形式 信用制度 商业信用 银行信用 政府信用 消费信用 国际信用 社会信用体系 社会征信系统

本章小结

1. 信用是指以还本付息为条件的借贷活动,是以收回本金并获得利息为条件的贷出,或以偿还本金并支付利息为前提的借入,它代表着一种债权债务关系。

2. 高利贷是最古老的信用形式,其最大的特点是利率极高,还有一个特点是利率差异性大,高利贷的利率水平往往会因借款人的偿还能力、与其关系的亲疏远近有很大的差异。

3. 现代经济又可以称为信用经济,因为债权和债务关系无处不在,相互交织,形成网络,覆盖着整个经济生活。信用经济社会往往伴随着盈余、赤字、债权和债务的出现。

4. 信用关系是指在信用活动中产生的债权债务关系,它构成了信用的基本要素。信用关系通常涉及的经济主体包括个人、企业、政府、金融机构和外国部门。

5. 信用形式是信用活动外在表现,随着商品货币经济的发展,信用的具体形式呈现出多样化和复杂化的特征,主要的信用形式有商业信用、银行信用、国家信用、消费信用和国际信用五种形式。

6. 社会信用体系是一种综合性的国家治理机制,其目标是建立一套全社会范围内的信用记录和评价标准。该体系通过收集个人、企业和其他组织在经济活动中的信用行为信息,为政策制定者、企业和公众提供决策参考。社会信用体系包括公共信用体系、企业信用体系和个人信用体系。

7. 征信是评价信用的工具,是指通过测算、分析、研究法人、非法人等企事业单位或自然人的历史信用记录以及构成其资质、品质的各要素、状态、行为等综合信息,借以判断其当前信用状态,判断其是否具有履行信用责任能力所进行的评价估算活动。

8. 根据征信系统数据库的形成和使用过程,一个完整的社会征信系统通常包括信用档案系统、信用调查系统、信用评估系统、信用查询系统和失信公示系统五个子系统。

学术前沿拓展

1. 朱沛智,贾振宇.征信体系建设下个人信息保护的进路研究[J].征信,2024,42(05):43-51.

2. 张丽丽,章政.推动新质生产力涌现的数据交易信用管理体系:特征与机制[J].财经科学,2024(05):62-70.

3. 曹雨阳,孔东民,陶云清.中国社会信用体系改革试点效果评估——基于企业社会责任的视角[J].财经研究,2022,48(02):93-108.

习题

一、单项选择题

1. 信用一词在经济范畴中主要指的是(　　)。
   A. 信任、声誉　　　　　　　　　　B. 以还本付息为条件的借贷活动
   C. 道德规范　　　　　　　　　　　D. 货币的借入和贷出

2. 信用产生的前提是(　　)。
   A. 货币的出现　　　　　　　　　　B. 私有财产的出现
   C. 借贷关系的形成　　　　　　　　D. 金融机构的发展

3. 高利贷最大的特点是(　　)。
   A. 利率极低　　　　　　　　　　　B. 利率差异性大
   C. 利率极高　　　　　　　　　　　D. 以复息计算

4. 现代经济可以称为信用经济的原因是(　　)。
   A. 因为债权和债务关系无处不在　　B. 金融制度完善
   C. 货币供应充足　　　　　　　　　D. 信用缺失普遍存在

5. 个人在信用关系中的角色通常是(　　)。
   A. 最主要的资金需求者　　　　　　B. 最主要的资金供给者
   C. 既是资金供给者也是需求者　　　D. 都不是

6. 政府在信用关系中的地位主要是通过（　　）决定的。
   A. 税收政策　　　　B. 财政收支　　　　C. 货币政策　　　　D. 预算
7. 金融机构在信用关系中扮演的角色是（　　）。
   A. 信用监管者　　　　　　　　　　　B. 信用评估者
   C. 信用媒介　　　　　　　　　　　　D. 信用消费者
8. 在商业信用中，最常见的方式是（　　）。
   A. 赊销　　　　　　B. 预付账款　　　　C. 分期付款　　　　D. 信用卡
9. 银行信用属于（　　）的融资范畴。
   A. 直接融资　　　　B. 间接融资　　　　C. 内部融资　　　　D. 外部融资
10. 政府信用的形式包括（　　）。
    A. 中央政府债券　　B. 地方政府债券　　C. 政府担保债券　　D. 以上所有选项
11. 消费信用不包括（　　）。
    A. 赊销　　　　　　B. 分期付款　　　　C. 消费贷款　　　　D. 抵押贷款
12. 国际信用的特点是（　　）。
    A. 规模小　　　　　　　　　　　　　B. 风险小
    C. 复杂性　　　　　　　　　　　　　D. 方向上的对称性
13. 信用制度是指关于信用及信用关系的（　　）。
    A. 法律法规　　　　B. 道德规范　　　　C. 制度安排　　　　D. 社会公约
14. 银行等信用中介机构主要为（　　）提供服务。
    A. 资金融通　　　　B. 信息咨询　　　　C. 信用担保　　　　D. 信用管理
15. 信用管理机构可以分为（　　）。
    A. 政府设立的监管机构和行业自律性管理机构　　B. 中央银行和其他专业监管机构
    C. 政府设立的监管机构和独立机构　　　　　　　D. 中央银行和独立机构
16. 社会信用体系包括（　　）。
    A. 公共信用体系、企业信用体系和个人信用体系
    B. 公共信用体系、企业信用体系和政府信用体系
    C. 企业信用体系、个人信用体系和政府信用体系
    D. 公共信用体系、企业信用体系和独立信用体系
17. 企业信用体系建设的关键环节是（　　）。
    A. 企业信用数据库　　　　　　　　　B. 企业信用评估
    C. 企业信用咨询　　　　　　　　　　D. 企业信用风险控制
18. 个人信用体系建设的关键环节是（　　）。
    A. 个人信用数据库　　　　　　　　　B. 个人信用评估
    C. 个人信用咨询　　　　　　　　　　D. 个人信用风险控制

19. 社会征信系统主要包括（   ）。

  A. 企业征信系统和个人征信系统 B. 法人征信系统和个人征信系统

  C. 企业征信系统和非法人征信系统 D. 法人征信系统和非法人征信系统

20. 失信公示系统的主要功能是（   ）。

  A. 对企业进行评级评价

  B. 对个人进行信用咨询

  C. 依法及时、客观地将有不良信用记录的个人和企业的名单以及对其处罚意见在某一范围内进行公布

  D. 收集市场参与者的信用信息

二、多项选择题（10个）

1. 信用活动产生的债权债务关系通常涉及的经济主体有（   ）。

  A. 个人 B. 企业 C. 政府 D. 金融机构

  E. 外国部门

2. 高利贷的特点包括（   ）。

  A. 利率极高 B. 利率差异性大

  C. 利率极低 D. 以单利计算

3. 现代经济生活中的经济主体可能表现为（   ）。

  A. 既有借入又有贷出 B. 既是债权人，也是债务人

  C. 只能是债务人 D. 既不是债权人也不是债务人

4. 信用的具体形式包括（   ）。

  A. 商业信用 B. 银行信用 C. 国家信用 D. 消费信用

  E. 国际信用

5. 商业信用的局限性包括（   ）。

  A. 方向局限性 B. 规模局限性

  C. 期限局限性 D. 局限性不明显

6. 银行信用的特点有（   ）。

  A. 以货币形态提供 B. 资金流向不受商品流转方向限制

  C. 范围和规模非常大 D. 具有信用创造的能力

7. 政府信用的形式包括（   ）。

  A. 中央政府债券 B. 地方政府债券

  C. 政府担保债券 D. 以上都不是

8. 信用制度的内容包含（   ）。

  A. 正式的法律法规 B. 非正式的道德规范

　　　　C. 非正式的草案　　　　　　　　　D. 以上都不包含
　9. 信用体系构建的基础保障包括(　　)。
　　　　A. 道德规范　　　B. 社会征信系统　　C. 失信惩治　　D. 以上都不包括
　10. 信用服务机构主要包括(　　)。
　　　　A. 信息咨询公司　　B. 投资咨询公司　　C. 征信公司　　D. 律师事务所

三、判断题(10个)

　1. 信用是一种古老的经济学概念,与货币同样重要。　　　　　　　　　　(　　)
　2. 没有私有权的观念,借贷就无从谈起。　　　　　　　　　　　　　　　(　　)
　3. 高利贷是前资本主义之前社会中的主要信用形式。　　　　　　　　　　(　　)
　4. 商业信用反映了企业在市场经济中的交易和合作时所展现的信用表现。　(　　)
　5. 赊销是卖方先交付货物,买方在约定的未来某个时间点支付货款。　　　(　　)
　6. 银行信用是在商业信用的基础上发展起来的更高层次的信用形式。　　　(　　)
　7. 政府不能通过发行债券的方式来筹集资金。　　　　　　　　　　　　　(　　)
　8. 信用制度只包括正式的法律法规。　　　　　　　　　　　　　　　　　(　　)
　9. 社会征信系统能够在很大程度上降低识别和避免信用欺诈的难度。　　　(　　)
　10. 信用管理机构只包括政府设立的监管机构。　　　　　　　　　　　　　(　　)

四、问答题(5个)

　1. 什么是高利贷信用?高利贷信用的特点和作用分别有哪些?
　2. 什么是信用关系?信用关系涉及哪些经济主体?
　3. 谈谈商业信用和银行信用之间的关系。
　4. 如何看待消费信用的正面效应和负面影响。
　5. 结合我国现实,谈谈我国应如何建立和健全信用体系。

参 考 文 献

1. 李健. 金融学[M]. 4版. 北京:高等教育出版社,2022.
2. 黄达,张杰. 金融学[M]. 5版. 北京:中国人民大学出版社,2019.
3. 吴军梅. 金融学[M]. 3版. 厦门:厦门大学出版社,2020.
4. 万解秋. 货币银行学通论[M]. 4版. 上海:复旦大学出版社,2023.
5. [美]弗雷德里克·S. 米什金. 货币金融学[M]. 13版. 王芳,译. 北京:中国人民大学出版社,2024.

6. 曹龙骐.金融学[M].6版.北京:高等教育出版社,2019.

7. 戴国强,柳永明.货币金融学[M].5版.上海:上海财经大学出版社,2023.

8. 朱沛智,贾振宇.征信体系建设下个人信息保护的进路研究[J].征信,2024,42(05):43-51.

9. 张丽丽,章政.推动新质生产力涌现的数据交易信用管理体系:特征与机制[J].财经科学,2024(05):62-70.

10. 曹雨阳,孔东民,陶云清.中国社会信用体系改革试点效果评估——基于企业社会责任的视角[J].财经研究,2022,48(02):93-108.

第三章 利率

跨越时间的货币价值之桥梁——利息,承载着资金增值与时间价值的转换的功能。在其表象之下,利息实质是资本市场上借贷双方之间关于资金使用权的一种交易价格。而利率,作为这一价格的度量标尺,不仅反映了货币的时间价值,更蕴含了风险、流动性和期限等多维度的经济信息。利率的种类繁多,从基准利率到实际利率,从名义利率到有效利率,每一种都扮演着不同的角色,满足不同的经济需求。利率的决定理论构成了利率形成的基石。此外,利率受诸多因素的影响,如政策调控、经济周期、通货膨胀以及市场供求关系等。

 学习目标

1. 理解利息及其实质;
2. 掌握利息的两种计算方法;
3. 熟悉利率的定义及分类;
4. 掌握利率的决定因素及影响利率变化的其他因素,以及利率的作用;
5. 引导学生养成复利思维,在学习生活中相信长期的力量。

 思维导图

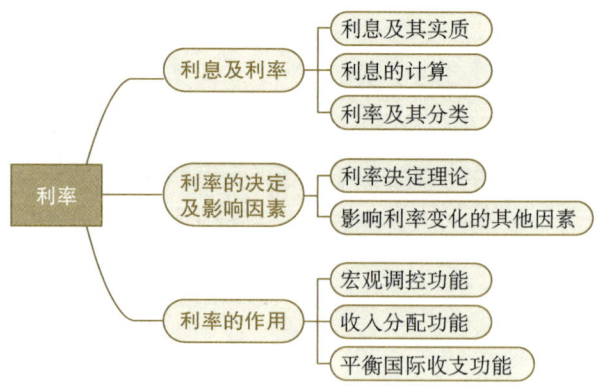

第一节 利息及利率

一、利息及其实质

利息是货币在一定时期内的使用费,它是借款人(债务人)支付给贷出货币或货币资本的持有者(债权人)的一种报酬。

关于利息的实质，存在多种理论，这些理论从不同的角度和背景出发，阐述利息的本质和来源。比较有代表性的理论包括剩余价值学说、资本生产力论、利息报酬论等。

马克思的剩余价值学说。马克思认为，利息是利润的一部分，是剩余价值的转化形式。在资本主义经济中，货币资本家将货币资本贷给职能资本家使用，职能资本家运用这些资本进行生产经营活动，创造出剩余价值。货币资本家凭借对资本的所有权，与职能资本家共同瓜分剩余价值。因此，利息是资本所有权与资本使用权分离的产物，它体现了借贷资本家和职能资本家共同剥削产业工人的关系。

西方的其他经济学家也对利息的实质进行了深入的研究，提出了不同的观点。比较有代表性的如萨伊的资本生产力论，该理论认为资本、劳动、土地是生产的三要素，在生产中它们各自提供了服务。资本具有生产力，利息是资本生产力的产物。这个理论否定了劳动价值论。又如威廉·配第的利息报酬论，该理论认为利息是因为货币所有者暂时放弃货币使用权而给贷出者带来的报酬。这种理论描述了借贷的现象，但没有真正理解剩余价值的本质。又如凯恩斯的流动性偏好理论，该理论认为利息是在一个特定的时期内人们放弃货币周转灵活性的报酬，是对人们放弃流动性偏好，即不持有货币而进行储蓄的一种报酬。比如庞巴维克的时差价值论，该理论认为利息是由于现在的物品与未来商品之间在价值上的差别所产生的，由于人们通常对现在商品的评价优于对未来商品的评价，这就产生了"时差价值"，也就是利息。又比如西尼尔的节欲论，该理论认为利息是对资本家节制欲望、增加储蓄的回报，资本家节制当前的消费欲望，将资金用于生产，从而获得利润，这种节欲的报酬就是利息。

二、利息的计算

（一）利息的计算：单利法和复利法

1. 单利法

单利法是指在计算利息额时，只按本金计算利息，而不将利息额加入本金进行重复计算的方法。其计算公式为：

$$I = P \times r \times n \qquad (3-1)$$

$$S = P(1 + r \times n) \qquad (3-2)$$

其中，I 为利息，P 为本金，r 为利息率，n 为借贷期限，S 为本金和利息之和（简称本利和）。

例如，如果某人借款10 000元，年利率为5%，借款期限为3年，按照单利法计算，那么3年后应支付的利息为10 000×5%×3=1 500元，本利和为10 000×(1+5%×3)=11 500元。

2. 复利法

复利法是在计算利息时，某一计息周期的利息是由本金加上先前周期所积累利息总额来计算的计息方式，通常被称为"利滚利"。其计算公式为：

$$S = P \times (1+r)^n \tag{3-3}$$

$$I = S - P \tag{3-4}$$

在上面的例子中，条件不变，按复利计算的话，3年后应支付的本利和为 $10\,000 \times (1+5\%)^3 = 10\,551.25$ 元，利息为 $10\,551.25 - 10\,000 = 551.25$ 元。

（二）终值和现值

现值（Present Value，PV）是指货币现在的价值，终值（Final Value，FV）是指货币在未来某个时间点的价值。若已知现值和利率，可以求出未来某一时点的终值为多少，同理，若已知未来某个时点有一定额度的货币和利率，可以求出现在的本金为多少。终值和现值互为逆运算，由终值求现值的过程又称为贴现。其计算公式为：

$$FV = PV(1+r)^n \tag{3-5}$$

$$PV = \frac{FV}{(1+r)^n} \tag{3-6}$$

例3-1：假如现在有10 000元，年利率为3%，5年后有多少钱？

根据公式(3-5)可知，5年后的终值为：

$$10\,000(1+3\%)^5 = 11\,592.74 \text{元}$$

例3-2：5年后需要一笔10 000元的货币，按年利率3%计算，现在需要准备多少本金？

根据公式(3-6)可知，现在需要准备的本金为：

$$\frac{10\,000}{(1+3\%)^5} = 8\,626.09 \text{元}$$

三、利率及其分类

（一）利率的定义

利率，又称利息率，是指一定时期内利息额与借贷本金的比率。利息率的表示方法有年利率、月利率和日利率。年利率一般以本金的百分之几表示，月利率一般以本金的千分之几表示，日利率一般以本金的万分之几表示。

（二）利率的分类

利率按照不同的标准，可以划分为不同的种类。

1. 按是否考虑币值变化，分为名义利率与实际利率

名义利率是借贷契约和有价证券上载明的利息率。实际利率是指物价水平不变从而货币的实际购买力不变时的利率，也就是名义利率剔除通货膨胀等因素后的真实利率。

名义利率代表贷款协议或金融合同中规定的实际利率，一般不考虑通货膨胀，代表规定的绝对利率，如果发生通货膨胀，投资者所得的货币购买力会贬值。借贷双方在做金融决策时往往会先关注名义利率，通常用于短期财务规划和投资决策等。

实际利率是经通货膨胀调整后的名义利率，在考虑购买力变化后，可以更准确地衡量真实成本或实际回报。实际利率对决策者和投资者评估真实经济状况和做出明智决策至关重要，有助于他们在较长时期内评估投资机会或借贷成本。

3-1 一分钟经济学——利率

3-2 名义利率与实际利率

2. 按利率的地位，分为基准利率与一般利率

基准利率，也称再贷款利率或再贴现利率，是央行规定下属各金融机构各项存、贷款的初始利率。在利率体系中，基准利率起核心作用并能制约其他利率的基本利率。一般来说，中央银行给商业银行的再贴现率会被视作市场的基准利率，它对整个利率体系具有引导和调控作用。基准利率的变动通常会影响整个市场的利率水平。

一般利率，也称市场利率，是指金融机构按一般标准发放贷款或吸收存款所执行的利率。这个利率是根据市场供求状况和各种因素而确定的，具有一定的浮动性和灵活性。一般利率的变动受多种因素影响，包括央行的货币政策、市场资金供求状况、通货膨胀率等。

在金融领域中，基准利率和一般利率都发挥着重要作用。基准利率作为整个市场利率的基准，有助于稳定市场秩序、引导资金流向、促进经济发展等。而一般利率则反映了市场资金供求的实际状况，为金融机构提供了定价依据，有助于优化资源配置、提高市场效率等。

3-3 基准利率

3. 按借贷期限内是否浮动，分为固定利率与浮动利率

固定利率是指在贷款或存款期间，利率保持不变，不受市场利率变动的影响。这种利率形式在借贷双方确定利率后，无论市场利率如何变动，借贷双方所承担的利率风险都不会改变。固定利率的优点在于它为借贷双方提供了稳定的预期收益或成本，便于进行经济核算和资金规划。然而，固定利

率的缺点在于它无法完全反映市场利率的变动情况,因此在市场利率发生较大变动时,可能会给借贷双方带来一定的利率风险。

浮动利率则是指随着市场利率的变动而定期调整的利率。这种利率形式与市场利率挂钩,如基准利率、LIBOR(伦敦银行同业拆借利率)、SHIBOR(上海银行间同业拆放利润)等,因此能够更好地反映市场资金供求状况。浮动利率的优点在于它能够根据市场利率的变动及时调整,从而缩小利率市场波动造成的风险。此外,浮动利率还有助于金融机构根据市场利率变化及时调整资产负债规模和企业融资决策。然而,浮动利率的缺点在于它不利于借贷双方进行经济核算和资金规划,因为利率的变动可能会给借贷双方带来不确定性。

3-4 浮动利率调整之谜:每年一变,是福是祸?

4. 按信用活动的期限长短,分为长期利率与短期利率

长期利率通常指的是一年期以上的市场利率,也称为资本市场利率。长期利率的期限较长,因此不确定性较大。在一般情况下,长期利率高于短期利率,这主要是因为长期借贷需要面临更长的时间跨度和更高的风险。长期利率的变动通常受到多种因素的影响,包括央行的货币政策、市场预期、通货膨胀率、经济周期等。长期利率对于长期借贷、投资、资本市场等方面都具有重要影响,是金融市场上的重要参考指标。

短期利率则是指短期内(如一天、一周、一个月等)到期的存款或贷款利率。短期利率的变动通常受央行政策利率的影响,央行通过调整短期利率来控制货币供应和经济活动。短期利率主要用于影响市场上的短期借贷成本,如银行间拆借市场和短期债券市场。短期利率的变动对于货币市场、外汇市场等方面都具有重要影响。

 专栏3-1

中国利率市场化改革的历程及成就

中国利率市场化改革是一个长期、渐进的过程,旨在建立一个由市场供求决定利率的机制,并使中央银行能够通过货币政策工具引导市场利率。中国利率市场化改革的历程可以分为七个阶段,具体时间段和取得的成就如表3-1所示。

表3-1 中国利率市场化改革阶段及成就

阶段	成就
阶段一:改革起步与初步探索	1996年,中国放开银行间同业拆借利率,标志着利率市场化改革的开始 1999年,允许部分中资商业银行与保险公司协商确定大额定期存款利率,这是存款利率市场化的早期尝试

续 表

阶段	成就
阶段二：存款利率市场化	2004年，实现了存款利率"放开下限，管住上限"的目标，允许存款利率在基准利率基础上下浮动 2012—2014年，逐步扩大存款利率上浮区间，直至2015年全面放开存款利率上限
阶段三：贷款利率市场化	2013年，贷款利率管制放开，银行可以自主确定贷款利率 2019年，中国人民银行推进贷款市场报价利率（LPR）改革，LPR成为银行贷款利率的定价基准，增强了贷款利率的市场化程度
阶段四：政策利率体系的建立与完善	建立了以公开市场操作利率为短期政策利率和以中期借贷便利（MLF）利率为中期政策利率的政策利率体系 通过利率走廊机制，包括常备借贷便利（SLF）和超额准备金利率，稳定市场预期并防范流动性风险
阶段五：市场基准利率培育	发展了质押式回购利率（DR）、上海银行间同业拆借利率（SHIBOR）等货币市场基准利率 国债收益率曲线趋于成熟，为长期债券提供定价参考
阶段六：存款利率自律管理	2013年，成立市场利率定价自律机制，对金融机构利率定价行为进行自律管理 2021年6月，优化存款利率自律上限的确定方式，促进存款利率与市场利率的并轨
阶段七：货币政策工具的创新与完善	通过多种货币政策工具，如逆回购、MLF等，调节银行体系流动性，引导市场利率 强化市场基准利率培育，优化LPR报价形成机制，拓展回购利率DR的应用

资料来源：我国存款利率市场化改革回顾与展望［N］.新浪财经，2022-08-02；中华人民共和国中央人民政府.打通贷款利率市场化的"最后一公里"［EB］.2019-08-17；中国人民银行货币政策司.深入推进利率市场化改革［EB］.2022-09-21；易纲.中国的利率体系与利率市场化改革［J］.金融研究，2021（09）：1-11.

第二节 利率的决定及影响因素

一、利率决定理论

（一）马克思的利率决定理论

马克思对利率决定的研究是以剩余价值在不同资本家之间的分割作为起点的。他认为利息是贷出资本的借贷资本家从借入资本的职能资本家那里分割出来的一部分产业利润，而产业利润是剩余价值的转化形式，即利息量的多少取决于利润总额，利率率取决于平均利润率。因为利息是利润的一部分，所以利润本身表现为利息的最高界限，达到这个最高界限，归职能资本家的部分就会等于零。由此可见，平均利润率构成了利息率的最高界限。至于利息率的最低界限一般来说不会等于或者低于零，否则借贷资本家就不会把资本贷出。因此，利息率的变化范围在零与平均利润率之间。

当然，也不排除利息率超过平均利润率的情况，比如说在经济危机时期，借贷风险急剧上升，或者由于中央银行的货币政策收紧导致资金极端紧张，都可能会导致利率被抬高到高于平均利润率的水平。而在经济极端不景气的情况下，中央银行则会降低利率水平，极端情况下甚至可能会实行负利率政策，以促使商业银行向企业提供更多的信贷支持。

马克思进一步指出，在平均利润率与零之间，利息率的高低取决于两个因素：一是利润率，二是全部利润在贷款人和借款人之间进行分配的比例。这一比例的确定主要取决于资金的供求关系及借贷双方的竞争，一般来说，资金供大于求时利率下降，供不应求时利率上升。此外，法律、习惯等也有较大作用。马克思的利率决定理论，对于说明社会化大生产条件下的利率决定问题具有一定的指导意义，其突出贡献是从定性分析的视角给出了合理利率的最高界限和最低界限。

（二）古典学派的利率决定理论

古典学派的利率决定理论是由奥地利经济学家庞巴维克、英国经济学家马歇尔、瑞典经济学家维克塞尔和美国经济学家费雪等人于19世纪后期提出的。由于古典经济学重视实物因素，强调非货币的实际因素对利率决定的影响，因此该理论也称为实际利率理论。该理论认为利率决定于储蓄与投资的均衡点，投资是利率的减函数，即利率提高会导致生产成本提高，投资额下降；利率降低，则投资额上升。储蓄是利率的增函数，即利率提高会导致储蓄额增加，利率降低会导致储蓄额下降。储蓄、投资与利率的关系如图3-1所示。

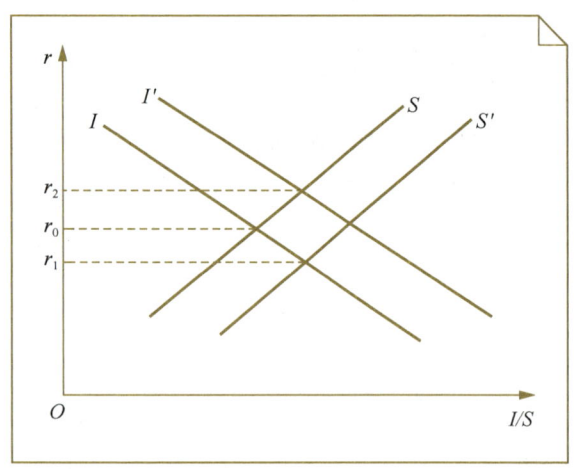

图3-1
古典学派的利率决定理论

图3-1中，I为投资曲线，S为储蓄曲线。I向下倾斜，表明投资是利率的减函数，S向上倾斜，表明储蓄是利率的增函数。两条曲线的交点所确定的利率为均衡利率r_0，在投资不变的情况下，如果某些因素导致储蓄意愿增加，将导致曲线S向右平移到S'，此时新的均衡利率为r_1；在储蓄不变的情况下，如果某些因素导致投资需求增加，将导致曲线I上移到I'，此时新的均衡利率为r_2。

（三）凯恩斯的利率决定理论

凯恩斯的利率决定理论也称流动性偏好理论，该理论更加重视货币因素对利率决定的影响。凯恩斯认为，利率决定于货币量的供求关系，其中，货币供应量由货币当局决定，而货币需求量取决于人们的流动性偏好。流动性偏好是指，人们对货币的需求量源于三个动机：交易动机、预防动机和投机动机。交易动机和预防动机所需的货币量与利率没有直接关系,而与收入成正比,是收入的增函数,投机动机所需的货币量是利率的减函数。一般情况下,在货币供给不变的情况下,人们的流动性偏好增强,货币的需求量就增加,利率也会随之上升;反之,人们的流动性偏好降低,货币的需求量就减少,利率也会随之下降。

如果用 L_1 表示交易动机和预防动机所需的货币量,L_2 表示投机动机所需货币量,则 $L_1(Y)$ 为收入 Y 的增函数,$L_2(r)$ 为利率 r 的减函数,货币总需求 $M_d=L_1(Y)+L_2(r)$,货币总供给为 M_s,当 $M_d=M_s$ 时的利率即为均衡利率,如图 3-2 所示。

此外,凯恩斯认为,货币当局为刺激经济通过买入债券的方式拉低利率,但随着利率不断下降至非常低的位置,以至于不可能再下降时,人们就会产生利率将会上升、债券价格将会下跌的预期,此时流动性偏好会使人们持有现金的意愿大幅上升而导致债券抛售,人们对流动性的偏好就会趋于无穷,此时无论增加多少货币供给,都会被人们无限增大的货币需求所吸收,政府的货币政策意图便会落空,这就是著名的流动性陷阱假说。

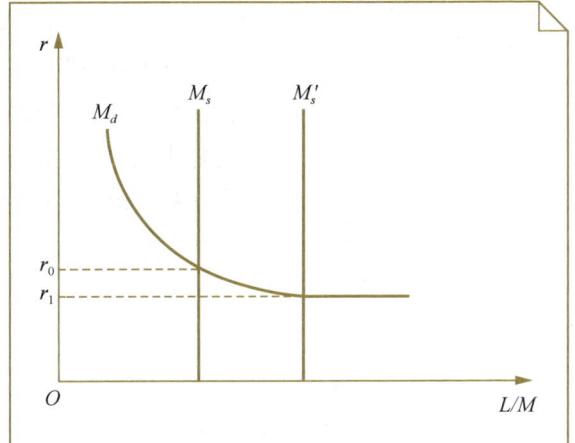

图 3-2
凯恩斯的利率决定理论

(四)可贷资金利率决定理论

可贷资金利率决定理论的代表人物是英国的罗伯逊和瑞典的俄林,该理论对古典学派的利率决定理论和凯恩斯的利率决定理论进行了批判和综合,一方面认为古典学派对货币因素忽视的不恰当,另一方面认为凯恩斯完全否定实际因素在利率决定中的作用也是不恰当的。可贷资金利率决定理论认为利率是由可贷资金的需求和供给共同决定的,可贷资金的需求 L_d 来自某个期间的投资流量 I 和该期间人们希望保有的货币余额的变化 ΔM_d,与利率呈正相关关系;可贷资金的供给 L_s 来自同一期间的储蓄流量 S 和该期间货币供给的增量 ΔM_s,与利率呈负相关关系。

3-5 凯恩斯的利率决定理论(流动性偏好理论)

可贷资金利率决定理论认为,利率取决于可贷资金的供给和需求的均衡点,如图 3-3 所示,此时有:

$$L_d = L_s$$
$$S + \Delta M_s = I + \Delta M_d$$

此外,该理论认为,当投资流量和储蓄流量这对实际因素保持稳定的情况下,货币供求力量的对比变化将

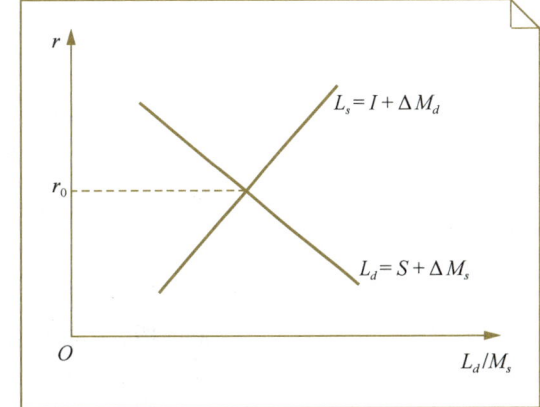

图 3-3
可贷资金利率决定理论

会导致利率的变化,因此,利率的变动在一定程度上也是一种货币现象。

可贷资金利率决定理论从流量的角度研究可贷资金的供求和利率的决定,可以直接用于金融市场的利率分析。特别是资金流量分析方法和资金流量统计建立之后,用可贷资金利率决定理论对利率决定做实证分析和预测分析,有其实用价值。

3-6 可贷资金利率决定理论

(五) IS-LM 模型的利率决定理论

IS-LM 模型是由英国经济学家约翰希克斯首先提出,后经美国经济学家汉森加以完善和发展的经济模型,该模型充分考虑了收入在利率决定中的作用,将整个市场划分为商品市场和货币市场,认为国民经济均衡是商品市场和货币市场同时出现均衡,并在此基础上讨论利率的决定机制。

如图 3-4 所示, IS 曲线是商品市场均衡时利率 r 与收入 Y 的组合, 曲线上的每一点表示投资和储蓄相等, 即 $I = S$。在 IS 曲线上, 由于利率 r 与市场需求呈负相关, 市场需求会直接影响和决定收入水平 Y, 从而有 r 与 Y 负相关。LM 曲线是货币市场均衡时利率 r 与收入 Y 的组合, 曲线上的每一点表示货币需求与货币供给相等, 即 $L = M$。在 LM 曲线上, 由于货币需求与收入呈正相关, 与利率呈负相关, 在货币供给为外生变量的假设前提下, 必须使 Y 与 r 同向变动才能保持货币需求等于货币供给, 即保持货币市场的均衡, 因此, 在 LM 曲线上, r 与 Y 正相关。

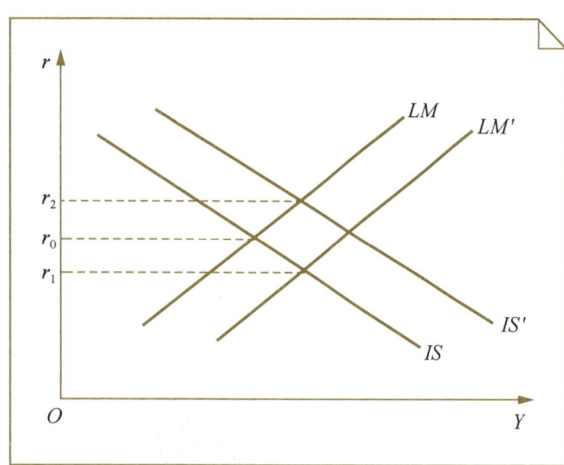

图 3-4
IS-LM 利率决定理论

在图 3-4 中, IS 曲线和 LM 曲线的交点为商品市场和货币市场同时达到均衡时的利率和收入水平,此时为均衡利率和均衡收入。当 IS 曲线受投资或储蓄的影响变动,LM 曲线受货币需求或货币供给的影响变动时,都会引起均衡利率的变动,同时引起均衡收入的变动。

二、影响利率变化的其他因素

除了上述讨论的利率决定因素外,还有一些因素对利率的变化产生重要影响,主要由宏观经济周期、风险因素、时间因素和利率管制等。

(一) 宏观经济周期对利率的影响

宏观经济周期包括危机、萧条、复苏和繁荣四个阶段,在经济周期的不同阶段,商品市场和资金市场的供求关系会发生相应的变化,财政政策和货币政策也会发生相应的调整以调控宏观经济,从而对利率的高低及其走势产生重要影响。

一般情况下,在危机阶段,一方面工商企业由于商品销售困难导致资金紧张，另一方面由于企业减少赊销要求现款支付而导致资金需求增加，借贷资金供不应求，从而利率将不断提高；当经济进入萧条阶段，一方面由于企业和居民的投资和消费意愿降低导致资金的需求减少，另一方面由于宽松的财政政策和货币政策导致资金宽松，从而使得利率不断下降；当经济进入复苏阶段，由于企业和居民的信心逐渐恢复，投资和消费的资金需求逐步回升，对借贷资金的需求也相应增加，从而导致利率逐渐从低位逐渐走高；当经济进入繁荣时期，生产高速发展，利润急剧增长，新企业不断成立，借贷资金的需求大幅增加，从而导致利率不断上升。

（二）风险因素对利率的影响

影响利率的风险因素主要是指相同期限的金融资产，可能因违约风险、流动性风险和税收风险等方面的差异，从而形成不同的利率，也称利率的风险结构。

违约风险是指不能按期偿还本金和支付利息的风险，一般情况下，违约风险低的债务其利率也较低，违约风险高的债务其利率也较高。流动性风险是指因资产变现能力弱或变现速度慢而可能遭受的损失，一般情况下，流动性风险高的金融工具其利率也较高，流动性风险低的金融工具其利率也较低。税收风险是指不同税收政策给债权人的税后实际收益造成的影响，一般情况下，税率越高的债券，其税前利率也应该越高，而低税率或者免税债券的税前利率相对较低。

（三）时间因素对利率的影响

影响利率的时间因素主要是指利率的期限结构，利率的期限结构是指某个时点上因期限差异而有所不同的一组利率构成的利率体系。如存款利率，有1年期的存款利率，有3年期的存款利率，有5年期的存款利率，这是存款的利率期限结构；再比如国债利率，有3年期的国债利率，有5年期的国债利率，有10年期的国债利率，这是国债的利率期限结构。一般情况下，时间越长，利率越高。

由于市场利率是不断变化的，所以利率的期限结构表现为某一时点上因期限差异而有所不同的一组利率所构成的利率体系，同一类金融工具不同期限的利率构成了该类金融工具利率的期限结构。

（四）利率管制对利率的影响

利率管制是指一国政府或中央银行直接制定利率或者规定利率的上下限，是利率政策的一项重要内容。利率管制主要有两种形式：一种是单项管制，即仅对存款利率或贷款利率进行管制；另一种是多项管制，即不仅对存款和贷款利率同时管制，而且还对贴现率及手续费等服务的价格进行管制。由于利率管制具有高度的行政干预力和很强的法律约束力，会弱化甚至排斥各类经济因素对利率决定和变动的影响,甚至能够直接决定利率水平与结构。

第三节 | 利率的作用

一、宏观调控功能

利率的宏观调控功能是指政府或中央银行利用利率这一经济杠杆,对国家的经济活动进行干预和调节。通过改变基准利率,影响整个经济的利率水平,进而调控社会的总体需求,实现宏观经济的目标,如促进经济增长、控制通货膨胀、维持就业水平和汇率稳定等。

当经济出现过热迹象或通货膨胀压力上升时,中央银行可以提高利率,增加借贷成本,降低企业和消费者的投资和消费活动,从而冷却经济,抑制物价上涨。相反,当经济增长放缓或面临衰退风险时,中央银行可以降低利率,减少借贷成本,鼓励企业投资和消费者支出,以刺激经济增长。此外,利用利率差异,可以引导资金流向优先发展的领域或产业,从而调整和优化经济结构。在全球化背景下,利率还与国际资本流动密切相关,影响一国的货币政策独立性和汇率政策。因此,利率政策已成为现代宏观经济管理中不可或缺的一部分,是实现经济软着陆和长期稳定发展的关键工具之一。

二、收入分配功能

利率在收入分配中的作用主要体现在对国民收入再分配的调节上。这种调节既包括个人与国家之间的收入分配,也包括金融机构与存款者之间的利润分配,以及借款人与贷款人之间的利息分配。通过合理设定和调整利率水平,不同经济主体可以在一定程度上实现利益平衡,实现收入的合理分配,促进社会公平和经济的可持续发展。

一方面,通过调整利率水平,影响储蓄和投资的激励,从而间接调节个人与国家间的收入分配。例如,较高的储蓄利率可能鼓励更多的私人储蓄,增加金融体系的资金供给,较低的贷款利率则促进企业和个人的投资活动,刺激经济增长。另一方面,利率的变化直接影响金融机构的净利差,即存贷款利率差,这会进一步影响银行的利润水平和股东的收益。同时,借款人需要支付的利息多少与贷款人的利息收入也密切相关,利率的高低决定了资金成本,进而影响企业和个人的财务状况和盈利能力。此外,政府可以通过发行国债等方式,以较低的利率筹集资金,用于公共项目投资或补贴计划,这也涉及利率在政府与公众间的收入再分配作用。

三、平衡国际收支功能

利率具有平衡国际收支的功能,这主要体现在它对进出口活动和资本流动的影响上。

首先,利率的变化会直接影响一国的进出口活动。当国内利率提高时,国内货币的吸引力增强,可能会导致外国货币兑换成本国货币,增加了本国货币的需求,从而推高了本币汇率。这一过程会使得本国商品在国际市场上变得更昂贵,进而抑制出口并鼓励进口,影响国际收支的经常项目。其次,利率的变化还会影响跨国资本流动。较高的利率可能吸引外国投资者将资金投入本国金融市场,寻求更高的回报,导致资本流入。反之,较低的利率可能会导致本国资金流向海外市场,寻找更高的收益率,引发资本流出。这种资本账户的变动直接关系到国际收支的平衡状态。

专栏3-2

利率自律机制十年：市场化改革的重要保障

自2013年成立以来,利率自律机制坚持市场化改革方向,切实服务宏观调控和金融管理要求,通过务实精干的组织架构和高效有序的工作机制,对合计超过400万亿元的存贷款利率定价进行有效的自律管理,以有限资源撬动了较大规模的管理实效,成为走好中国特色金融发展之路的生动实践。

利率自律机制是深化利率市场化改革的重要制度安排。党的十八大以来,中国人民银行持续深化利率市场化改革。2012年,允许存款利率适当上浮;2013年7月,贷款利率管制完全放开,改革进入深水区和攻坚期。当时我国金融机构自身和市场环境条件还有待完善,如果不能有效维护市场竞争秩序,就无法实现"放得开,形得成,调得了"的改革目标。2013年9月,中国人民银行充分借鉴美国、德国等成熟市场通过市场自律方式维护竞争秩序的经验,并结合我国利率市场化改革的实际情况,构建了利率自律机制。

加强自律促进市场规范健康发展。组织架构上,利率自律机制由定价能力较强的商业银行牵头,充分体现市场化特征。议事机制上,通过不定期召开工作会议,加强行业自律和协调,维护市场竞争秩序,有序推进利率市场化改革。利率自律机制赋予成员单位更多市场定价权和产品创新权,推动金融机构完善公司治理和提升服务水平,促进形成市场化环境下的合理均衡利率,引导金融资源优化配置,支持经济高质量发展,提升广大人民群众福祉。

利率自律机制工作取得显著成效。一是协助推进贷款市场报价利率(LPR)改革。2019年8月,中国人民银行推动LPR改革,LPR报价行均为利率自律机制成员。利率自律机制受权承担组织LPR

报价工作,督促报价行合理报价,有效反映市场利率走势,传达货币政策意图。同时,推动各类放贷机构明示贷款年化利率,保护金融消费者合法权益。二是促进存款利率市场化程度进一步提高。2015年10月,中国人民银行放开了银行存款利率的行政性管制。利率自律机制加强高息揽储等非理性定价行为的自律管理,协助清理整顿不规范存款创新产品。2021年6月,将存款利率自律上限改为在基准利率上加点形成,消除杠杆效应。2022年4月,建立存款利率市场化调整机制,引导成员单位参照市场利率变化合理调整存款利率水平。三是有效发挥合格审慎评估作用。通过评估,把具有较好公司治理和较强定价能力的金融机构遴选出来,夯实利率市场化改革的微观基础。持续优化评估指标体系,完善激励约束机制。2023年,利率自律机制成员已有2 055家,占商业银行数量的一半左右。四是指导省级利率自律机制高效履职。人民银行各省级分行组织建立了省级利率自律机制,目前已初步形成全国—省级利率自律机制协调联动格局,确保第一时间将利率自律要求传达至各层级金融机构,形成工作合力。此外,利率自律机制还在保障存单市场高效运行、参与国际基准利率改革方面发挥了重要作用。

下一步,中国人民银行将指导利率自律机制完善利率自律管理方式,为健全市场化利率形成、调控和传导机制,推动金融更好服务实体经济做出新贡献。一是加强对LPR报价的监督管理和考核评估,提高报价质量,为促进社会综合融资成本稳中有降提供有力支持。引导成员单位根据市场利率变化合理调整存款利率水平。二是督促银行持续健全存贷款利率定价机制,坚持风险定价原则,切实理顺信贷市场和债券市场、大银行和中小银行之间的利率关系。三是建立健全自律约谈和通报机制,提升利率自律的严肃性和权威性,完善利率自律机制组织架构,促进高效履职。

资料来源:中国人民银行货币政策分析小组.中国货币政策执行报告(2023年第四季度)[R].2024-02-08.

关 键 词

利息　终值　现值　利率　马克思利率决定理论　古典学派的利率决定理论　凯恩斯的利率决定理论　可贷资金利率决定理论　IS-LM模型的利率决定理论　利率管制

本 章 小 结

1. 利息是货币在一定时期内的使用费,它是借款人(债务人)支付给贷出货币或货币资本的持有者(债权人)的一种报酬。

2. 马克思认为,利息是利润的一部分,是剩余价值的转化形式。

3. 利率,又称利息率,是指一定时期内利息额与借贷本金的比率。利率的表示方法有年利率、月利率和日利率。

4. 利率按照不同的标准,可以划分为不同的种类:按是否考虑币值变化,分为名义利率与实际利率;按利率的地位,分为基准利率和一般利率;按借贷期限内是否浮动,分为固定利率与浮动利率;按信用活动的期限长短,分为长期利率和短期利率。

5. 利率的决定理论包括马克思利率决定理论、古典学派的利率决定理论、凯恩斯的利率决定理论、可贷资金利率决定理论和IS-LM模型的利率决定理论。

6. 除了利率的决定因素外,还有一些因素对利率的变化产生重要影响,主要由宏观经济周期、风险因素、时间因素和利率管制等。

7. 利率是现代市场经济中最重要的经济杠杆,是连接金融市场与实体经济的关键桥梁,对经济活动有重大影响。利率的作用主要包括宏观调控作用、收入分配作用、平衡国际收支作用。

学术前沿拓展

1. 孙瑞萌.我国利率市场化进程及影响分析[J].现代商业,2024(04):113-116.
2. 徐明文,刘义圣.利率市场化背景下LPR改革的宏观经济效应[J].江汉论坛,2024(04):30-38.
3. 陈涛,霍雨佳.货币市场基准利率对银行存款利率的传导效果——基于33家国内上市商业银行的实证研究[J].海南金融,2023(06):3-12.

习 题

一、单项选择题

1. 利息是（　　）。
   A. 债权人支付给债务人　　　　　　　　B. 债务人支付给债权人
   C. 消费者支付给生产者　　　　　　　　D. 生产者支付给消费者

2. 马克思的剩余价值学说认为利息是（　　）的转化形式。
   A. 税收　　　　　B. 工资　　　　　C. 利润的一部分　　　　　D. 生产成本

3. 萨伊的资本生产力论否定了（　　）。
   A. 劳动价值论　　　　　　　　　　　　B. 供需平衡理论
   C. 比较优势理论　　　　　　　　　　　D. 购买力平价理论

4. 根据凯恩斯的流动性偏好理论,利息是对人们放弃（　　）的报酬。
   A. 消费　　　　　B. 储蓄　　　　　C. 投资　　　　　D. 流动性偏好

5. 西尼尔的节欲论认为利息是对（　　）行为的回报。
   A. 节制欲望和增加储蓄　　　　　　　　B. 进行风险投资

C. 提高生产效率   D. 扩大生产规模

6. 假设你有一笔存款,本金为 5 000 元,年利率为 3%,存期为 2 年,按照单利法计算,两年后获得的利息为( )。

   A. 300 元   B. 350 元   C. 200 元   D. 250 元

7. 假设你有一笔存款,本金为 5 000 元,年利率为 3%,存期为 2 年,按照复利法计算,两年后获得的利息为( )。

   A. 304.50 元   B. 350 元   C. 300.50 元   D. 550 元

8. 利率的表示方法不包括( )。

   A. 年利率   B. 月利率   C. 日利率   D. 季利率

9. 实际利率是指( )。

   A. 物价水平不变时的利率   B. 名义利率剔除通货膨胀后的利率

   C. 借贷契约上载明的利息率   D. 基准利率

10. 在金融领域中,基准利率通常指的是( )。

    A. 市场资金供求状况的平均利率

    B. 中央人民银行规定的下属各金融机构存、贷款的初始利率

    C. 固定不变的借贷利率

    D. 与市场利率完全挂钩的利率

11. 根据马克思的利率决定理论,利息率的最高界限是( )。

    A. 零   B. 平均利润率   C. 法定利率   D. 市场利率

12. 古典学派的利率决定理论认为利率是由( )决定的。

    A. 货币供应量   B. 储蓄与投资的均衡点

    C. 流动性偏好   D. 可贷资金的供求

13. 凯恩斯的流动性偏好理论中,投机动机所需的货币量与( )因素成反比。

    A. 收入   B. 利率   C. 价格水平   D. 货币供应量

14. 违约风险较高时,相应的金融资产的利率会( )。

    A. 降低   B. 升高   C. 不变   D. 先升高后降低

15. 通常情况下,存款或国债的期限结构表明了( )。

    A. 时间越短,利率越高   B. 时间越长,利率越低

    C. 时间越长,利率越高   D. 时间和利率没有固定关系

16. 利率的宏观调控功能是指( )。

    A. 企业利用利率进行经济干预和调节

    B. 政府或中央银行利用利率对经济活动进行干预和调节

    C. 通过改变基准利率,影响整个社会的收入水平

    D. 通过引导资金流向,优化经济结构

17. 当经济出现过热迹象时,中央银行应该(　　)。
    A. 提高利率　　　　　　　　　　　　B. 降低利率
    C. 保持利率不变　　　　　　　　　　D. 根据通货膨胀率调整利率
18. 利率在收入分配中的作用主要体现在(　　)。
    A. 个人与国家之间的收入分配　　　　B. 金融机构与存款者之间的利润分配
    C. 借款人与贷款人之间的利息分配　　D. 所有以上选项
19. 如何利用利率来平衡国际收支(　　)。
    A. 通过调整国内货币的吸引力　　　　B. 通过影响进出口活动
    C. 通过影响跨国资本流动　　　　　　D. 所有以上选项
20. 当国内利率提高时,可能会产生的影响是(　　)。
    A. 鼓励出口并抑制进口　　　　　　　B. 增加本币汇率
    C. 吸引外国投资者将资金投入本国金融市场　　D. B和C

二、多项选择题

1. 关于利息的理论,经济学家们提出的有代表性理论是(　　)。
   A. 剩余价值学说　　　　　　　　　　B. 资本生产力论
   C. 利息报酬论　　　　　　　　　　　D. 供需平衡理论
2. 计算利息时,常用的计算方法包括(　　)。
   A. 现值法　　　B. 单利法　　　C. 复利法　　　D. 终值法
3. 影响一般利率的变动的影响是(　　)。
   A. 央行的货币政策　　　　　　　　　B. 市场资金供求状况
   C. 通货膨胀率　　　　　　　　　　　D. 基准利率
4. 关于固定利率的描述,以下正确的是(　　)。
   A. 在贷款或存款期间,不受市场利率变动的影响
   B. 能够反映市场利率的实时变动情况
   C. 为借贷双方提供了稳定的预期收益或成本
   D. 有利于经济核算和资金规划
5. 长期利率的变动通常受到(　　)因素的影响。
   A. 央行的货币政策　　　　　　　　　B. 市场预期
   C. 通货膨胀率　　　　　　　　　　　D. 经济周期
6. 流动性偏好理论认为人们对货币的需求量源于(　　)动机。
   A. 交易动机　　　B. 预防动机　　　C. 投机动机　　　D. 以上都不是
7. IS-LM模型考虑了(　　)在利率决定中的作用。
   A. 商品市场　　　B. 货币市场　　　C. 劳动力市场　　　D. 资本市场

8. 影响利率的风险因素包括(　　)。
   A. 违约风险　　　B. 流动性风险　　　C. 税收风险　　　D. 政策风险
9. 利率管制的形式包括(　　)。
   A. 单项管制　　　B. 多项管制　　　C. 无管制　　　D. 动态管制
10. 利率的作用包括(　　)。
    A. 宏观调控功能　　　　　　　　B. 收入分配功能
    C. 平衡国际收支功能　　　　　　D. 以上都不对

三、判断题

1. 马克思认为利息体现了借贷资本家和职能资本家对产业工人的剥削。(　　)
2. 实际利率是指物价水平不变从而货币的实际购买力不变时的利率。(　　)
3. 浮动利率随着市场利率的变动而定期调整,因此能够完全反映市场利率的即时变动情况。(　　)
4. 短期利率的变动通常受央行政策利率的影响,主要用于影响市场上的长期借贷成本。(　　)
5. 马克思认为利息是贷出资本的借贷资本家从借入资本的职能资本家那里分割出来的一部分产业利润。(　　)
6. 古典学派的利率决定理论认为利率是由货币供应量决定的。(　　)
7. 凯恩斯的流动性偏好理论认为,在货币供给不变的情况下,人们的流动性偏好增强,利率会随之上升。(　　)
8. 因为市场利率不断变化,所以利率的期限结构表现为某一时点上因期限差异而有所不同的一组利率所构成的利率体系。(　　)
9. 当经济出现过热迹象或通货膨胀压力上升时,中央银行应该提高利率。(　　)
10. 较低的贷款利率会促进企业和个人的投资活动,刺激经济增长。(　　)

四、问答题

1. 利率的宏观调控功能是指什么?
2. 请解释利率的收入分配功能。
3. 利率如何影响国际收支的平衡?
4. 请解释凯恩斯学派的利率决定理论。
5. 阐述宏观经济周期对利率的影响。

五、计算题

假设你在5年后将获得10 000元的现金,当前的年折现率为5%,请计算这笔未来现金流的现值。

参考文献

1. 李健.金融学[M].4版.北京:高等教育出版社,2022.
2. 黄达,张杰.金融学[M].5版.北京:中国人民大学出版社,2019.
3. 吴军梅.金融学[M].3版.厦门:厦门大学出版社,2020.
4. 万解秋.货币银行学通论[M].4版.上海:复旦大学出版社,2023.
5. [美]弗雷德里克·S.米什金.货币金融学[M].13版.王芳,译.北京:中国人民大学出版社,2024.
6. 曹龙骐.金融学[M].6版.北京:高等教育出版社,2019.
7. 戴国强,柳永明.货币金融学[M].5版.上海:上海财经大学出版社,2023.
8. 孙瑞萌.我国利率市场化进程及影响分析[J].现代商业,2024(04):113-116.
9. 徐明文,刘义圣.利率市场化背景下LPR改革的宏观经济效应[J].江汉论坛,2024(04):30-38.
10. 陈涛,霍雨佳.货币市场基准利率对银行存款利率的传导效果——基于33家国内上市商业银行的实证研究[J].海南金融,2023(06):3-12.

第二篇 现代金融体系的运作载体

DIERPIAN XIANDAI JINRONG TIXI DE YUNZUO ZAITI

第二篇

现代金融体系

的运作载体

第四章 金融市场

学习目标

1. 了解金融市场的概念和分类,熟悉金融市场构成,掌握金融市场的功能;

2. 掌握货币市场的概念和特点,熟悉各子市场的基本内容;

3. 掌握资本市场的概念和特点,熟悉证券发行市场和证券流通市场的主要内容;

4. 弘扬平等、公正、法治的核心价值观,引导学生实事求是,增强其经世济民的责任感。

合理配置资源是推动国家经济发展的关键,而其中的核心在于资金配置。金融市场的核心在于资金的流通机制,如何高效地、合理地配置资金对于国家经济的发展至关重要。通过各种市场活动,各经济主体可以调剂资金余缺,进而使资金配置更加合理。货币市场是针对一年以内的融资活动,主要解决各经济主体短期资金周转的问题。在金融市场中,资本市场以中期或长期投资为基本特征,对满足各经济主体的长期投融资需求起到了关键作用。本章将重点介绍金融市场的概念、分类、构成要素及功能,以及金融市场的两大主要市场——货币市场和资本市场的构成及其特征。

思维导图

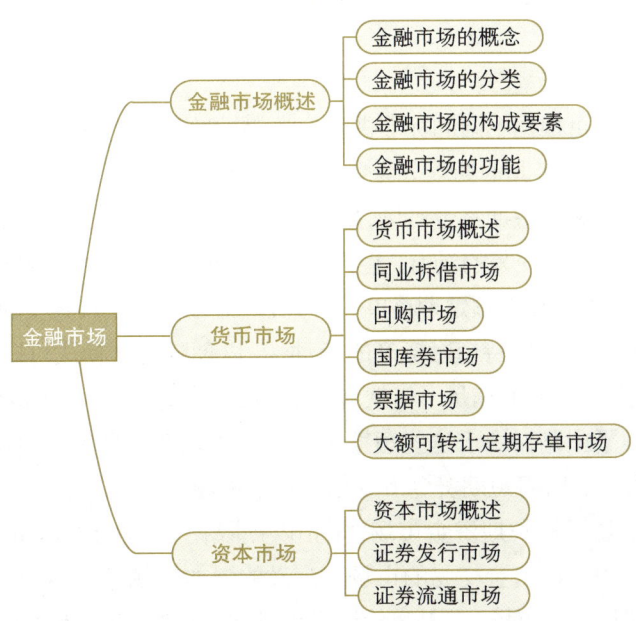

第一节 | 金融市场概述

一、金融市场的概念

我们通常所说的市场，这个概念最初形成于商品交易中，是指进行交易的场所或场地，如《周易·系辞下》中提到的"日中为市，致天下之民，聚天下之货，交易而退，各得其所"，这里的市就是此意。金融市场也是进行交易的场所，只不过这个市场，交易的对象是货币资金，而不是一般的普通商品而已，因此金融市场是指以金融资产为交易对象，而形成的供求关系及其机制的总和。广而言之，金融市场是实现货币借贷和资金融通、办理各种票据和有价证券交易活动的市场。比较完善的金融市场定义是：金融市场是交易金融资产并确定金融资产价格的一种机制。它包含三层含义：

第一，金融市场是进行金融工具交易的场所。这个场有时是有形的，如证券交易所；有时则是无形的，如很多交易都是通过电信网络构成的看不见的市场进行的。

第二，金融市场反映了金融资产的供应者与需求者之间形成的供求关系，揭示了资金的归集与传递过程。

第三，金融市场包含金融资产交易过程中所产生的各种运行机制，如价格机制、发行机制、监督机制等，其中最主要的是价格机制。它说明了如何通过这些资产的定价过程在市场的各个参与者之中合理地分配风险和收益。

二、金融市场的分类

金融市场可根据不同的标准进行分类，常见的类型主要有以下几种。

（一）按交易工具的期限分为货币市场和资本市场

货币市场又称短期资金市场，是指以期限在1年以下的金融资产为交易标的物的短期资金交易的场所，主要包括同业拆借、回购协议、商业票据、银行承兑汇票、可转让大额定期存单、国库券等短期信用工具买卖的市场。该市场的主要功能是保持金融资产的流动性，以便随时转换成可以流通的货币。它的存在，一方面满足了借款者的短期资金需求，另一方面为暂时闲置的资金找到了出路。由于这些短期金融工具可以在市场上灵活兑现，功能近似于货币，因此，将短期资金市场称为货币市场。

资本市场又称长期资金市场，是指以期限在1年以上的有价证券为交易工具进行中长期资金交易的市场。广义的资本市场包括两大部分：一是银行中长期存贷款市场；二是有价证券市场，包括中长期债券市场和股票市场。狭义的资本市场专指中长期债券市场和股票市场。

（二）按交易标的物分为票据市场、大额可转让定期存单市场、证券市场、金融衍生品市场、外汇市场、黄金市场、保险市场等

1. 票据市场

票据市场是短期资金融通的主要场所，它涵盖了各类票据的发行、流通和转让。作为货币市场的一个重要子市场，它构成了整个货币体系中基础交易主体最广泛、最重要的部分。在这个市场中，资金融通的特点是期限短、数额小、交易灵活，并且参与者众多，风险也相对易于控制。可以说，票据市场是一个历史悠久、大众化的基础性市场。此外，票据市场还包括商业票据市场、银行承兑汇票市场、票据贴现市场以及中央银行票据市场等多个细分领域。

2. 大额可转让定期存单市场

大额可转让定期存单市场也称CDs市场，是指发行和交易一定存款金额、期限、利率的定期存款凭证的金融市场。大额可转让定期存单具有大额性、可转让性、定期性和利率市场化等特征。大额可转让定期存单市场的发展对于完善货币市场结构、促进利率市场化、提高资金配置效率具有重要意义。

3. 证券市场

证券市场是资本市场的重要组成部分，指专门进行证券发行和交易的场所。在这个市场中，投资者可以买卖股票、债券、基金等证券产品，以实现资金的流动和增值。证券市场通过提供公平、公正、公开的交易平台，有效连接了资金需求者和资金供应者，推动了资本的形成和有效配置，对于促进经济发展具有重要的作用。

4. 金融衍生品市场

金融衍生品市场是专门进行金融衍生工具交易的市场。金融衍生工具，如远期合约、期货合约、期权合约和互换协议等，是在基础金融资产（如外汇、股票、债券等）交易基础上派生出来的金融合约。金融衍生品市场为投资者提供了一个平台，通过交易这些合约来管理风险、提高资金使用效率，并促进金融市场的发展和完善。

5. 外汇市场

外汇市场是由各国中央银行、外汇银行、外汇经纪人和客户组成的进行外汇买卖的交易场所，它是金融市场的重要组成部分，由于它的存在，资金才能实现在国家间的调拨和划转，国家间的债权债务才能得以清偿，国际资本才得以流动，跨国界的资金借贷融通才得以实现。根据外汇交易额度的不同，外汇市场分为批发外汇市场和零售外汇市场两类。由于银行间的外汇买卖具有金额大、汇率买卖差价小的特点，一般把银行同业之间进行外汇交易而形成的外汇市场称为外汇批发市场，它包括外汇银行之间、外汇银行和中央银行之间以及各国中央银行之间的外汇交易;把银行与其客户之间买卖外汇形成的市场称为外汇零售市场。

6. 黄金市场

黄金市场,是指专门集中进行黄金买卖和金币兑换的市场。黄金市场上的黄金交易具有两种性质:一是黄金作为商品而买卖,即国际贸易性质;二是黄金作为世界货币而买卖,用于国际支付结算,即国际金融性质。目前世界上最主要的黄金市场在伦敦、苏黎世、纽约、香港等地区。伦敦黄金市场的价格对世界黄金行市较有影响。

7. 保险市场

保险市场是指保险商品交换关系的总和或是保险商品供给与需求关系的总和。它既可以指固定的交易场所,如保险交易所,也可以是所有实现保险商品让渡的交换关系的总和。保险市场的交易对象是保险人为消费者所面临的风险提供的各种保险保障及其他保险服务,即各类保险商品。

(三)按交割方式划分为现货市场和期货市场

现货市场是指交易双方成交之后一般在1—5日之内立即进行付款交割的市场。由于现货市场的成交与交割之间几乎没有时间间隔,因而对交易双方来说,利率和汇率风险很小。

期货交易市场是交易双方达成协议后不立即交割,而是经过一段时间后,如一个月两个月或者三个月后进行交易的市场。

(四)按地域划分为地方性金融市场、全国性金融市场和国际性交易市场

地方性金融市场是指在国内的一个城市或者一个经济区域内进行金融交易的市场。

全国性金融市场是指在全国范围内进行金融交易的市场。

国际金融市场则是超越国界进行金融交易的市场,包括国际性货币市场、资本市场、外汇市场和黄金市场等。

三、金融市场的构成要素

金融市场是由四大要素构成的,分别为市场参与者、金融工具、交易价格和金融交易的组织形式。

(一)市场参与者

金融市场的主体是多元化的,参与金融市场活动的有政府、中央银行、金融机构、企业和居民。

1. 政府

中央政府和地方各级政府通常是资金的需求者。它们主要通过发行国债或地方政府债券来筹集资金,用于基础设施建设,弥补财政预算赤字,弥

补战争费用或实施某种特殊政策等。政府在特定的时间也可能成为资金的供应者,如税款集中收进还没有支出时。

2. 中央银行

中央银行在金融市场上处于一种特殊的地位,它既是金融市场的行为主体,又是金融市场上的监管者。从中央银行参与金融市场的角度来看,首先,作为银行的银行,它充当最后贷款人的角色,从而成为金融市场资金的提供者。其次,中央银行为了执行货币政策,调节货币供应量,通常采取在金融市场上买卖证券的做法,进行公开市场操作。中央银行的公开市场操作不以营利为目的,但会影响金融市场上资金的供求及其他经济主体的行为。最后,一些国家的中央银行还接受政府委托,代理政府债券的还本付息;接受外国中央银行的委托,在金融市场买卖证券参与金融市场的活动。

3. 金融机构

金融机构是金融市场上最主要的参与者,主要分为存款性金融机构和非存款性金融机构。存款性金融机构是指通过吸收各种存款而获得可利用资金,并将之贷给需要资金的各经济主体及投资于证券等以获取收益的金融机构。它们是金融市场的重要中介,也是套期保值和套利的重要主体。存款性金融机构一般包括商业银行、储蓄机构、信用合作社。和存款性金融机构主要靠吸收公众存款不一样,非存款性金融机构的资金来源主要是通过发行证券或以契约性的方式聚集社会闲散资金。非存款性金融机构主要有保险公司、养老基金、投资银行投资基金等。

4. 企业

企业在金融市场上既是资金的需求者,又是资金的供应者,但从总体上看是资金净需求者。它们既通过市场筹集短期资金从事经营,以提高企业财务杠杆比例和增加盈利;又通过发行股票或中长期债券等方式筹措资金用于扩大再生产和经营规模。在进行筹资决策时,通常根据自己对资金的需要,同时从筹资成本、风险、方便程度、股权安排、财务结构的改善等方面去考虑。另外,企业也是金融市场上的资金供应者之一。在生产经营过程中暂时闲置的资金,为了保值或获得盈利,它们也会将其暂时让渡出去,以使资金的运用发挥更大效益。此外,企业经常是金融衍生品市场中套期保值的主要力量。

5. 居民

居民个人及家庭一般是金融市场上的主要资金供应者。在银行信贷市场上,银行存款的很大一部分来自居民个人及家庭的储蓄;在证券市场上,其融资规模在很大程度上也取决于居民个人及家庭的投资活动,主要是为了追求盈利、谋求资本的保值增值、抵补通货膨胀的损失、实现资产的多样化等。居民个人及家庭同时也是金融市场上资金的需求者,当个人及家庭收入或储蓄不足时,例如购买大件商品如住房、汽车等发生资金不足时,也要从金融市场上获得资金以实现自己的消费。

(二) 金融工具

金融工具是金融市场上的交易客体,是资金供求双方进行交易的书面载体。它是在信用活动中产生的,用以证明金融交易金额、期限和价格(利率)的具有法律约束力的凭证。它必须具备规范化的书面格式、广泛的可接受性及可转让性和法律效力。

金融市场上的融资活动,通常可以根据资金供求双方是否直接发生经济联系、形成债权或股权关系,划分为直接融资和间接融资,从而形成直接融资工具和间接融资工具。投资者通过购买股票、债券、票据等金融工具向资金需求方提供资金,双方形成直接的所有权或债权关系,这种融资被称为直接融资。股票、债券等就是直接金融工具。投资者通过银行存款的方式供应资金,银行作为中介以贷款的名义再将资金贷给资金需求者,这种资金融通活动就是间接融资。间接融资下,存款者与借款者之间不发生直接的经济联系,由此而产生的金融工具如存款单、贷款合同等就是间接金融工具。

(三) 交易价格

金融市场的交易活动也要受交易价格的支配。金融市场的交易对象是货币资金,因此利率便成为金融商品的价格。有些金融工具自身有利率,如国库券、企业债券、贴现票据等;有些金融工具没有固定的利率(收益率),如普通股票。市场通过利率会把各种金融工具的价格比较公平地反映出来。金融工具的价格是投资者参与金融交易的主要依据。利率的波动反映着市场资金供求的变化状况,是引导市场资金流向的信号。

(四) 金融交易的组织形式

金融交易主要有以下三种组织方式:一是在固定场所组织,有制度的集中进行交易的方式,即交易所交易方式;二是在各个金融机构柜台上进行面议、分散交易的方式,即柜台交易方式;三是没有固定场所,交易双方要借助电子通信或互联网等手段,完成交易的无形方式。这几种组织方式各有特点分别可以满足不同的交易需求。在完善的金融市场上,这几种组织方式通常是并存的。

专栏4-1

北京证券交易所的成立

北京证券交易所(简称"北交所")是继上交所、深交所之后中国成立的第三家证券交易所。北交所的诞生不仅在于增加一家证券交易所,肩负的是资本市场改革重任,瞄准的是"打造服务创新型中小企业主阵地"这个战略目标,北京证券交易所正式开市标志着中国多层次资本市场体系服务中小企业创新发展的能力再提升。

1. 瞄准创新型中小企业服务"更早、更小、更新"

北交所坚守服务创新型中小企业的定位,突出服务"更早、更小、更新",在上市、发行、定价、交易、监管等制度上坚持自身特色,体现错位发展。首批上市的81家公司经营状况稳健、成长性较为突出,大部分属于行业细分领域的"排头兵"。

2. 更有弹性,对创新型中小企业更包容更灵活

针对创新型中小企业特点,北交所上市条件的市值和财务标准总体低于其他交易所板块,设置市值2亿元、4亿元、8亿元、15亿元四套上市标准,对创新型中小企业更包容、更灵活,也更有弹性。同时,北交所在交易、监管制度也同样体现差异化,以股票涨跌幅为例,北交所新股上市首日不设涨跌幅限制,自次日起涨跌幅限制为30%,从而契合中小企业股票估值差异大的特征,提升价格发现效率。

3. 提升资本市场服务中小企业创新发展能力

多年来,中小企业在一些关键行业领域精耕细作,拥有自己的技术优势,在一些细分行业的关键环节和关键技术上成为了"隐形冠军"或者"小巨人"。目前,中小企业贡献了中国70%以上的技术创新成果,创造了80%以上的新产品,但很多中小企业都缺乏融资能力,迫切需要资本市场深化改革,补足短板,支持数量众多的中小企业成长壮大,激发创新潜力,为经济高质量发展注入强劲动能。

4. 扩大资本市场服务覆盖面,改善中小企业融资效率

设立北交所,是资本市场更好支持中小企业发展壮大的内在要求,也是落实国家创新驱动发展战略的必然要求,扩大了资本市场服务的覆盖面。北交所开市后,社会对资本市场如何服务中小企业关注度大幅提高,让更多中小企业看到了上市的可能性和机会。同时也应看到,其顺利开市只是第一步,在市场建设中,亟待各方提高适应性和包容性,培植有别于沪深交易所、与创新型中小企业的风险特征相匹配的投资者群体,为北交所行稳致远营造良好市场环境。

参考资料:央视网.新闻观察:北交所为资本市场注入新活力[N].2021-11-15.

四、金融市场的功能

金融市场的功能包括资源配置、价格发现、风险分散和调节功能。

(一)资源配置

金融市场是资金从富余方(储蓄者)流向短缺方(借贷者,如企业或政府)的渠道。金融市场通过收益率的差异和波动,通过市场上优胜劣汰的竞争及对有价证券价格的影响,引导资金流向那些经营管理好、有发展前景的经济单位,实现资金在各地区、各部门、各单位的合理流动,完成社会资源的优化配置。例如,通过股票市场,投资者可以购买公司股份,为公司提供资本以扩大生产或进行研发。债券市场则允许政府和企业通过发行债券筹集

长期资金。有效的资源配置可以促进经济增长,提高生产效率。

(二)价格发现

价格发现是指通过市场交易确定资产的市场价格的过程。金融市场中的价格反映了所有市场参与者的集体信息和预期。在股票市场中,股票价格的波动反映了投资者对于公司未来盈利能力的评估。在商品市场中,价格反映了供求关系、生产成本、预期需求等因素的影响。价格发现对于经济决策至关重要,因为它为市场参与者提供了关于资产价值的信息,帮助他们做出投资、生产和消费的决策。

(三)风险分散

金融市场提供了多种工具,帮助投资者分散和转移风险。分散风险意味着通过投资于不同的金融资产来降低单一投资失败带来的损失。例如,投资者可以通过购买不同行业或国家的股票来分散风险。转移风险则涉及通过金融衍生品(如期货、期权和保险)将风险转移给其他愿意承担这些风险的参与者。这允许个人和企业通过支付一定的费用(如保险费或期权费)来保护自己免受特定风险的影响。

(四)调节功能

调节功能是指金融市场对宏观经济的调节作用。金融市场一边连着储蓄者,另一边连着投资者,金融市场的运行机制通过对储蓄者和投资者的影响而发挥作用。金融市场具有直接调节作用。金融市场通过其特有的引导资本形成及合理配置的机制首先对微观经济部门产生影响,进而影响宏观经济活动,是一种有效的自发调节机制。金融市场的存在及发展,为政府实施宏观经济活动的间接调控创造了条件。

第二节 货币市场

一、货币市场概述

货币市场是指以期限在1年以内的金融工具为媒介进行短期资金融通的市场,由于这一市场的金融工具期限,一般很短类似于货币,因此称为货币市场。货币市场的活动主要是为了保持资金的流动性以便随时可以获得现实的货币,一方面满足资金需求者的短期资金需要,另一方面也为资金供给者的闲置资金,提供能够获利的机会。

货币市场的特点包括四个方面。

1. 交易期限短

货币市场中的金融工具一般期限较短,最短的期限只有2小时,最长的不超过1年。筹资者一般在货币市场筹集短期临时性周转资金,因此,货币市场又被称为短期资金融通市场。

2. 流动性强

货币市场中的金融工具期限较短,这决定了这些金融工具的流动性较强。一般情况下,金融工具的流动性与其偿还期成反比,偿还期越短,流动性越强。

3. 安全性高

由于货币市场金融工具的发行主体的信用等级较高,因此这些金融工具的安全性也较高。

4. 交易额大

货币市场是一个批发市场,交易额比较大,是以机构投资者为主体的市场,个人投资者难以直接参与该市场的交易。

货币市场就其结构而言,可分为同业拆借市场、回购协议市场、国库券市场、商业票据市场、大额可转让定期存单市场等若干个子市场。

二、同业拆借市场

(一)同业拆借市场的概念

同业拆借市场也可称为同业拆放市场,是指各类商业性金融机构(商业银行和非银行金融机构)之间以货币借贷方式进行短期资金融通活动的市场。同业拆借的资金主要用于弥补短期资金的不足、票据清算的差额以及解决临时性的资金短缺需要。同业拆借市场交易量大,能敏感地反映资金供求关系和货币政策意图,影响货币市场利率。因此,它是货币市场体系的重要组成部分。

同业拆借市场产生于存款准备金政策的实施,伴随着中央银行业务和商业银行业务的发展而发展。

(二)同业拆借市场的参与者

同业拆借市场的主要参与者是商业银行,非银行金融机构也是同业拆借市场上的重要参与者。同业拆借的两个主要交易类型包括头寸拆借和同业借贷。

1. 头寸拆借

头寸拆借,是指金融机构为了轧平头寸,补足存款准备金和票据清算资金而在拆借市场上融通短期资金的活动。

2. 同业借贷

同业借贷指的是银行之间为了解决短期内出现的资金余缺而进行的相

互调剂,是具有法人资格的金融机构及经法人授权的非法人金融机构分支机构之间进行短期资金融通的行为,目的在于调剂头寸和临时性资金余缺。与头寸拆借不同的是,同业借贷期限较长,盈利要求较高。

同业拆借的关系人可以由拆出方和拆入方构成,也可以由拆出方、拆入方和经纪商构成。

(三)同业拆借市场期限与利率

1. 同业拆借市场期限

同业拆借市场的拆借期限通常以7天为限,最短的为隔夜拆借,这些时间很短的拆借,又被称作头寸拆借,其他还有拆借期限比较长的,如7天、14天、28天等,也有1个月、2个月、3个月期的,最长的可以达1年,但一般不会超过1年。

2. 同业拆借市场的利率

同业拆借交易的利率为"拆息率",拆息率每天不同,甚至每时每刻都有变化,灵敏地反映着货币市场资金的供求状况。同业拆借利率是金融机构融入资金的价格,是货币市场的核心利率。它能够及时、有效、准确地反映货币市场的资金供求关系,对货币市场上其他金融工具的利率具有重要的导向和牵动作用,它是人民银行实施货币政策操作的主要中介指标和操作工具。

在国际货币市场上,比较典型的,有代表性的同业拆借利率有四种,即美国联邦基金利率、伦敦银行同业拆借利率(LIBOR)、新加坡银行同业拆借利率(SIBOR)和中国香港银行间同业拆借利率(HIBOR)。我国于1996年6月1日建立起全国银行间同业拆借市场交易网络利率完全放开,并开始对外公布通过加权平均后的全国银行间拆借市场利率(CHIBOR)。于2007年1月4日推出上海银行间同业拆放利率(SHIBOR),其形成机制同国际最通行的伦敦银行同业拆借利率一致为各银行报价均值,成为我国货币市场的基准利率。

4-1 同业拆借市场

三、回购市场

(一)概念

回购市场也称为回购协议市场,是指通过回购协议进行短期资金融通交易的市场。企业及政府也可参与此市场。所谓回购协议指的是在出售证券的同时,和证券的购买商签订协议,约定在一定期限后按原定价格或约定价格购回所卖证券,从而获取即时可用资金的一种交易行为。从本质上说,回购协议是一种以证券为抵押品的抵押贷款。融资方(正回购方)以持有的证券作抵押,取得一定期限内的资金使用权,到期以按约定的条件购回证券的方式还本付息;融券方(逆回购方)则通过解除证券抵押的方式,收回融出的资金并获得利息。

（二）回购协议的风险

尽管回购协议中使用的是高质量的抵押品，但是交易的双方当事人也会面临信用风险。回购协议交易中的信用风险来源如下：如果到约定期限后交易商无力购回政府债券等证券，客户只有保留这些抵押品。如果适逢债券利率上升，手中持有的证券价格就会下跌，客户所拥有的债券价值就会小于其借出的资金价值；如果债券的市场价值上升，交易商又会担心抵押品的收回，因为这时其市场价值要高于贷款数额。

减少信用风险的方法有如下两种。

1. 设置保证金

回购协议中的保证金是指证券抵押品的市值高于贷款价值的部分，其大小一般在1%～3%。对于较低信用等级的借款者或当抵押证券的动性不高时，差额可能达到10%之多。

2. 根据证券抵押品的市值随时调整的方法

既可以重新调整回购协议的定价，也可以变动保证金的数额。如在回购协议的条款中规定，当回购协议中的抵押品价值下跌时，回购协议可以要求按新的市值比例追加保证金，或者降低贷款的数额。

回购协议中证券的交付一般不采用实物交付的方式，特别是在期限较短的回购协议中。但为了防范资金需求者在回购协议期间将证券卖出或与第三方做回购所带来的风险一般要求资金需求方将抵押证券交到贷款人的清算银行的保管账户中，或在借款人专用的证券保管账户中以备随时查询，当然也有不做这样规定的。这属于封闭式回购协议。

4-2 回购协议市场

四、国库券市场

（一）概念

国库券市场又称短期政府债券市场，是政府为弥补国库资金临时不足而发行的短期债务凭证。它是货币市场中最重要的组成部分之一，发行量和交易量都非常巨大，在满足政府短期资金周转需要的方面发挥着重要作用。

国库券市场的活动包括国库券的发行与转让流通。国库券市场不仅是投资者的理想场所，也是商业银行调节二级准备金的重要渠道，还是政府调整国库收支的重要基地，又是中央银行进行公开市场业务操作的重要场所。

（二）特点

1. 市场风险小

国库券以政府的征税权力做后盾，以财政收入作为还款保证，几乎不存在信用违约风险，是金融市场上风险最小的信用工具，因而被称为零风险的金边债券。

2. 流动性强

因为国库券是短期的，利率风险和市场风险小，可以通过市场买卖随时变成现金，是一种仅次于现金的金融凭证，有"准货币"之称。

3. 税收优惠

国库券收益实行减免税政策，国外投资者只交个人所得税，本国投资者不交税，这一特性增强了国库券的吸引力。

五、票据市场

票据是指一些有资信的大公司，为筹措资金向投资者发行的，承诺在指定日期按票面金额向持票人付现的一种短期信用凭证，它是基于商品交易行为而产生的一种债权债务关系的凭证。随着票据的广泛使用和金融活动的发展，这种形式的融资逐渐成为一种主要的融资方式。票据市场主要包括票据承兑市场和票据贴现市场。

（一）票据承兑市场

承兑是指汇票到期前，汇票付款人或指定银行确认票据记明事项，在票面上做出承诺付款并签章的一种行为。汇票之所以需要承兑，是由于债权人作为出票人单方面将付款人、金额、期限等内容记载于票面，从法律上讲，付款人在没有承诺前不是真正的票据债务人。经过承兑，承兑者就成了汇票的主债务人，因此，只有承兑后的汇票才具有法律效力，才能作为市场上合格的金融工具转让流通。由于承兑者以自己的信用作保证，负责到期付款，故若委托他人或银行办理承兑，需支付承兑手续费。在国外，汇票承兑一般由商业银行办理，也有专门办理承兑的金融机构，如英国的票据承兑所。

（二）票据贴现市场

票据贴现是指票据持有者为取得现金，以贴付利息为条件向银行或贴现公司转让未到期票据的融资关系。票据贴现可以使工商企业的资本从票据债权形式转化为现金形式，从而有利于资金周转，使资金循环顺利进行。票据贴现市场所转让的商业票据主要是经过背书的本票和汇票。票据到期前，金融机构若需用现款，可办理再贴现和转贴现。①再贴现是指商业银行将其贴现收进的未到期票据向中央银行办理贴现的融资行为，也称"重贴现"。②转贴现是指商业银行将贴现收进的未到期票据向其他商业银行或贴现机构进行贴现的融资行为。

4-3 票据市场

六、大额可转让定期存单市场

（一）大额可转让定期存单市场的产生

大额可转让定期存单，简称CDs，是银行发行的有固定面额并可以流通转让的定期存款凭证。由于20世纪60年代市场利率上升而美国的商业银行受"Q条例"的存款利率上限限制,不能支付较高的市场利率,各大公司财务主管为了增加临时闲散资金的利息收益,开始减少在商业银行的存款,转而投资于国库券、商业票据和其他较高利率的货币市场工具。针对存款资金来源的减少,美国花旗银行设计了具有其他货币市场工具类似特点的大额定期存单,从而吸收大公司、富裕个人和政府的闲散资金,并在政府证券经销商的支持下,为大额可转让定期存单设立了二级交易市场。持有存单的投资者,在需要资金时,可以随时在市场上转让流通,这样大额可转让定期存单市场开始产生。

(二) 大额可转让定期存单与传统定期存款单的区别

(1) 是否记名和转让的区别。传统定期存款单记名,且不可流通转让,而大额可转让定期存单不记名且可上市流通转让。

(2) 面额固定与否的区别。传统定期存款单金额是不固定的,由存款人自己决定,而大额可转让定期存单一般面额固定且较大,在美国最小面额为10万美元,而二级市场交易的存单面额通常为100万美元。

(3) 是否可提前支取的区别。传统定期存款单可提前支取,利息收入会受损一点,而大额可转让定期存单不可提前支取,如急需资金可以在二级市场进行转让变现。

(4) 利率是否可浮动的区别。传统定期存款单根据期限长短具有不同的固定利率,而大额可转让定期存单的利率可固定也可浮动,且一般高于同期的传统定期存款单利率。

(5) 期限长短的区别。传统定期存款单期限较长,一般1年以上,而大额可转让定期存单大部分期限在1年以内,最短的只有14天。一般可分为30天、60天、90天、120天、150天、180天、1年等。

4-4 大额可转让定期存单市场

第三节 资本市场

一、资本市场概述

资本市场是指以期限在1年以上的金融工具为媒介进行长期性资金融通交易活动的场所,又称长期资本市场。广义的资本市场包括两部分——银行中长期信贷市场和有价证券市场,后者包括中长期债券市场和股票市场。狭义的资本市场专指发行和流通股票、债券、基金证券等有价证券的市场也称为证券市场。

资本市场的主要特点包括：

（1）融资期限长。资本市场融资期限一般在1年以上，最长可达数十年。

（2）交易的目的主要是解决长期投资性资金供求矛盾，充实固定资产。

（3）融资数量大，以满足长期投资项目需要。

（4）资本市场融资工具既包括债务性工具，如政府债券、公司债券等，也包括股权性工具，即股票。

（5）资本市场的交易工具与短期金融工具相比较，收益高、风险大、流动性差。

本节主要讲解证券市场，即狭义的资本市场。证券市场是通过有价证券的发行与买卖进行投融资活动的市场。通常按照有价证券的交易程序，将证券市场划分为证券发行市场和证券流通市场。

二、证券发行市场

证券发行市场又称一级市场或初级市场，是新证券的发行市场，筹资者通过发行股票、债券等有价证券募集资金。通过发行市场增加证券的供给量，证券市场的规模可以扩大。

（一）证券发行市场的主体

证券发行市场的主体一般包括证券发行人、证券投资人和证券中介人。

证券发行人是指资金的需求方，即融入资金者或称债务人。政府机构、企业以及金融机构等在具备发行资格、符合发行条件的情况下，都可以作为发行者，通过发行有价证券的方式筹集资金。

证券的投资人是指资金的供应者，即贷出资金者或称债权人。政府机构、企业、金融机构以及个人都可以作为投资者，通过购买股票、债券等方式进行投资。

证券中介人是指代发行者办理证券发行和销售业务的承销商。有价证券在进行公募发行时，由于发行对象是分散的公众，发行者为了保证发售成功，及时募集到足额的金额，需要借助于具有专门知识与技能并具有发行经验的承销商帮助发行，由承销商负责办理证券的承购销售业务，并承担一定的发行风险。证券中介机构一般有：证券公司、投资银行、商业银行以及其他金融机构。

（二）证券发行方式

1. 按照发行对象的不同，可分为公募发行与私募发行

公募发行是指面向广泛的不特定的投资者发行。公募发行方式的特点主要有以下三点。

（1）发售工作量大，一般采用间接销售方式。由于要向众多的投资者募集资金，发售工作量大且有难度，一般需要获得承销商的协助，采用间接销售方式，由承销机构组织专门的业务人员来组织发售。当然，发行者需要支付一笔发行费用。

（2）发行者必须向证券管理机关办理发行注册登记手续，向公众披露有关资料、信息，接受公众监督。

（3）公募证券发行后一般可以上市转让流通，流动性强，风险相对较小。

私募发行是指面向少数特定的投资者发行。私募发行的对象一般是：机构投资者，包括金融机构或与发行人有密切业务往来关系的企业单位等；个人投资者，如使用发行单位产品的用户和发行单位自己的职工。

私募发行方式的特点主要有以下三点。

（1）私募发行大多采用直接销售方式，即由发行主体自己办理证券发行所必需的一切手续、自担风险，这种方式不需要向发行中介机构缴纳手续费，可以节省发行费用。

（2）私募发行不必向证券管理机构办理发行注册手续，发行程序相对简化，并可以节省注册费用。

（3）私募发行证券一般不允许转让。因为私募投资者是特定的，数量也有限，投资者对发行人的信用等状况都比较了解，所以，私募发行时不需要办理注册手续，如果私募证券能够自由地转让给非特定的投资者，就失去了免去发行注册的理由。有些国家规定，私募证券发行后经过一定时间也可以转让，但都附有一些限制条件。

2. 按照发行目的的不同，可分为初次发行和增资发行

初次发行是指新组建股份公司时或原非股份制企业改制为股份公司时或原私人持股公司要转为公众持股公司时，公司首次发行股票。前两种情形又称设立发行，后一种发行又称首次公开发行（**IPO**）。首次公开发行一般都是发行人在满足发行人必须具备的条件，并经证券主管部门审核批准或注册后，通过证券承销机构面向社会公众公开发行股票。通过初次发行，发行人不仅募集到所需资金，而且还完成了股份有限公司的设立或转制。

增资发行是指随着公司的发展，业务的扩大，为达到增加资本金的目的而发行股票的行为。股票增资发行，按照取得股票时是否缴纳股金来划分，可分为有偿增资发行、无偿增资发行和有偿无偿搭配增资发行三种方式。

3. 按照是否通过中介机构发行，可分为直接发行和间接发行

直接发行，又叫公司自办发行，指有价证券发行人自己办理发行手续、自己销售证券募集资金的方式。这种方式适合于筹资数量比较少、手续简单的筹资活动，一般私募发行采用此方式。这种方式的优点是节省承销费用，降低发行成本。缺点是发行人自己承担发行风险，割断了与证券公司等专业金融机构的联系，失去它们的具体指导，发行人对发行条件、市场时机的把握有限。

间接发行，即委托发行，指发行公司委托证券推销机构代理发行。公募发行都要通过承销商进行间接发行。

承销商的承销方式一般有三种：

（1）代销方式。由发行者委托承销商代为向社会销售证券，承销商按照协议规定的发行条件，在约定的发行期内尽力推销至截止日期，证券如果没有按原定发行数额售完，未售出部分将退还给发行者，承销商不承担任何发行风险。

（2）余额包销方式。由承销商按照承销协议规定的发行额和发行条件，在约定的期限内面向社会推销证券，到销售截止日期，未售出的余额由承销者负责认购，承销商要按照规定的时间向发行者支付全部证券的款项。这种方式承销商要承担部分发行风险，而发行人的筹资计划可以保证顺利实现。

（3）全额包销方式。由承销商先将全部证券认购下来，并向发行者支付全部证券款项，然后按照市场条件转售给投资者。这种方式承销者要承担全部发行风险，但可以保证发行者及时得到所需的资金。

（三）证券发行条件

证券发行条件一般由证券的发行额度、期限、票面面值、票面利率和发行价格等因素构成。确定合理的发行条件是保证证券发行成功的一项重要工作，它既影响发行者的筹资成本，又决定着投资者的投资收益率。发行条件的确定与发行方式有关，如果发行者采用私募的直接销售方式，发行条件主要由发行者根据自身的筹资需要以及所能够承担的融资成本与认购者协商确定；如果发行人采用公募的间接销售方式，发行条件需要由承销商根据市场状况协助发行人确定。

就发行价格而言，在直接发行方式下，发行价格就是投资者的认购价格，一般有三种形式：

（1）平价，即发行价格与发行证券的票面金额相等；

（2）折价，即发行价格低于发行证券的票面金额；

（3）溢价，即发行价格高于发行证券的票面金额直接发行方式下，发行人根据市场变化情况自主决定采用上述何种价格形式。

在间接发行方式下，发行价格分为两个层次：一是中介机构的承销价格，指在承购包销方式下，中介机构向发行者支付的价格；二是投资者的认购价格，即投资者在发行市场上购买金融工具时实际支付的价格。

专栏 4-2

中国启动全面注册制改革

2023年2月,中国证监会就全面实行股票发行注册制涉及的《首次公开发行股票注册管理办法》公布施行。全面实行股票发行注册制改革正式启动。自2018年11月官方宣布设立科创板并试点注册制以来,历经创业板实施"存量+增量"改革,再到北京证券交易所开市并同步试点注册制,注册制改革可谓蹄疾步稳,稳步前行。

中国证监会有关部门负责人表示,这次改革将总结试点注册制经验,推广实践证明行之有效的制度,进一步完善注册制安排,包括优化注册程序。坚持交易所审核和证监会注册各有侧重、相互衔接的基本架构。进一步压实交易所发行上市审核主体责任,交易所对企业是否符合发行条件、上市条件和信息披露要求进行全面审核。证监会基于交易所的审核意见依法作出是否同意注册的决定。

统一注册制度。整合上海证券交易所、深圳证券交易所试点注册制制度规则,制定统一的首次公开发行股票注册管理办法和上市公司证券发行注册管理办法,北交所注册制制度规则与上交所、深交所总体保持一致。完善监督制衡机制。证监会加强对交易所审核工作的统筹协调和监督考核,督促交易所提高审核质量。改革完善上市委、重组委(下称"两委")人员组成、任期、职责和议事规则,对政治素质、专业背景、职业操守提出更高要求,提高专职人员比例,加强纪律约束,切实发挥"两委"的把关作用。可以预见,全面推行注册制改革后,中国资本市场将继续围绕市场化、法治化、国际化的方向深化改革,从而更好地服务实体经济高质量发展。

参考资料:中国启动全面注册制改革 资本市场再迎发展新机遇[N].央视网,2023-02-02.

三、证券流通市场

证券流通市场也称二级市场或次级市场,是指已经发行的证券进行转让买卖和流通的市场。这一市场上的交易活动并不增加社会投资额,但可以使证券具有流动性和变现能力,从而对新证券的发行起到推动作用。证券发行市场和证券流通市场是相互依赖和相互补充的,只有两个市场有机地结合、协调发展,才能促进证券市场在长期资金融通中发挥巨大作用。证券流通市场由证券交易所市场和场外交易市场两个层次构成。

在各国资本市场上,证券交易方式主要有现货交易、期货交易、期权交易等方式。

(一)现货交易

现货交易是指证券买卖成交后,按当时成交的价格及时进行实券交收和资金清算的交易方式。也就是说,现货交易是成交和交割同步进行,买卖双方达成交易协议后,买方即要付出现金并向卖方收取证券,卖方则付出证券并向买方收取现金,买卖双方都有证券实物和资金的收付进出。但在实际交易过程中，由于整个交易过程要遵循证券交易所或场外交易的基本程序，并且现货交易要通过现金账户进行，所以，现货交易很难做到在成交后马上交割，交割常在成交后的一个很短的时间内进行，一般在成交后的当日、次日或交易所指定的例行交收日期交付清算。现货交易的卖方必须向买方转移证券，因此，现货交易属于实物交易。现货交易是证券交易所采用的最基本、最常用的交易方式。

（二）期货交易

期货交易是指买卖双方成交后，按照合同规定的证券数量、成交价格，在约定的远期再履行交割手续的交易方式。

在期货交易中，参与者可大致分为两大类：套期保值者和投机者。套期保值者是期货市场的核心力量，参与交易的主要目的是对冲风险。这些参与者可能是持有股票、债务的法人或个体，如银行、企业、进出口公司和证券公司等，可能面临证券价格、利率和汇率波动的风险。为了规避这些风险，他们会通过买卖期货合约来锁定其现有或未来金融资产的价格，确保预期利润，而非追求额外盈利。例如，一个预计三个月后需要销售钢材的企业，可能会担心市场价格下跌影响预期利润，因此会在期货市场上卖出与即将销售的钢材相匹配的期货合约。若市场价格下降，期货市场的盈利将补偿现货市场的损失，反之亦然，从而实现利润保护。

投机者则是基于对未来价格走势的预测进行交易的投资者，它们愿意用自己的资金冒险，希望通过买低卖高的策略从价格变动中获得利润。作为市场风险的承担者，投机者根据对期货价格的预期不断进行交易，以期从价格波动中获得收益。由于期货交易的成交和交割之间存在时间差，市场价格的不断变动为投机者提供了赚取差价的机会。期货市场的流动性和波动性很大程度上依赖于投机者的参与，使得套期保值者能够有效地转移风险。

总的来说，期货交易的关键功能包括风险转移和价格发现。风险转移是指套期保值者将价格风险转嫁给愿意接受该风险的投机者，这是期货交易的基础功能。而价格发现则体现在期货交易能够揭示商品或证券的未来价格趋势，为市场参与者提供重要的信息。

（三）期权交易

期权交易也叫选择权交易，是指期权的购买者通过交纳一定的期权费而获得在规定的期限内，按照交易双方商定的价格购买或出售一定数量某种金融资产的权利的交易。

期权交易涉及的是一定期限内的选择权的买卖行为。交易完成后，买方支付期权费获得权利，在规定期限内按特定价格交易一定量的金融资产，无须承担购买或出售的义务；卖方收取期权费后，在该期限内必须无条件接受买方的决定并履行合约承诺。交易通过标准化的期权合约进行，它仅代表权利的交换，而非实际金融资产的交易。期权合约的销售方在授予买方选择权时获得期权费，即权利金，而金融资产可能成交的价格称为执行价格或履约价格。

期权交易的特点包括：

（1）交易对象是权利本身，即买入或卖出某种金融资产的权利，而非实物资产。期权价格反映的是权利的价值。

（2）购买的期权具有时间限制，只在合约规定的期限内有效，逾期则失效。根据行使时间的不同，期权分为美式期权（可在到期日前任何时间行使）和欧式期权（仅能在到期日行使）。

（3）交易双方的权利与义务不同。期权买方拥有是否行使权利的选择权，无需承担义务；卖方一旦出售期权，就必须履行合约条件，无论市场如何变化都没有选择权。

（4）盈亏风险不对称。期权买方的最大风险是支付的期权费，潜在盈利可能是无限的（对于看涨期权）或有限的（对于看跌期权）；卖方的潜在盈利限于权利金，而亏损可能是无限的（出售看涨期权时）或有限的（出售看跌期权时）。

期权有三种主要类型。

（1）买进期权（看涨期权）：赋予买方在规定期限内或到期日按约定价格买入一定量金融资产的权利。

（2）卖出期权（看跌期权）：赋予买方在规定期限内或到期日按约定价格卖出一定量金融资产的权利。

（3）套做期权（双向期权、双重期权、对敲期权）：给予买方在规定期限内或到期日按预定价格买入或卖出一定量金融资产的权利。

4-5 证券市场发展史

金融市场　资本市场　货币市场　外汇市场　现货市场　期货市场　期权市场　同业拆借市场　大额可转让定期存单市场　发行市场　流通市场

1. 金融市场是商品经济发展导致信用形式多样化的产物，是指以金融资产为交易对象而形成的

资金供求双方进行资金融通的场所。金融市场在法制健全、信息披露充分的前提下能充分发挥聚敛功能、配置功能、调节功能和反映功能。

2. 金融市场按交易工具的期限分为货币市场和资本市场；按交割方式划分为现货市场和期货市场；按交易标的物的不同分为票据市场、大额可转让定期存单市场、外汇市场、黄金市场、保险市场、金融衍生品市场等；按地域划分为地方性金融市场、全国性金融市场和国际性交易市场。

3. 金融市场是由四大要素构成的，分别为市场参与者、金融工具、交易价格和金融交易的组织形式。

4. 货币市场是一年期以内的短期金融工具交易所形成的供求关系及其运行机制的总和。货币市场就其结构而言，可分为同业拆借市场、回购协议市场、国库券市场、商业票据市场、大额可转让定期存单市场等若干个子市场。

5. 资本市场是指融资期限在一年以上的长期资金交易的市场。资本市场交易的对象主要是政府中长期公债、公司债券和股票等有价证券以及银行中长期贷款。

6. 证券市场是通过有价证券的发行与买卖进行投融资活动的市场。通常按照有价证券的交易程序，将证券市场划分为证券发行市场和证券流通市场。证券市场主要有现货交易、期货交易、期权交易等方式。

学术前沿拓展

1. 张鹏.人口结构转变视角下中国现代金融市场转型分析：国际比较与启示[J].经济学家，2024(02)：49-59.

2. 肖文彦.关于我国银行间货币市场流动性分层的研究[J].中国货币市场，2023(10)：10-15.

3. 武瑶瑶，胡凡，刘桂芳.我国多层次资本市场建设与实体经济发展——基于直接融资与资源配置"双轮驱动"视角[J].证券市场导报，2023(12)：3-17.

习 题

一、单项选择题

1. 金融市场交易的对象是（　　）。
   A. 商品　　　　　　　　B. 服务　　　　　　　　C. 金融资产　　　　　　D. 实物资产

2. 金融市场说明了如何合理分配风险和收益的含义是（　　）。
   A. 交易场所　　　　　　B. 供求关系　　　　　　C. 运行机制　　　　　　D. 价格机制

3. 货币市场和资本市场的主要区别是（　　）。

A. 交易的金融资产类型 B. 交易的地点
C. 交易的参与者 D. 交易的规模

4. 以下（　　）不是货币市场的子市场。
   A. 同业拆借市场 B. 回购协议市场
   C. 股票市场 D. 国库券市场

5. 同业拆借市场的交易期限通常不超过（　　）天。
   A. 30 天　　　　B. 60 天　　　　C. 90 天　　　　D. 365 天

6. 不属于货币市场的是（　　）。
   A. 国库券市场 B. 票据市场
   C. 大额可转让定期存单市场 D. 债券市场

7. 资本市场主要解决（　　）的供求矛盾。
   A. 短期资金 B. 中期资金
   C. 长期投资性资金 D. 临时性资金

8. 不是资本市场的特点的是（　　）。
   A. 融资期限长 B. 交易目的主要是解决短期资金需求
   C. 融资数量大 D. 收益高、风险大、流动性差

9. 证券发行市场也被称为（　　）。
   A. 一级市场　　　B. 二级市场　　　C. 三级市场　　　D. 四级市场

10. 公募发行和私募发行的区别不包括（　　）。
    A. 发行对象的不同 B. 发行方式的不同
    C. 发行价格的不同 D. 发行条件的不同

11. 不涉及承销商的发行方式是（　　）。
    A. 代销方式　　　B. 平价发行　　　C. 余额包销方式　　　D. 直接发行

12. 期权交易中，期权买方的最大风险是（　　）。
    A. 市场价格波动 B. 期权费
    C. 无限亏损 D. 执行价格变动

13. 期货交易中，套期保值者的主要目的是（　　）。
    A. 赚取差价　　　B. 对冲风险　　　C. 投机　　　D. 套利

14. 不属于证券交易方式的是（　　）。
    A. 现货交易　　　B. 期货交易　　　C. 期权交易　　　D. 信用交易

15. 国库券市场属于（　　）。
    A. 货币市场　　　B. 资本市场　　　C. 外汇市场　　　D. 衍生品市场

16. 证券发行市场的主体不包括（　　）。
    A. 证券发行人　　　B. 证券投资人　　　C. 证券中介人　　　D. 证券交易所

17. 可转让大额定期存单市场的产生主要是为了解决（　　）。
    A. 增加政府收入　　　　　　　　　　B. 提供长期投资渠道
    C. 吸收存款资金来源　　　　　　　　D. 增加企业利润
18. 票据市场的特点不包括（　　）。
    A. 期限短　　　　B. 交易灵活　　　　C. 风险高　　　　D. 参与者众多
19. 同业拆借市场的利率被称为（　　）。
    A. 拆息率　　　　　　　　　　　　　B. 贷款基础利率
    C. 国债收益率　　　　　　　　　　　D. 股票指数
20. 证券流通市场的功能不包括（　　）。
    A. 提供流动性　　　　　　　　　　　B. 促进新证券发行
    C. 增加社会投资额　　　　　　　　　D. 风险分散

二、多项选择题

1. 大额可转让定期存单（CDs）的特点有（　　）。
    A. 实行存款实名制　　　　　　　　　B. 可在二级市场流通
    C. 不可以提前支取　　　　　　　　　D. 存款金额为固定整数金额
2. 国库券的特点是（　　）。
    A. 一种短期政府债券　　　　　　　　B. 没有信用风险
    C. 流动性最强　　　　　　　　　　　D. 没有市场风险
3. 场外交易市场的特点有（　　）。
    A. 交易通过电话、电报、传真和计算机网络进行
    B. 交易价格取决于竞价成交结果
    C. 交易双方可以直接进行交易
    D. 必须满足证券监管当局规定的上市标准
4. 金融市场的特征包括（　　）。
    A. 交易价格体现为资金的合理收益率　B. 交易对象为金融工具
    C. 交易目的主要体现在使用权的交易上　D. 交易场所主要为有形市场
5. 下列属于同业拆借市场的特点有（　　）。
    A. 融资期限较长　　　　　　　　　　B. 交易金额较大
    C. 有严格的市场准入条件　　　　　　D. 形成货币市场的参考利率
6. 下列关于汇票描述正确的有（　　）。
    A. 汇票是一种无条件的支付命令　　　B. 汇票必须承兑
    C. 汇票的出票人不是汇票的付款人　　D. 汇票只有出票人和付款人两个当事人
7. 下列关于证券一级市场的描述正确的有（　　）。

A. 是一个抽象市场 B. 发挥储蓄向投资转化的功能
C. 形成国民经济的晴雨表 D. 提供金融工具的流动性

8. 下列弥补财政赤字的方法中不会影响货币发行总量的有（　　）。
   A. 货币发行　　　B. 向银行透支　　　C. 举借外债　　　D. 举借内债

9. 金融市场的要素构成包括（　　）。
   A. 金融市场的交易主体　　　B. 金融市场工具
   C. 金融市场的交易对象　　　D. 金融市场的交易价格

10. 货币市场包括（　　）。
    A. 同业拆借市场　　　B. 债券市场　　　C. 短期债券市场　　　D. 票据贴现市场

三、判断题

1. 转贴现是指贴现银行在需要资金时，将已贴现的未到期票据向中央银行贴现的票据转让行为。（　　）
2. 短期国债的利率可以近似地代替无风险收益率。（　　）
3. 同业拆借的期限一般为一年以上。（　　）
4. 国库券流通的方式只有到期前贴现转让和到期兑现。（　　）
5. 公募发行可以在短时间内迅速筹集到大额资金，并且发行费用较低。（　　）
6. 一般情况下，同业拆借市场的拆供利率应该高于中央银行的再贴现率。（　　）
7. 债券二级市场主要在交易所市场进行。（　　）
8. 大额可转让定期存单（CDS）只能在到期时提取，缺乏流动性。（　　）
9. 一般地，通过私募方式发行债券必须经过权威性机构信用评级。（　　）
10. 公司债券不能公募发行，只能以私募的方式发行。（　　）

四、问答题

1. 简述金融市场的功能。
2. 什么是同业拆借市场？其主要功能是什么？
3. 简述大额可转让定期存单与定期存款的区别。
4. 资本市场和货币市场在金融体系中各自承担的角色是什么？
5. 什么是证券流通市场？它的作用是什么？

参考文献

1. 李健.金融学[M].4版.北京：高等教育出版社，2022.

2. 黄达,张杰.金融学[M].5版.北京:中国人民大学出版社,2019.

3. 吴军梅.金融学[M].3版.厦门:厦门大学出版社,2020.

4. 万解秋.货币银行学通论[M].4版.上海:复旦大学出版社,2023.

5. [美]弗雷德里克·S.米什金.货币金融学[M].13版.王芳,译.北京:中国人民大学出版社,2021.

6. 曹龙骐.金融学[M].6版.北京:高等教育出版社,2019.

7. 戴国强,柳永明.货币金融学[M].5版.上海:上海财经大学出版社,2023.

8. 张鹏.人口结构转变视角下中国现代金融市场转型分析:国际比较与启示[J].经济学家,2024(02):49-59.

9. 肖文彦.关于我国银行间货币市场流动性分层的研究[J].中国货币市场,2023(10):10-15.

10. 武瑶瑶,胡凡,刘桂芳.我国多层次资本市场建设与实体经济发展——基于直接融资与资源配置"双轮驱动"视角[J].证券市场导报,2023(12):3-17.

第五章 金融机构

 学习目标

1. 了解金融机构的产生与发展,掌握金融机构的功能,熟悉金融机构体系的构成;

2. 了解商业银行的产生、发展与组织形式,掌握商业银行的性质、职能和业务;

3. 了解中央银行的产生、发展与组织形式,掌握中央银行的性质、职能和业务;

4. 引导学生理解金融机构在社会发展中的重要作用,强调金融机构在提供金融服务时应遵守的社会责任。

金融机构,作为金融活动的中介和桥梁,连接资金的供需双方,确保资金的优化配置。同时,金融机构也是金融市场的重要参与者,通过发行和交易金融工具,为市场提供了流动性和交易机会。本章将介绍现代金融机构体系的构成,重点介绍商业银行和中央银行的性质、职能和业务。

思维导图

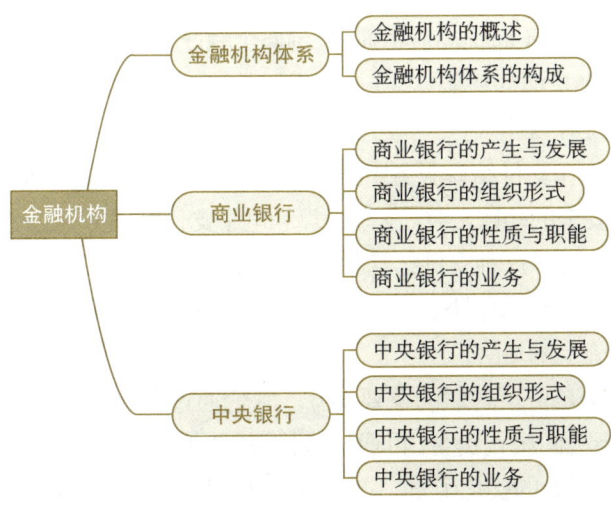

第一节 金融机构体系

一、金融机构的概述

金融机构是从事金融活动的组织，它通常以一定量的自有资金为运营资本，吸收存款、发行各种证券、接受他人的财产委托等形式的资金，而后通过贷款、投资等形式运营资金，并且在向社会提供各种金融产品和金融服务的过程中取得收益。

（一）金融机构的产生与发展

金融机构的产生最初可以追溯到古代的货币兑换和保管业务。随着商品经济的发展和贸易的扩大，货币交换和保管的需求日益增加，于是出现了专门从事这些业务的机构，如早期的钱庄、票号等。这些机构逐渐发展成为具有存款、贷款、汇兑等多种功能的金融机构。

进入近现代，随着工业革命的兴起和资本主义经济的发展，金融机构得到了快速的发展。17世纪后半期，中央银行开始出现，它们作为国家的金融管理机构，对金融市场和金融机构进行监管和调控。19世纪初，股份制银行的出现为现代金融业的发展奠定了重要的基础。这些银行通过发行股票和债券等方式筹集资金，为工业和商业的发展提供了大量的资金支持。

20世纪以来，随着科技的进步和金融市场的全球化，金融机构得到了进一步的发展。金融市场的不断深化和金融产品的不断创新，使得金融机构的业务范围更加广泛、服务更加多元化。同时，金融机构之间的竞争也日益激烈，这促使它们不断提高服务质量、创新金融产品，以满足客户的需求。

（二）金融机构的功能

1. 便利支付结算

金融机构在支付结算服务中扮演着至关重要的角色。它们为个人和企业提供便捷安全的转账汇款、支票结算和电子支付等服务，极大地促进了商品和服务的流通。这种支付结算服务的出现，不仅简化了交易流程，提高了交易效率，还降低了交易风险，为经济活动的顺利进行提供了有力保障。

2. 促进资金融通

金融机构是资金融通的重要媒介。它们通过吸收存款、发行债券等方式，聚集社会上的闲置资金，再通过贷款、投资等方式将资金投放到需要的地方，实现了资金的优化配置。这种资金融通功能，不仅支持了实体经济的发展，还推动了金融市场的繁荣。同时，金融机构在资金融通过程中，还通过风险管理手段，保障了资金的安全性和收益性。

3. 降低交易成本

金融机构通过提供专业化的金融服务，降低了交易的成本和复杂性。例如，通过大额支付银行转账比使用现金更安全、更方便；通过信用卡消费可以享受积分、优惠等福利。同时，金融机构还提供了多种金融便利服务，如自助存取款机、网上银行等，使得客户可以随时随地享受金融服务，提高了生活的便捷性。

4. 改善信息不对称

金融机构利用自身的优势能够及时收集、获取比较真实、完整的信息，通过专业分析判断，选择合适的借款人和投资项目，对所投资的项目进行专业化的监控，从而有利于投融资活动的顺利进行，不仅节约了信息处理成本，而且可以提供专业化的信息服务。

5. 转移与管理风险

金融机构通过提供保险、期货等服务，帮助客户转移和管理风险。例如，客户可以通过购买保险来规避自然灾害、意外事故等风险；通过期货交易来锁定成本或收益，降低市场风险。同时，金融机构还通过自身的风险管理手段，如多元化投资、对冲交易等，降低了自身的风险敞口，保障了客户的资产安全。这种风险转移和管理功能，有助于提高市场的稳定性和抗风险能力。

二、金融机构体系的构成

金融机构体系是指金融机构的组成及其相互联系的统一整体。在市场经济条件下，各国金融体系大多是以中央银行为核心来进行组织管理的，因而形成了以中央银行为核心、商业银行为主体、各类银行和非银行金融机构并存的金融机构体系。

（一）中央银行

中央银行，也称货币当局，是一国金融机构体系的领导和核心，担负着制定并执行货币政策、管理并调节金融运行、维护金融体系安全的特殊职责。中央银行的主要职能是通过影响货币供应量等特定金融变量，推动实现公共政策目标，因此大多数国家对中央银行实行国有化，并视其为政府机构。中央银行是一国支付系统的核心，它创造本国货币，并经营本国银行的清算系统。

（二）商业银行

商业银行是历史最悠久、公众接触最多、服务最全面、资产规模最大的金融机构。它主要通过发行支票存款（活期存款）、储蓄存款和定期存款等措资金，用于发放商业贷款、消费信贷和抵押贷款，从事政府债券、市政债券投资,并提供广泛的金融服务。早期商业银行以活期存款为主要负债,以短期商业贷款、贴现为主要资产,故名"商业银行"。目前商业银行业务呈现全能化或多元化趋势,能从事多种综合性金融服务,故被称为"金融百货公司"或"金融超市"。在现代各国金融体系中,商业银行居于主导地位,是一国金融体系的骨干。

(三) 专业银行

1. 储蓄银行

储蓄银行的资金来源主要是储蓄存款,其资金运用主要是发放长期抵押贷款。储蓄银行在各国有不同的名称和构成,美国的储蓄银行是储蓄贷款协会(S&L)、互助储蓄银行,英国的储蓄银行是信托储蓄银行,其他国家则是邮政储蓄银行、邮政储金局。

2. 开发银行

开发银行是指专门为经济开发提供投资性贷款的银行。这些银行在财务上自负盈亏,但并不是以营利为主要目的。多数开发银行都是由国家或政府创办的,其贷款通常具有援助性质,因此利率相对较低。开发银行的主要任务是为特定的经济开发项目提供资金支持,从而促进国家或区域的经济发展。

3. 进出口银行

进出口银行是指专门经营对外贸易信用的银行。这种银行的主要职能是向进出口商提供贷款或担保,以推动出口并资助必需品的进口。它们通常由政府设立,以集中掌握大宗的外汇收支,并发展与其他国家的经济往来。各国的进出口银行名称可能有所不同,例如在美国称为进出口银行,在日本称为输出入银行,在法国等国则称为对外贸易银行。此外,也有一些国家的对外贸易信用及结算业务是由外汇专业银行兼营的。

(四) 非银行金融机构

非银行金融机构是指除商业银行和专业银行以外的所有金融机构。这些机构以发行股票和债券、接受信用委托、提供保险等形式筹集资金,并将所筹资金运用于长期性投资的金融机构。

1. 契约型金融机构

契约型金融机构是依据契约定期取得资金(如保险费、养老保险费),并据约提供保险理赔或提供年金的金融机构,它包括各类保险公司、养老基金。

(1) 保险公司。保险公司是以收取保险费,建立保险基金,对发生的保险事故进行经济补偿的金融机构。其主要功能是使企业或家庭通过购买名为保单的合约规避特定风险,并在特定事件发生时依合约得到赔付。保险公司通过出售保单筹集保费,并将保费用于股票、债券、房地产等中长期投资。

因此，保险公司既是契约型储蓄机构，又是金融市场上重要的机构投资者。

（2）养老基金。养老基金是向参加养老金计划的雇员以年金形式提供退休收入的金融机构。养老金计划将社会保障的退休金和私人储蓄结合起来，重新安排个人的退休前收入。养老基金可分为私人养老基金和公共养老基金（或政府退休基金）。私人养老基金由雇主、工会或个人发起，资金来源于雇主和雇员按照工资的一定比例的定期缴款，政府提供养老基金缴款收入免税的税收优惠，基金主要投资于公司股票、公司债券和政府债券。公共养老基金包括政府为其雇员设立的养老基金和社会保障体系。政府养老基金的管理和运作与私人养老基金基本相同，但股票投资存在比例限制，社会保障体系一般涵盖在私营部门就业的所有雇员，资金主要来源于雇主和雇员缴纳的社会保障税，其主要任务是向年老、伤残、疾病、失业人员及死亡者家属提供必要的援助。

2. 投资性金融中介机构

投资性金融中介机构主要包括投资银行、金融公司、投资基金、货币市场共同基金以及风险投资公司。

（1）投资银行。投资银行是专门对工商企业办理各项有关投资业务的银行。投资银行的名称，通用于欧洲大陆及美国等，在英国称商人银行，在我国和日本则称证券公司。

投资银行的主要功能是帮助企业、政府和其他实体通过发行证券筹集资金，为其经营活动融资。投资银行还为公司兼并或收购提供便利，有时还是发起者。投资银行经常承销企业、政府、其他实体发行的证券。传统的投资银行就是证券公司（券商），主要进行证券的承销、证券的自营。现代的投资银行可以称为"金融百货公司"，以各种方式专门从事各种金融业务，与一般商业银行的差别日渐缩小。

（2）金融公司。金融公司通过出售商业票据和发行股票、债券筹措资金，并向汽车、家具等耐用消费品的购买者或销售商发放消费者贷款或工商业贷款。金融公司可分为三类：一是销售金融公司，通常由大型制造商或大型零售商建立，旨在通过提供消费信贷的方式，促销公司或企业商品。为促销集团公司生产的汽车而建立的福特汽车信贷公司、通用汽车承兑公司，就是销售金融公司。二是消费者金融公司，它以较高利率为难以获取贷款的消费者提供小额消费者贷款，以购买汽车、电器和房屋设施。这类金融公司既可是独立的公司，也可是银行的附属机构。三是商业金融公司，它向工商企业发放以应收账款、存货和设备为担保的抵押贷款，或提供大型设备的融资租赁业务。

（3）投资基金。投资基金是通过出售股份或受益凭证汇集众多中小投资者的资金，然后进行多元化证券组合投资的金融机构，是以证券为主体的投资信托。投资基金凭借规模巨大、管理专业等优势，降低了信息成本和交易成本，并通过分散投资有效降低了风险，从而受到广大中小投资者的欢迎。投资基金在各国的名称不同，美国称为共同基金或互助基金（mutual fund），英国称为单位信托基金，日本、韩国则称为证券投资信托。

(4) 货币市场共同基金。货币市场共同基金是相对较新的金融机构，也是一种兼具共同基金、存款机构特征的特殊投资基金。像其他投资基金一样，它通过出售股份募集资金，但投资对象主要限于安全性好、流动性高的货币市场工具，如短期国债、大额可转让定期存单等。同时，基金股份的认购者又可依据所持股份的价值来签发支票，从而提供了一种存款型的账户。然而，投资者开立货币市场共同基金账户，必须存入相当数量的货币，而且支票签发额有起点金额限制。因此，货币市场共同基金的股权实际上是一种支付利息但支票签发额有所限制的支票账户。

(5) 风险投资公司。风险投资公司将资金投资于新的企业，帮助企业管理团队将公司发展到可以上市的标准，即将公司股份出售给投资者，然后逐步退出被投资的公司。风险投资公司类似于投资银行，但其投资对象是起步不久且需要经营建议或管理咨询的创业公司。

3. 服务类金融机构

许多金融机构提供金融资讯或金融咨询服务，作为它们主要业务的副产品；部分公司专门从事金融信息服务。最早的金融信息服务机构是评级公司，如专事证券评级的穆迪公司、标准普尔公司、惠誉公司，为保险行业评级的贝斯茨公司。其他信息类机构是提供财务数据的公司，如彭博资讯社、路透社的附属部门，以及 Lipper、Morningstar 和 SEI 等提供共同基金业绩统计的公司。

（五）政策性与监管类金融机构

1. 政策性金融机构

政府发起或设立政策性金融机构，旨在为商业性金融机构通常不愿提供服务的特定行业、产业、部门和特殊群体提供金融支持或担保服务，并促进它们的发展。此类金融支持和服务主要通过两条途径提供：一是发起或创建政府信贷机构；二是创建政策性保险或担保机构，为私人贷款提供政府担保。这些机构的资金来源包括财政拨款、政府投资、发行政策性金融债券等。

2. 监管类金融机构

为加强和完善货币政策控制，维护金融体系稳定，防范系统性金融风险，确保金融市场交易公平有序，保护投资者利益，各国均建立了金融监管体系。一些国家实行单一监管体制，即由一家金融机关（中央银行及其附属机构）对金融业实施高度集中监管，如英联邦国家、比利时、卢森堡、意大利、瑞典、瑞士等。另一些国家实行多头监管体制，即由不同监管机构对不同金融机构、不同金融业务分别实施监管。其中，美国、加拿大推行联邦和各州分权的多头监管模式，日本、德国、法国、新西兰等国实行以财政部和中央银行为主的集权监管模式。

专栏5-1

中国现行的金融机构体系

经过40多年的改革开放，中国的金融机构体系已由过去长期实行"大一统"银行体制逐步发展成为多元化的金融机构体系。目前，我国已经形成了以银行体系（中央银行和各类商业银行）为主体，多种金融机构并存的金融机构体系。

一、中国人民银行

我国的中央银行是中国人民银行。中国人民银行成立于1948年。新中国成立后至1984年前，中国人民银行既行使中央银行职能，又办理工商信贷、城镇储蓄业务。1983年9月，国务院决定中国人民银行专门行使中央银行职能，并于1984年成立中国工商银行承接此前由中国人民银行承担的商业性金融业务。1995年3月18日通过的《中国人民银行法》，以法律形式明确中国人民银行是中央银行，是制定和执行货币政策、维护金融稳定、提供金融服务的宏观调控部门。2003年修订后的《中国人民银行法》则新增了反洗钱和征信等新职责。

二、存款类金融机构

（一）大型存款类金融机构

它由6家银行构成：中国工商银行、中国农业银行、中国银行、中国建设银行、交通银行和中国邮政储蓄银行。前4家银行是由4家国有商业银行进行股份制改造而来的国有控股商业银行。交通银行是1987年7月经国务院批准恢复组建的股份制商业银行，由于国家股、国有法人股占比超过40%，2007年被归类为国有控股商业银行。邮政储蓄银行原为中国邮政部门的储蓄机构，主要从事邮政储蓄存款的转存业务。2007年3月，中国邮政储蓄银行正式成立。

（二）小型存款类金融机构

小型存款类金融机构主要包括股份制商业银行、城市商业银行、农村商业银行和民营银行四类。

1. 股份制商业银行

这类银行是自1987年以后陆续组建的，从地域上大致可分为全国性和区域性两类。截至2023年底，我国的全国性股份制商业银行有中信银行、光大银行、招商银行、上海浦东发展银行、中国民生银行、华夏银行、平安银行、兴业银行、广发银行、渤海银行、浙商银行、恒丰银行等12家。

2. 城市商业银行

城市商业银行是1995年在原城市信用社的基础上，由城市企业、居民和地方财政投资入股组成的地方性股份制商业银行。城市商业银行最初称为城市合作银行，1998年起逐步改用现名。这类银行均实行一级法人、多级核算经营体制，主要功能是为地方经济和中小企业服务。截至2023年底，我国共有北京银行等125家城市商业银行。

3. 农村商业银行

农村商业银行（农商行）作为服务"三农"即农村、农业和农民的主要金融机构，在我国金融体系中占据着重要的地位。它们基于农信社和农合行的不断改制而逐步发展起来，数量呈上升趋势。农商行不仅在数量上有所增长，而且在推动地方经济发展、服务小微企业等方面发挥着积极作用。截至2023年底，我国共有北京农商银行等1 569家农村商业银行。

4. 民营银行

民营银行，是指由民间资本控股并主要为民营企业提供资金支持和服务的银行。截至2023年底，我国共有微众银行等19家民营银行。

（三）其他存款类金融机构

其他存款类金融机构主要包括村镇银行、中外合资银行和外资法人银行几类。

三、非存款类金融机构

1. 保险公司

中国的保险公司众多，可以分为几大类：人寿保险公司、财产保险公司、再保险公司、健康保险公司和养老保险公司等。截至2023年底，我国各类保险公司有保险集团（控股）公司13家、政策性保险公司1家、财险公司88家、再保险公司7家、寿险公司75家、养老保险公司10家、健康险公司7家、资产管理公司33家、农村保险互助社3家。

2. 证券公司

中国的证券公司被划分为经纪类、综合类两大类。经纪类证券公司主要从事代理证券买卖业务，综合类证券公司则从事证券承销、经纪、自营买卖、投资咨询及受托资产管理等业务。截至2023年底，我国共有中信证券等145家证券公司。

3. 信托公司

信托公司是一种以受托人的身份，代人理财的非存款类金融机构。我国信托公司的业务范围主要限于信托、投资和其他代理业务。信托公司受托投资的领域较广，不局限于金融业。截至2023年底，我国共有中信信托等68家信托公司。

4. 财务公司

财务公司主要是指企业集团财务公司，它们是为企业集团成员单位提供财务管理服务的非银行金融机构。这些财务公司依托集团、服务集团，为集团成员单位节约财务成本、拓宽融资渠道、解决资金困难，成为集团公司的内部银行和金融平台。截至2023年底，我国财务公司行业法人机构数量达到255家。

5. 金融租赁公司

金融租赁是所有权和使用权相分离的经济活动方式,它融合了传统的租赁与融资,具有融资和融物相结合的特点。金融租赁公司主要提供融资租赁服务,帮助企业通过租赁方式获得所需的设备和资产。金融租赁公司可以在一定程度上解决企业融资难题,支持实体经济的发展。截至2023年底,我国融资租赁公司共有71家。

6. 服务类金融机构

服务类金融机构主要包括:①信用评级机构,如上海远东资信评估公司、中国诚信证券评估有限公司、长城资信评估有限公司、大公国际资信评估公司等;②证券服务机构,如证券登记公司,证券结算公司、中央国债登记结算有限责任公司等;③金融(或证券)咨询公司,如北京金桥咨询公司、新兰德证券咨询公司、北京东方华尔金融咨询公司等。此外,典当行、基金管理公司、小额信贷公司、农村资金互助社等新型金融机构,中外合资、外资独资金融公司、证券公司、信用卡公司也是中国境内非存款类金融机构的重要成员。

四、政策性金融机构

政策性金融机构是由政府或政府机构发起或出资,以某种特定政策性金融业务为其基本业务活动的金融机构。其经营目标并非追求利润最大化,而是专门为了贯彻和配合政府特定的社会经济政策和意图。在法律限定的业务领域内,直接或间接地从事某种特殊政策性融资活动,从而充当政府发展经济、促进社会发展稳定、进行宏观经济调节管理的工具。我国的政策性金融机构主要有3家,分别为国家开发银行(开发性金融机构)、中国进出口银行和中国农业发展银行。

除3家政策性银行外,中国的政策性金融机构还包括:金融资产管理公司,即1999年组建的华融、长城、东方、信达资产管理公司;出口信用保险公司,如2001年12月成立的中国出口信用保险公司;中小企业担保公司,如1999年12月成立的深圳市中小企业信用担保中心(2008年1月转制为有限公司)等。

五、监管类金融机构

中国金融监管体系经过一系列改革,形成了具有中国特色的监管架构。目前,该体系以党中央对金融工作的集中统一领导为核心,确立了"一行一局一会"(中国人民银行、国家金融监督管理总局、中国证券监督管理委员会)的新格局。其中,中国人民银行负责货币政策和宏观审慎监管,国家金融监督管理总局统一负责除证券业之外的金融业监管,中国证券监督管理委员会则专注于资本市场监管。这一监管体系强调全面加强金融监管,有效防范化解金融风险,同时推动监管标准统一、监管效率提升,并积极参与国际金融监管改革。

资料来源:李健.金融学[M].4版.北京:高等教育出版社,2022:293-297;吴军梅.金融学[M].3版.厦门:厦门大学出版社,2020:68-91;国家金融监督管理总局.中国政府网.新华网等网络资源整理。

5-1 革命党史·红色金融：农民自己的合作社和银行

第二节 商业银行

商业银行是商品经济和商品交换发展到一定阶段的必然产物，并随着商品经济的发展不断完善。商业银行经过几百年的发展演变，现在已经成为世界各国经济活动中最重要的资金集散机构，其对经济活动的影响力位居各国各类金融机构之首。

一、商业银行的产生与发展

商业银行的雏形可以追溯到公元前4000年左右，当时已经出现了记载借贷双方行为的文书，并且这种文书可以转让。公元前4世纪左右，希腊和罗马已经有了货币兑换的专门人员，这些人在罗马时期进一步发展，借贷的规模和普及率都有所提升。人们普遍认为，意大利是银行的起源国，早期的银行家是意大利北部的犹太人，他们主要扮演兑换业务，如货币兑换、汇兑、贵重物件保管等。

随着封建格局的瓦解和战乱的影响，商业往来催生了货币兑换服务的需求，兑换业逐渐发展起来。商人为了安全和便利，开始将货币交给专门的货币兑换商，并委托他们办理汇兑和支付。这为商业银行的产生奠定了基础。

随着资本主义经济的发展，在西欧，由金匠业演化而来的旧的高利贷性质的银行为适应新的经济条件，逐渐演变为资本主义银行。同时，新兴的资产阶级按照资本主义原则组织的股份制银行也逐渐兴起，这一途径是主要的。例如，1694年，英国成立了历史上第一家资本主义股份制的商业银行——英格兰银行。它的出现，宣告了高利贷性质的银行业在社会信用领域垄断地位的结束，标志着资本主义现代银行制度开始形成以及商业银行的产生。

进入现代，商业银行的体系在世界范围内开始普及。与此同时，商业银行的职能也逐渐多样化，除了传统的存贷款业务外，还涉及投资银行、财富管理、国际结算等多个领域。此外，随着科技的进步和互联网金融的兴起，商业银行也面临着新的挑战和机遇。

展望未来，商业银行将继续面临经营环境的机遇和挑战。一方面，随着全球经济的发展和科技的进步，商业银行的盈利能力和发展空间将得到进一步提升；另一方面，随着金融市场的竞争日益激烈和客户需求的多样化，商业银行需要不断创新和改进自身的业务模式和服务方式，以适应市场的变化和满足客户的需求。同时，商业银行还需要加强风险管理和内部控制，确保金融市场的稳定和自身的可持续发展。

专栏5-2

我国商业银行的产生

与西方的银行相比，我国的银行产生较晚。我国关于银钱业的较早记载，是南北朝时的寺庙典当业。佛教传入中国以后，在统治者的支持下，人们开始信仰佛教。上至皇亲国戚，下到平民百姓，纷纷捐赠香火钱，寺庙拥有大量的土地和财富，于是僧人们便开始对外放贷，经营典当业。到了唐代，出现了类似汇票的飞钱，商人们可以在甲地存钱并开具凭证，而后到乙地凭借这张凭证取钱，这是我国最早的汇兑业务。

在北宋时期，由四川富商发行的交子成为我国早期的纸币。到了明清以后，当铺是中国主要的信用机构，明末一些较大的钱庄发展成银庄。在银庄产生的初期，除兑换银钱业务外，还从事贷放业务，到了清代，银庄逐渐开办存款汇兑业务，已经具备了现代银行的基本特征。但最终在清政府的限制和外国银行的压迫下，走向衰落。直到1847年，在中国才出现第一家新式银行——一家外国银行，英国人开设的丽如银行。之后帝国主义列强纷纷在中国开设外资银行分支机构，清政府为摆脱外资银行的控制，在1897年开设了中国通商银行，这是中国的第一家华资银行，它的出现标志着中国现代银行业的开始。在通商银行成立之后，中国又出现了一些官商合办银行和私营银行。1948年12月1日，中国人民银行在石家庄成立，并开始发行人民币。

二、商业银行的组织形式

商业银行组织制度的形式主要有三种，分别为总分行制、单一银行制、持股公司制。各国采取何种银行组织形式主要取决于经济社会环境、法律规定和银行自身发展的要求。

（一）总分行制

总分行制又称为"分支行制"，是指法律允许除银行总部外在同一地区或不同地区甚至国外设立分支机构，从而形成以总行为中心的庞大的银行网络。其特点是银行分支机构众多、分布广、总规模巨大。目前世界各国的商业银行一般都采用这种银行制度。

（二）单一银行制

这种组织形式不设立分支机构，其业务经营由各个独立的银行独自进行。这种组织形式在美国较为常见，例如美国许多州立银行就是采用这种组织形式。

5-2 革命党史·红色金融：从千古奇景到大清户部银行

(三) 持股公司制

持股公司制是指由某一集团成立持股公司，再由该公司控制或收购两家以上的银行。在这种模式下，被控制或收购的银行在法律上仍然保持其独立性，但其经营决策和业务活动受到持股公司的控制。如美国花旗银行是花旗集团的全资附属机构，花旗集团以控股公司的形式出现。

三、商业银行的性质与职能

（一）商业银行的性质

商业银行是以追求最大利润为目标，以多种金融负债筹集资金，以多种金融资产为其经营对象，能利用负债进行信用创造，并向客户提供多功能、综合性服务的金融企业。

1. 商业银行是企业

商业银行以某种方式吸收资金，并以某种方式运用资金的企业。商业银行作为企业，具有一般企业的共同特征。与一般企业一样，商业银行拥有从事经营的自有资金，自主经营，自负盈亏，并通过经营活动追求利润最大化。利润最大化是商业银行从事和发展的基本前提，也是其经营的内在动力。

2. 商业银行是特殊的企业

商业银行与一般企业相比又有其特殊性，其特殊性具体表现在经营对象的差异上。一般工商企业经营的是具有一定使用价值的商品，从事商品生产的流通，而商业银行经营的是特殊商品——货币。因此，商业银行是一种与一般工商企业有所区别的特殊企业——金融企业。商业银行的业务较之于其他一般企业具有特殊性，因此对整个社会经济的影响以及所受社会经济的影响均远大于一般企业。

3. 商业银行是特殊的金融企业

商业银行作为金融企业，与各种专业银行和非银行金融机构相比又有其特殊性。与中央银行相比，商业银行是一个金融企业，而中央银行是金融管理机构，二者是管理与被管理的关系。与专业银行和非银行金融机构相比，商业银行以吸收存款为主要负债业务，以放贷为主要资产业务，是唯一能够吸收活期存款的金融机构，具有其他金融机构所不具备的信用创造功能，其经营业务具有广泛性和综合性，是万能银行和金融百货公司。

（二）商业银行的职能

1. 信用中介职能

商业银行作为中介商，从社会吸收公众存款然后再通过发放贷款收取利息，赚取其中的差额。它通过吸收存款、发放贷款等业务，实现货币资金的再分配,发挥着化货币为资本的作用。这是商业银行最基本的职能。

2. 支付中介职能

支付中介职能是指商业银行通过客户活期存款账户,为客户办理货币结算收付、兑换和存款转移等业务,如签发和支付支票、电汇资金、电子支付、支付现金等。支付中介是商业银行最传统的职能,例如企业购买一批设备,利用电子银行支付货款。

3. 信用创造职能

信用创造职能是指商业银行利用其可以吸收各类活期存款的有利条件,通过发放贷款,转化为派生存款,从而扩大社会货币供应量。商业银行的信用创造职能是在信用中介与支付中介职能的基础上产生的,它是商业银行的特殊职能。当然,此种货币不是现金货币,而是存款货币,它只是一种账面上的流通工具和支付手段。

4. 金融服务职能

金融服务职能是商业银行发展到现代银行阶段的产物,商业银行在传统的资产业务以外不断开拓业务领域,从而使商业银行具有了金融服务职能。例如,代收代付、咨询、资信调查、充当投资顾问等。

四、商业银行的业务

商业银行业务种类繁多,素有金融百货公司之称。但就其经营的主要业务来说,商业银行的业务大体可以分为:表内业务和表外业务。

表内业务是指在资产负债表上反映的业务,而表外业务是指不列入银行资产负债表,且不影响资产负债表总额的业务。表内业务包括资产业务和负债业务,表外业务包括传统的中间业务和创新性的表外业务。

(一) 商业银行的表内业务

1. 资产业务

资产业务是商业银行运用资金获取利润的业务,是商业银行最核心、最重要的业务。商业银行资产业务主要包括现金资产、信贷资产和证券投资等业务。

(1) 现金资产。现金资产是那些与现金等同、可随时用于支付的银行资产。现金资产是银行资产中流动性最高的部分。虽然现金资产并不能给银行带来直接的收益,但却是银行正常经营的有力保障,是银行流动性的一级准备。现金资产主要包括库存现金、在央行存款、同业存款等。

库存现金是指商业银行为应付每天的现金收支活动,而保存在银行金库里的纸币和硬币。在中央银行的存款也叫存款准备金,包括法定存款准备金和超额准备金,法定存款准备金是商业银行依据自身存款的多少按照法定比例向中央银行缴纳的准备金,超额准备金是商业银行在中央银行的存款中超过法定存款准备金的存款,主要用于银行间的资金清算和商业银行发放贷款时的准备金。同业存款是指商业银行存放在其他银行的资金,这部分款项主要是为了便于在同业之间开展代理业务和结算收付。

(2)信贷资产。信贷资产主要包括贷款和票据贴现。贷款业务是金融机构(如银行)向借款人(个人或企业)提供资金的一种金融服务。在这种业务中,借款人向银行申请贷款,并承诺在未来某一时间点按照合同约定的利率和期限偿还本金和利息。银行会根据借款人的信用状况、还款能力、贷款用途等因素来评估是否批准贷款申请,以及确定贷款的额度、利率和还款期限等条件。票据贴现是银行为企业提供的一种短期融资方式,企业将其持有的未到期票据(如银行承兑汇票、商业承兑汇票等)向银行申请贴现,银行在审核票据的真实性和有效性后,扣除一定的贴现利息,将剩余的款项支付给持票人。票据贴现业务的主要特点是银行通过购买票据的方式为企业提供融资,而票据的到期兑付由出票人(通常是其他银行或企业)负责。这种业务方式能够解决企业短期资金周转问题,同时降低企业的融资成本。

(3)证券投资。商业银行的证券投资是指银行将没有贷放目的的资金,用于购买有价证券而获取收益的行为。贷款是商业银行最具盈利性的资产,但贷款风险较大,在没有合适贷款机会时,现金资产过多会增加银行的机会成本。因此那些风险性较低、流动性较强的短期证券是银行最理想的选择,他们既可以随时变现又有一定的利息收入,是商业银行流动性的二级准备。

2. 负债业务

负债业务是商业银行通过向外筹集资金形成其资金来源的业务。商业银行的负债业务主要包括存款业务和借款业务,其中又以吸收存款为主。

(1)存款业务。存款业务是银行的被动负债业务,它是商业银行最主要的资金来源。按期支取方式不同分为活期存款、定期存款和储蓄存款等。活期存款,也被称为"活期储蓄"或"活期存款账户",是一种没有固定存款期限的存款方式。这种存款方式的特点是灵活性高、存取方便,适用于日常资金周转、应急资金储备和短期理财需求。定期存款是指客户将一定资金存入银行,并约定存款期限和利率的存款方式。在存款期限内,客户不能提前支取存款,否则将按照活期存款的利率计算利息。定期存款的特点包括安全性高、收益稳定、强制储蓄等。储蓄存款是通过银行开设的一种存款形式,是银行管理的主要业务之一。储蓄存款的特点与活期存款相似,即可以随时取款、收益相对较低、存款风险较小等。然而,储蓄存款通常具有更高的存款门槛和更严格的取款限制,如需要达到一定的存款金额或存款期限才能享受较高的利率。

（2）借款业务。银行的借款业务是指商业银行为了维持其正常运营和扩大业务规模，通过向其他金融机构、中央银行或金融市场等渠道借入资金的行为。这些借入的资金是银行负债的一部分，用于支持银行的贷款、投资和其他资产业务。

向中央银行借款是指商业银行可以向中央银行申请借款，以补充其短期资金头寸或满足其长期资金需求。中央银行通常通过再贴现窗口、公开市场操作等方式向商业银行提供资金支持。同业借款是指商业银行之间可以相互借款，以满足其短期资金需求或调整其资产负债结构。同业借款通常通过同业拆借市场进行，具有期限短、流动性强等特点。市场融资是指商业银行可以通过发行金融债券、大额可转让定期存单等方式从金融市场筹集资金。这些融资方式通常需要支付一定的利息或费用，但可以帮助银行扩大资金来源，提高资金使用效率。国外市场借款是指一些国际化程度较高的商业银行还可以通过向国外市场借款来筹集资金。这些借款通常以国际货币计价，需要面临汇率风险和利率风险等因素的挑战。

（二）商业银行的表外业务

表外业务是对银行的资产负债表，没有直接影响，但却能够为银行带来额外收益，同时也使银行承受额外风险的经营活动。表外业务又分为传统的中间业务和创新的表外业务。

1. 传统的中间业务

中间业务是指银行不需动用自己的资金而以中介人的身份，为客户办理各种委托事项，并从中收取手续费的业务。这些业务通常被称为无风险业务。常见的中间业务有汇兑、信用证、承兑、信托、银行卡等业务。

汇兑又称汇款，是客户以现款交付银行，由银行把款项支付给异地收款人的一种业务。信用证是指银行根据进口商（买方）的请求，向出口商（卖方）开出的一种保证承担支付货款责任的书面凭证，信用证是银行的一种支付方式，主要在国际贸易中使用。承兑是指商业银行接收商业汇票债务方顾客的申请，为其承兑商业汇票。这实质上是商业银行对客户签发的商业票据作出的付款承诺。承兑行为只发生在远期汇票的有关活动中。信托是指委托人基于对受托人的信任，将其财产权委托给受托人，由授托人按委托人的意愿，以自己的名义为受益人的利益或特定目的，进行管理和处分的经济行为。银行卡是商业银行向社会发行的，具有消费信用、转账结算、存取现金等全部或部分功能的支付工具。

2. 创新的表外业务

创新的表外业务也称狭义的表外业务，主要包括担保类、承诺类和金融衍生工具类业务。

担保类业务是商业银行为客户债务清偿能力,提供担保,承担客户违约风险的业务,主要包括银行备用信用证、银行保函等。承诺类业务是指商业银行在未来某一日期,按照事先约定的条件,向客户提供约定的信用业务,包括贷款承诺、票据发行便利等。金融衍生交易类业务,是指商业银行为满足客户保值或自身头寸管理等需要而进行的货币和利率的远期、掉期、期权等衍生交易业务。

5-3 中间业务:商业银行为客户办理委托业务的总称

第三节 中央银行

中央银行是一国金融体系的领导核心,中央银行的金融调控对一国金融及经济的正常发展起关键作用。中央银行的业务操作使一国宏观金融调控的目标得以实现,保证货币币值的稳定,并以此促进经济的增长,这是摆在一国金融及经济发展中的重要问题。此外,中央银行与政府的关系,即中央银行的独立性问题,是关系金融监管及宏观调控能否有效开展的重要前提。

一、中央银行的产生与发展

中央银行的产生和发展经历了一个漫长的历史过程,这一过程与金融体系的演变、国家政策的需要以及经济环境的变化密切相关。中央银行的产生基础有四个。第一是统一发行银行券的需要。在早期的金融体系中,许多商业银行同时发行不同的银行券,这不仅不利于货币流通与稳定,也不利于商品经济的发展。因此,客观上要求在全国范围内由一家信誉较高的银行来集中发行货币,这成为中央银行产生的一个重要原因。第二是统一票据交换和清算的需要。随着银行业务的不断发展,银行间结算的需求使得建立一个全社会统一而有权威的、公正的清算机构成为必然。中央银行作为这样的机构,能够在银行间进行票据交换和清算,提高金融体系的效率。第三是充当最后贷款人的需要。随着商业银行的业务扩张,其资金会逐渐紧张且单一商业银行自身抗风险能力有限,商业银行一旦倒闭势必带来社会的动荡。因此,需要一家银行能为商业银行提供资金支持,即充当最后贷款人的角色。第四是金融监管的需要。为了防止经济危机和化解风险,需要一个代表政府意志的专门机构专事金融监管。中央银行作为这样的机构,负责制定和执行货币政策,维护金融稳定,对金融机构进行监管。

中央银行的产生途径主要有两种:一是由商业银行演变而来。如成立于1694年的英格兰银行于1844年垄断货币发行特权。人们习惯称其为现代中央银行的"鼻祖"。二是由政府出面通过法律规定直接组建。它是在政府的设计下,一经成立即为中央银行,如美国联邦储备系统以及第二次世界大战后许多发展中国家建立的中央银行。

中央银行的发展可以分为三个阶段。阶段一是初创阶段(17世纪中叶至1843年),在这个阶段,中央银行的特点是未完全垄断货币发行权,而是与商业银行并存。此时的中央银行更多的是作为一个金融机构,而非国家的金融管理机构。阶段二是发展完善阶段(1844年至20世纪30年代),这一时期,许多国家开始意识到建立和完善中央银行制度的重要性。中央银行开始逐渐垄断货币发行权,并承担起金融监管、票据清算等职能。例如,1844年英国通过了《皮尔条例》,正式确立了英格兰银行作为中央银行的地位。阶段三是进一步发展阶段(第二次世界大战以后),1945年后,各国政府为了保障经济稳定和金融安全,纷纷加强对中央银行的控制和干预。中央银行在货币政策制定、金融监管、国际金融合作等方面发挥了更加重要的作用。例如,美国联邦储备系统在20世纪30年代大萧条后逐渐崛起,成为世界上最强大的中央银行之一。

专栏5-3

中国的中央银行

中国的中央银行是中国人民银行。中国人民银行的前身可以追溯到第二次国内革命战争时期,1931年成立的"中华苏维埃共和国国家银行"。1948年12月1日,在华北银行、北海银行、西北农民银行的基础上在河北省石家庄市合并组成中国人民银行,并发行人民币,成为中华人民共和国成立后的中央银行和法定本位币。1983年9月,国务院决定中国人民银行专门行使中央银行职能。1995年3月18日,第八届全国人民代表大会第三次会议通过了《中华人民共和国中国人民银行法》,至此,中国人民银行作为中央银行的地位以法律形式被确定下来。

中国人民银行的主要职能包括:①制定和执行货币政策、信贷政策,完善货币政策调控体系,负责宏观审慎管理。②牵头负责系统性金融风险防范和应急处置,负责金融控股公司等金融集团和系统重要性金融机构基本规则制定、监测分析和并表监管,视情况责成有关监管部门采取相应监管措施,并在必要时经国务院批准后对金融机构进行检查监督,牵头组织制定实施系统重要性金融机构恢复和处置计划。③负责制定和实施人民币汇率政策,推动人民币跨境使用和国际使用,维护国际收支平衡,实施外汇管理,负责国际国内金融市场跟踪监测和风险预警,监测和管理跨境资本流动,持有、管理和经营国家外汇储备和黄金储备。④牵头负责重要金融基础设施建设规划并统筹实施监管,推进金融基础设施改革与互联互通,统筹互联网金融监管工作。⑤组织制定金融业信息化发展规划,负责金融标准化组织管理协调和金融科技相关工作,指导金融业网络安全和信息化工作。⑥经理国库。

资料来源:易纲.建设现代中央银行制度[N].人民日报,2020-12-24.

5-4 革命党史·红色金融:中央银行与苏维埃国币(上)

5-5 革命党史·红色金融:中央银行与苏维埃国币(下)

二、中央银行的组织形式

由于各国政治、经济、社会状况存在差异,各国中央银行的形成历史、现实地位不同,因而形成了不同的中央银行组织形式。

(一) 单一中央银行制度

单一中央银行制度指一个国家单独建立中央银行机构,作为发行的银行、银行的银行和政府的银行,全面执行中央银行职能并领导全部金融事业。根据中央与地方权力划分的不同,可分为一元中央银行制与二元中央银行制两种。

一元中央银行制,指国家只设立一家中央银行作为政府金融管理机构,履行全部中央银行的职能,根据需要在全国各地设立分支机构接受总行的统一领导,形成由总行、分行、支行组成的高度集中的中央银行体制。这类中央银行的特点是权力集中,职能齐全,根据需要在全国各地建立分支机构。世界上大多数国家的中央银行都采用这种组织形式,如英格兰银行、日本银行、法兰西银行等。

二元中央银行制,指一国在国内设立中央和地方两级相对独立的中央银行机构,二者分别行使职权:中央级中央银行和地方级中央银行在货币政策方面是统一的,中央级机构是最高金融决策机构,地方级机构要接受中央级机构的监督和指导。但在货币政策的具体实施、金融监管和中央银行有关业务的具体操作方面,地方级机构在其辖区内具有一定的独立性。中央级机构与地方级机构不是总分行关系,而是按法律规定分别行使职能。这种制度一般与联邦制的国家体制相适应,如美国、德国采用这种中央银行组织形式。

(二) 复合式中央银行制度

复合式中央银行制度指在一个国家内不单独设立中央银行,而是把中央银行与商业银行的业务、职能集中于一家银行,可分为一体式中央银行制与混合式中央银行制两种。

一体式中央银行制,又称"大一统"中央银行体制,指集中了中央银行与商业银行的全部业务、职能于一家银行。其理论基础是,建立于全民所有制基础之上的高度集中的计划经济,必须有高度统一的银行体制和管理制度与之相适应。20世纪30年代的苏联、60年代中期以前的东欧各国以及中国在改革开放前都曾实行过一体式中央银行制。混合式中央银行制，指分设中央银行与专业银行，且中央银行业务与专业银行业务由分设的两银行交叉办理。20世纪60年代至80年代的苏联、东欧各国曾实行过这种体制。

（三）准中央银行制度

准中央银行制度指一个国家或地区没有建立通常意义上的中央银行，而只设立类似中央银行的金融管理机构或者由政府授权一家或几家商业银行行使部分中央银行的权力，如新加坡、中国香港属于这种体制。新加坡设有金融管理局和货币委员会两个机构来行使中央银行职能。金融管理局在法律上并不具有中央银行地位，其履行除货币发行以外的中央银行的主要职能，被称为"不发行货币的中央银行"。货币委员会的常设机构是新加坡货币局，其职责是发行货币。香港的金融管理局负责行使制定货币政策、实施金融监管及支付体系管理等中央银行职能，货币发行由汇丰银行、渣打银行和中国银行三家商业银行承担。

（四）跨国中央银行制度

跨国中央银行制度指两个以上主权独立的国家共有一家中央银行，其主要职能是发行货币、为成员国政府服务、执行共同的货币政策及其有关成员国政府一致决定授权的事项。其特点是跨越国界行使中央银行职能，如欧洲中央银行，它是超越国家主权的机构，成员国中央银行从属于各独立主权国家，欧洲中央银行与各成员国中央银行并存。

5-6 中央银行体制

三、中央银行的性质与职能

中央银行是特殊的银行。作为当代各国最高货币金融管理机构，它代表国家垄断货币发行维持币值稳定，监督管理金融业，维护金融秩序，调控国民经济，促进经济平稳发展，在经济和金融运行中发挥着"发行的银行""银行的银行"和"政府的银行"职能。

（一）中央银行的性质

中央银行的性质是中央银行自身所具有的特殊属性，与中央银行的产生紧密相连。

1. 从其业务活动特点看，它是特殊的金融机构

第一，中央银行的主要业务活动同样具有银行固有的"存贷汇"业务的特征；第二，它又与普通金融机构不同，表现在其业务对象不是一般工商客户和居民个人而是商业银行等金融机构和政府；第三，享有一定的业务特权，如货币发行、保管存款准备金、制定金融政策等；第四，中央银行可独立

地制定和执行货币政策,以实现经济的宏观目标。

2. 从中央银行发挥的作用看,它是保障金融稳健运行,调控宏观经济的工具

中央银行通过国家特殊授权,承担监督管理普通金融机构和金融市场的重要职责。同时,中央银行还是货币供给的提供者和信用活动的调节者,也是最后贷款人,它可通过对贷款规模和结构的调节来管理社会经济活动。因而,中央银行监督管理金融业和调控货币信用对宏观经济运行具有直接的重要影响。由此,中央银行是宏观经济运行的调控中心。

3. 作为国家最高的金融决策和管理机构,具有一定的国家机关性质

中央银行的国家机关性质与一般国家行政机关有很大不同:中央银行履行其职责主要是通过特定金融业务进行的,对金融和经济的管理调控基本上是采取经济手段,与主要依靠行政手段进行管理的国家机关明显不同。中央银行宏观调控是分层次实现的,要经过货币政策的传导达到其政策效果,且存在一个时滞问题。而国家机关一般是用行政手段直接作用于微观经济主体的。中央银行在政策制定上有一定独立性。

综上所述,中央银行的性质可概括为:中央银行既是一家提供金融服务的特殊的金融机构,也是制定和实施货币政策、监管和维护金融业有序发展、调控金融和经济运行的一个政府部门。

(二) 中央银行的职能

中央银行的职能是中央银行性质的具体体现。按中央银行性质划分,中央银行的三大基本职能是:发行的银行、银行的银行、政府的银行。

1. 发行的银行

中央银行是发行的银行,是指中央银行垄断货币发行权,是一国、一地区或某一货币联盟唯一授权的货币发行机构。中央银行集中与垄断货币发行权是其自身所以成为中央银行最基本最重要的标志,也是国家赋予的最重要的特权之一,是所有授权中首要的也是最基本的特权。一部中央银行史,首先是一部货币发行权逐渐走向集中、垄断和独占的历史。例如,瑞典国家银行、英格兰银行、法兰西银行等,都是通过集中货币发行权来确立其中央银行的地位。中央银行作为发行的银行需履行的基本职责如下:

(1) 中央银行应根据国民经济发展的客观需要,适时发行货币,保持货币供给与货币需求基本一致,为国民经济稳定发展创造良好的金融环境。

(2) 中央银行应从宏观经济角度控制信用规模,调节货币供给量。中央银行应适当掌握货币供给增量,处理币值稳定与经济增长的关系。

(3) 中央银行应根据货币流通需要,适时印刷、销毁货币,调拨库款,调剂地区间货币分布、货币面额比例。

2. 银行的银行

中央银行是银行的银行,是指中央银行的业务对象不是一般企业和个人,而是商业银行和其他金融机构以及特定的政府部门;中央银行为商业银行和其他金融机构提供支持、服务,同时也是其管理者。银行的银行这一职能体现了中央银行是特殊金融机构的性质,是中央银行作为金融体系核心的基本条件。中央银行通过这一职能对商业银行和其他金融机构的活动施加影响,以达到调控宏观经济的目的。中央银行作为银行的银行需履行的职责如下:

(1) 集中商业银行的存款准备金。其必要性在于:第一,为保障存款人的资金安全,以法律的形式规定商业银行和其他存款机构必须按存款的一定比例向中央银行交存存款准备金,以保证商业银行和其他金融机构具备最低限度的支付能力。第二,有助于中央银行控制商业银行的信用创造能力,从而控制货币供应量。第三,强化中央银行的资金实力,存款准备金是中央银行的主要资金来源之一。第四,为商业银行之间进行非现金清算创造条件。

(2) 充当银行业的最后贷款人。最后贷款人指商业银行无法进行即期支付而面临倒闭时,中央银行及时向商业银行提供贷款支持以增强商业银行的流动性。中央银行主要通过两种途径发挥最后贷款人职能:其一,票据再贴现,即商业银行将持有的票据转贴给中央银行以获取资金;其二,票据再抵押,即商业银行将持有的票据抵押给中央银行获取贷款。

(3) 创建全国银行间清算业务平台。商业银行按规定在中央银行开立存款账户交存存款准备金,各金融机构之间可利用在中央银行的存款账户进行资金清算,这加快了资金流转速度,节约了货币流通成本。于是,中央银行成为银行业的清算中心。

(4) 外汇头寸调节。中央银行根据外汇供求状况进行外汇买卖,调节商业银行外汇头寸,为商业银行提供外汇资金融通便利,并由此监控国际收支状况。

3. 政府的银行

中央银行是政府的银行,是指中央银行为政府提供服务,是政府管理国家金融的专门机构。具体体现在:

(1) 代理国库。国家财政收支一般不另设机构经办具体业务,而是交由中央银行代理,主要包括按国家预算要求代收国库库款、拨付财政支出、向财政部门反应预算收支执行情况等。

(2) 代理政府债券发行。中央银行代理发行政府债券,办理债券到期还本付息。

（3）为政府融通资金。在政府财政收支出现失衡、收不抵支时，中央银行具有为政府融通资金以解决政府临时资金需要的义务。中央银行对政府融资的方式主要有两种：第一种，为弥补财政收支暂时不平衡或财政长期赤字，直接向政府提供贷款。但为防止财政赤字过度扩大造成恶性通货膨胀，许多国家明确规定，应尽量避免发行货币来弥补财政赤字。第二种，中央银行直接在一级市场上购买政府债券。

（4）为国家持有和经营管理国际储备。国际储备包括外汇、黄金、在国际货币基金组织中的储备头寸、国际货币基金组织分配的尚未动用的特别提款权等。第一，对储备资金总量进行调控，使之与国内货币发行和国际贸易等所需的支付需要相适应；第二，对储备资产结构特别是外汇资产结构进行调节；第三，对储备资产进行经营和管理，负责储备资产的保值增值；第四，保持国际收支平衡和汇率基本稳定。

（5）代表政府参加国际金融活动，进行金融事务的协调与磋商，积极促进国际金融领域的合作与发展。参与国际金融重大决策，代表本国政府与外国中央银行进行两国金融、贸易事项的谈判、协调与磋商，代表政府签订国际金融协定，管理与本国有关的国际资本流动，办理政府间的金融事务往来及清算，办理外汇收支清算和拨付等国际金融事务。

（6）为政府提供经济金融情报和决策建议，向社会公众发布经济金融信息，中央银行处于社会资金运动的核心，能够掌握全国经济金融活动的基本信息，为政府的经济决策提供支持。

四、中央银行的业务

中央银行发挥其职能要通过资产、负债与清算业务的操作来实现。中央银行业务的操作过程，一方面是中央银行施行货币政策进行宏观经济调控的过程，体现了中央银行职能作用的发挥；另一方面业务操作会形成中央银行的资产负债结构，并且通过中央银行资产负债结构的变动对商业银行信用量施以影响，构成货币政策效果评价的基础。

（一）资产业务

中央银行通过资产业务操作来调控信用规模和货币供应量。资产业务主要包括贷款业务、再贴现业务、证券买卖业务、储备资产业务等内容。

1. 贷款业务

中央银行发放贷款是为了实现货币政策目标，不以营利为目的。一般以短期放款为主，不提供长期贷款，这是中央银行最后贷款人角色的一种体现。中央银行的贷款业务主要包括：

（1）对商业银行再贷款。再贷款是商业银行扩大信用能力的重要渠道和保证支付的最后手段。再贷款的对象是经营存款、贷款业务的一般性金融机构。一般金融机构在取得这种贷款后，会产生乘数效应，引起信用总规模的倍数扩张。这种贷款的利率水平、额度大小和条件限制是中央银行货币政策意愿的反映，是中央银行实施货币政策的一种手段。

（2）对政府贷款。政府在提供公共服务的过程中，会发生暂时性的收支失衡，中央银行有提供信贷支持的义务。对政府的贷款可通过直接提供贷款和买入政府债券两条渠道进行。鉴于向政府直接提供贷款往往会造成通货膨胀的教训，因此在大多数国家，直接贷款都被限定在短期贷款。由于对政府贷款往往都是采用信用贷款方式，因此，又对贷款额度进行了限制。

（3）其他放款。中央银行的其他放款包括两类：一是对非金融部门的贷款，贷款对象的范围比较狭窄，一般都有特定目的和用途，带有政策倾向；二是对外国政府和外国金融机构的贷款。

2. 再贴现业务

再贴现是商业银行或票据经纪人在急需资金周转时，将其已贴现、尚未到期的商业票据出售给中央银行以融通资金。中央银行作为银行的银行、最后贷款人，负有接受票据并给予资金融通的义务。中央银行开展再贴现业务的目的是提供短期资金融通。

中央银行可通过提高或降低再贴现率，影响市场上一般利率水平，影响商业银行以再贴现方式向中央银行融通资金的成本，从而起到收缩或扩大信用的作用。在一些国家，再贴现率作为基准利率发挥作用，反映中央银行的政策意向，其他利率随再贴现率的变化而变化。

3. 证券买卖业务

中央银行通过公开市场买卖证券，是指中央银行通过公开市场买入或卖出政府债券的行为。中央银行一般都通过设立证券买卖委员会来进行决策，委员会再通过一定的机构和人员进行具体的操作。中央银行买卖政府债券是一种资产业务，原因在于：一方面中央银行卖出政府债券必须要以先买入一定量的政府债券为前提，从总量上看买入量大于卖出量，其最终的存量会占用中央银行的资金；另一方面中央银行通过买卖政府债券，直接吞吐基础货币，这是中央银行调控货币供给量和信用规模的手段。

中央银行进行证券交易的特点：第一，只购买流动性高的证券，主要限定在政府债券、国库券。例如，美联储规定证券买卖业务的对象是政府债券，英格兰银行规定证券买卖业务的对象是商业票据和政府债券。我国中央银行证券买卖对象限定为短期国债（国债回购）、中央银行融资券和政策性金融债券。第二，为了防止直接购买政府债券可能引起通货膨胀，以及避免中央银行成为政府弥补财政赤字的工具，一般限定证券买卖业务只能在二级市场上进行。第三,对所购证券资质要求高。第四,中央银行不能买卖国外有价证券。

4. 储备资产业务

集中管理国际储备资产是中央银行的一项重要职责,该职责通过中央银行储备资产的买卖业务来实现。绝大多数国家都将外汇和黄金以及其他国际清算手段作为储备资产委托中央银行保管和经营,形成中央银行的储备资产业务。

中央银行的储备资产主要包括黄金、外汇和特别提款权。目前在各国的国际储备资产中,黄金所占的比重下降,但是黄金的天然属性使其仍然占有重要地位。外汇资产的流动性强,管理成本低,具有一定的收益性,但其风险性较其他两种国际储备资产大。汇率贬值会造成外汇损失,从而降低储备资产的价值,削弱本国的支付能力。特别提款权是国际货币基金组织于1969年9月建立的一种储备资产和记账单位,既安全可靠又具有高流动性,但不能随意持有。

(二) 负债业务

中央银行的负债形成中央银行的资金来源,是中央银行资产业务的基础。其负债业务主要包括货币发行、存款业务、其他负债业务三方面的内容。

1. 货币发行

在不兑现的信用货币制度下,货币是一种债务凭证,它是货币发行人对货币持有者的一种负债。因此,货币发行是中央银行的负债业务,其有效性来自国家对信用货币规定的法偿效力。

中央银行发行货币主要是通过对商业银行及其他金融机构提供贷款、接受商业票据再贴现、在金融市场上购买有价证券、收兑金银和外汇等方式实现的。中央银行的货币发行必须遵循两个基本原则:第一,遵循统一发行原则,即中央银行独占货币发行权,具有排他性,中央银行发行的货币是唯一法偿货币;第二,遵循经济发行原则,即根据国民经济发展情况和商品流通的实际需要控制和调节货币发行量,信用货币供应量与商品流通的实际需要量应保持一定的比例,货币发行时间、地区分布、面额比例的结构要与商品流通相适应。坚持经济发行是保持币值稳定的前提。

2. 存款业务

中央银行的存款业务主要包括:

(1) 存款准备金业务。这是中央银行存款业务中最重要的业务,与存款准备金制度直接相关。中央银行集中存款准备金业务的主要手段是规定存款准备金比率。在存款准备金制度下,商业银行吸收的存款不能全部用于放贷或投资，而要按照法定比率提取准备金并交存中央银行。存款准备金比率的高低直接制约着商业银行的业务规模和创造派生存款的能力。中央银行通过改变存款准备金比率调节货币供应量。

（2）财政性存款业务。这是中央银行吸收各级财政机关、政府机关、社会团体的存款的业务。财政性存款本质上是国家预算资金或与国家预算直接有关的资金，其数额仅次于商业银行交存中央银行的存款准备金。

（3）特种存款业务。特种存款是中央银行在货币政策工具发挥作用有限的情况下，根据信贷资金的营运情况和银根松紧以及宏观调控的需要，采用特种存款方式，集中一部分金融机构一定数量资金面形成的存款，是中央银行调整信贷资金结构和信贷规模的重要工具。

中央银行还可以吸收其他存款，如非银行金融机构存款、外国政府和外国金融机构存款。非银行金融机构在中央银行的存款，与商业银行在中央银行的存款在性质和范围上大致相同。外国政府或外国金融机构在中央银行的存款，构成这些国家政府或金融机构的外汇，随时可以用于贸易结算和债务清偿。

3. 其他负债业务

中央银行还可以通过发行中央银行债券、对外负债和筹措资本等方式获得资金。中央银行发行债券除了获得资金来源，更多是为了调节流通中的货币。当金融机构的超额准备金过多，而中央银行又不便采用其他货币政策工具进行调节时，可以通过向金融机构发行中央银行债券回笼资金，减少流通中的货币；当公开市场操作规模有限时，可以发行中央银行债券作为公开市场操作的辅助工具，如中国人民银行发行的中央银行票据就是一例。

（三）中央银行的其他业务

中央银行还开展代理政府债券和资金清算等业务。

（1）中央银行代理政府债券业务，具体体现在两个方面：一方面，中央银行一般都是政府债券的代理机构，可以为政府代办政府债券的发行、还本付息等业务；另一方面，中央银行还可以通过购买政府债券的方式为政府融通资金。中央银行为政府融通资金时，可提供贷款和在二级市场购买政府债券。前者是中央银行直接为政府融通资金，其实质与透支并无多少差别；后者从二级市场购买政府债券的做法则比较可取，这种做法是中央银行间接地为政府提供资金。

（2）中央银行是金融机构的清算中心，即为各商业银行办理转账结算业务。在信用制度高度发达的今天，企业间因经济往来发生的债权债务关系一般都通过商业银行来办理转账结算，这种企业间的债权债务关系就转变成了银行间的债权债务关系。不同银行间的债权债务关系又需要通过一个中枢机构来办理转账结算，这个中枢机构就是中央银行，中央银行是一国的资金清算中心。中央银行的此项业务实现了银行之间债权债务的非现金结算，免除了现金支付的麻烦，便利了异地间的资金转移，加速了商品流通。中央银行的资金清算业务包括同地区（或同城）票据交换和办理异地资金转移。

关键词

金融机构　存款性公司　非存款性公司　商业银行　资产业务　负债业务　中央银行　最后贷款人　发行的银行　银行的银行　政府的银行

本章小结

1. 金融机构是金融体系的核心部分，包括中央银行、存款类金融机构、非存款类金融机构、政策性金融机构和监管类金融机构。我国建立了以人民银行为中央银行，国有控股商业银行为主体，政策性金融与商业性金融相分离的金融机构体系。

2. 商业银行是以追求最大利润为主要目标的信用机构，主要业务包括负债业务、资产业务和中间业务。负债业务是资金来源，资产业务是盈利业务，中间业务是延伸业务。

3. 中央银行是最高货币金融管理机构，主导各国金融体系。其产生有客观原因，包括银行券统一发行、票据统一清算、最后贷款人和金融监管的需要。

4. 中央银行组织形式包括单一、复合式、准中央银行和跨国中央银行制度。

5. 中央银行既是特殊金融机构，也是货币政策制定、金融监管和调控的政府部门。其基本职能是发行银行、银行的银行、政府的银行，通过资产、负债和清算业务实现。

6. 中央银行的负债业务包括货币发行、存款业务、其他负债业务，资产业务包括贷款业务、再贴现业务、证券买卖业务、储备资产业务等。中央银行还开展代理政府债券和资金清算等业务。

学术前沿拓展

1. 周毅,毕磊.商业银行中间业务数字化转型的方向[J].新金融,2024(01):45-50.
2. 张夏瑞.商业银行规模与经营效率关系分析[J].经济师,2024(04):136-138,144.
3. 曹月朦.基于金融稳定视角下我国中央银行的主导核心作用[J].现代经济信息,2017(01):322.

习 题

一、单项选择题

1. 金融机构的主要职能之一是便利支付结算,它们为个人和企业提供(   )服务。
   A. 转账汇款   B. 支票结算   C. 电子支付   D. 所有以上
2. 中央银行产生的经济背景中,不包括(   )。
   A. 商品经济的迅速发展   B. 资本主义经济危机的频繁出现
   C. 商业银行的普遍设立   D. 工业革命的开始
3. 中央银行的主要业务不包括(   )。
   A. 货币发行   B. 集中存款准备金
   C. 贷款   D. 企业财务咨询
4. 商业银行的职能不包括(   )。
   A. 信用中介   B. 金融服务   C. 风险评估   D. 支付中介
5. 商业银行的表内业务不包括(   )。
   A. 现金资产   B. 信贷资产   C. 存款业务   D. 投资咨询
6. 商业银行的表外业务包括(   )。
   A. 存款业务   B. 汇兑业务   C. 贷款业务   D. 证券投资
7. 专业银行的类型不包括(   )。
   A. 储蓄银行   B. 开发银行   C. 进出口银行   D. 投资银行
8. 非银行金融机构主要包括(   )。
   A. 保险公司   B. 养老基金   C. 投资基金   D. 所有以上
9. 中央银行代理国库是作为(   )角色。
   A. 发行的银行   B. 银行的银行   C. 政府的银行   D. 清算中心
10. 中央银行的独立性主要体现在(   )。
    A. 政策制定   B. 金融监管   C. 经济决策   D. A和B
11. 中央银行的资产业务不包括(   )。
    A. 贷款业务   B. 再贴现业务   C. 证券买卖业务   D. 企业财务咨询
12. 中央银行通过(   )业务来调控信用规模和货币供应量。
    A. 负债业务   B. 资产业务   C. 清算业务   D. 存款业务
13. 中央银行的货币发行业务遵循(   )。
    A. 统一发行原则和经济发行原则   B. 安全性原则和盈利性原则
    C. 经济发行原则和自主性原则   D. 统一发行原则和自主性原则
14. 商业银行的信用创造职能主要通过(   )业务实现。

A. 存款业务　　　　　B. 贷款业务　　　　　C. 投资业务　　　　　D. 保险业务

15. 中央银行的职能不包括(　　)。

　　A. 发行的银行　　　B. 银行的银行　　　C. 政府的银行　　　D. 投资咨询

16. 中央银行通过(　　)手段来监督管理普通金融机构和金融市场。

　　A. 行政手段　　　　B. 经济手段　　　　C. 法律手段　　　　D. 以上都不是

17. 中央银行的组织形式中，一元中央银行制与二元中央银行制的区别是(　　)。

　　A. 一元制下中央银行有更多分支机构

　　B. 二元制下中央银行与地方银行职能完全独立

　　C. 一元制是集中管理，二元制是分散管理

　　D. 一元制是国家垄断，二元制是市场竞争

18. 世界大多数国家的中央银行采用(　　)。

　　A. 复合型　　　　　　　　　　　　　　B. 单一型

　　C. 跨国型　　　　　　　　　　　　　　D. 准中央银行型

19. 下列中央银行的行为和服务中，体现其银行的银行的职能是(　　)。

　　A. 集中商业银行现金准备　　　　　　　B. 代理国库

　　C. 对政府提供信贷　　　　　　　　　　D. 发行货币

20. 中央银行若提高再贴现率，将(　　)。

　　A. 迫使商业银行降低贷款利率　　　　　B. 使企业得到成本更低的贷款

　　C. 迫使商业银行提高贷款利率　　　　　D. 对商业银行和企业都基本没有影响

二、多项选择题

1. 商业银行的资产业务主要是(　　)。

　　A. 现金资产　　　　B. 信贷资产　　　　C. 证券投资　　　　D. 存款业务

2. 中央银行的职能包括(　　)。

　　A. 发行的银行　　　B. 银行的银行　　　C. 政府的银行　　　D. 金融服务

3. 中央银行的负债业务主要包括(　　)。

　　A. 货币发行　　　　B. 存款业务　　　　C. 其他负债业务　　D. 资产业务

4. 商业银行的表外业务包括(　　)。

　　A. 汇兑业务　　　　B. 承兑业务　　　　C. 贷款承诺　　　　D. 现金资产

5. 中央银行在金融市场监管中的作用包括(　　)。

　　A. 维护金融稳定　　　　　　　　　　　B. 防范系统性金融风险

　　C. 确保交易公平有序　　　　　　　　　D. 促进经济增长

6. 中央银行的资产业务包括(　　)。

　　A. 贷款业务　　　　B. 再贴现业务　　　C. 证券买卖业务　　D. 存款业务

7. 中央银行的组织形式有（　　）。
   A. 单一中央银行制度　　　　　　　　B. 复合式中央银行制度
   C. 准中央银行制度　　　　　　　　　D. 跨国中央银行制度
8. 中央银行的"银行的银行"职能包括（　　）。
   A. 集中商业银行的存款准备金　　　　B. 充当银行业的最后贷款人
   C. 创建全国银行间清算业务平台　　　D. 代理政府债券发行
9. 中央银行的国际金融活动包括（　　）。
   A. 代表政府参加国际金融活动　　　　B. 进行金融事务的协调与磋商
   C. 代表政府签订国际金融协定　　　　D. 管理与本国有关的国际资本流动
10. 以下（　　）属于非银行金融机构。
    A. 保险公司　　　B. 养老基金　　　C. 投资基金　　　D. 商业银行

三、判断题

1. 政策性银行也称政策性专业银行，他们不以营利为目标。（　　）
2. 中央银行的资产业务和负债业务是完全独立的，二者之间没有联系。（　　）
3. 商业银行与其他专业银行及金融机构的基本区别在于商业银行是唯一能接受、创造和收缩活期存款的金融机构。（　　）
4. 中央银行通过调整存款准备金率可以直接控制商业银行的信用创造能力。（　　）
5. 商业银行的表外业务不会为银行带来额外收益，也不会使银行承受额外风险。（　　）
6. 商业银行进行证券投资，主要是为了增加收益和增加资产的流动性，即充当二线准备。（　　）
7. 中间业务是指银行所从事的未列入银行资产负债表以及不影响资产和负债总额的经营活动。（　　）
8. 货币是一种债务凭证，是货币发行人即中央银行对社会公众的负债。（　　）
9. 商业银行最基本的职能是支付中介职能。（　　）
10. 抵押贷款和质押贷款都属于担保贷款。（　　）

四、问答题

1. 商业银行的表内业务和表外业务分别包括哪些内容？
2. 商业银行的信用创造职能是如何实现的？
3. 非银行金融机构在金融体系中扮演什么角色？
4. 中央银行的主要职能有哪些？
5. 中央银行在金融市场监管中的作用是什么？

参考文献

1. 李健.金融学[M].4版.北京:高等教育出版社,2022.
2. 黄达,张杰.金融学[M].5版.北京:中国人民大学出版社,2019.
3. 吴军梅.金融学[M].3版.厦门:厦门大学出版社,2020.
4. 万解秋.货币银行学通论[M].4版.上海:复旦大学出版社,2023.
5. [美]弗雷德里克·S.米什金.货币金融学[M].13版.王芳,译.北京:中国人民大学出版社,2021.
6. 曹龙骐.金融学[M].6版.北京:高等教育出版社,2019.
7. 戴国强,柳永明.货币金融学[M].5版.上海:上海财经大学出版社,2023.
8. 周毅,毕磊.商业银行中间业务数字化转型的方向[J].新金融,2024(01):45-50.
9. 张夏瑞.商业银行规模与经营效率关系分析[J].经济师,2024(04):136-138,144.
10. 曹月朦.基于金融稳定视角下我国中央银行的主导核心作用[J].现代经济信息,2017(01):322.

第六章 金融工具

 学习目标

1. 了解金融工具的概念和分类，掌握金融工具的特征；
2. 熟悉货币市场金融工具的概念和分类，掌握货币市场金融工具的特点；
3. 熟悉资本市场金融工具的概念和分类，掌握资本市场金融工具的特点；
4. 引导学生认识到金融工具如何影响国家经济的稳定与发展，以及在国家宏观经济调控中的作用。

随着经济全球化的深入发展，金融市场在资源配置、价值发现、风险管理等方面发挥着越来越重要的作用。金融工具作为金融市场的交易媒介，对于投资者、企业乃至国家经济都具有重要意义。本章将对金融工具的概念、分类及特征进行介绍，重点介绍货币市场工具和资本市场工具的具体内容，以便理解金融工具在金融市场中的运作方式，为未来的金融实践提供有力支持。

思维导图

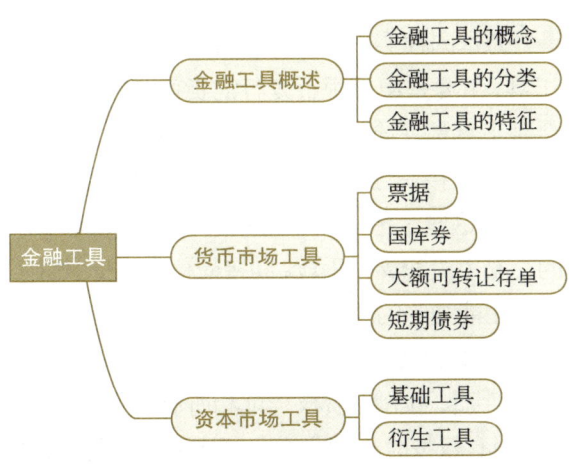

第一节 金融工具概述

一、金融工具的概念

金融的核心功能是实现资金的合理有效配置，资金配置需要以一定的工具作为载体。金融工具是经济主体之间签订的确定责权利且具有法律效力的各种契约。金融工具是金融市场交易的对象，是随信用关系的产生发展起来的。

二、金融工具的分类

按不同的标准划分，金融工具亦有不同的分类。

（一）按发行者的性质，可以分为直接金融工具和间接金融工具

直接金融工具是指贷款人与借款人之间直接进行融资活动所使用的金融工具，如各种债券、股票、商业本票、商业汇票、抵押契约。间接金融工具是指由金融机构在贷款人与借款人之间充当媒介的融资活动中由金融中介机构发行的金融工具，如钞票、存单、保险单、银行票据、各种借据等。

（二）按金融工具的偿还期，可以分为长期金融工具和短期金融工具

一般把借贷期限在一年以上的金融工具称为长期金融工具（又称资本市场工具），包括股票和各种债券。借贷期限在一年以下的金融工具称为短期金融工具（又称货币市场工具），如商业票据、银行票据、支票以及信用证、旅行支票和信用卡等。

（三）按金融工具的可接受程度，可以分为普遍接受的金融工具和有限接受的金融工具

其中，前一类为本国社会公众所普遍接受，作为普遍的交易手段和支付手段的金融工具，主要是中央银行发行的货币和商业银行活期存款。这种普遍接受的金融工具是以社会公众对中央银行和商业银行的信任为前提的。后一类是具有有限接受性的金融工具，主要包括银行和企业的各种可转让的有价证券等。这些金融工具都有不同程度的流动性，但不能像前者那样充当一般的交易手段和支付手段，其接受程度要受金融工具的性质、出票人及存款人的信用能力等的限制。

（四）按金融工具的性质分类，可分为债权凭证和所有权凭证

按金融工具的性质，可分为债权凭证和所有权凭证。债权凭证指投入资金取得债权，表明有权按时收回本金和规定利息的凭证，如债券、可转让存单等。所有权凭证指记载投入资金取得所有权，但不可索回本金，只能转让的凭证，如股票等。

三、金融工具的特征

（一）法律性

法律性是金融工具的首要特征。金融工具的本质是契约承载的信用关系，契约需要法律作保障。因此，金融工具首先具有显著的法律特征。法律

保护金融工具所标示的债权与债务,金融工具的交易、执行、履约等过程都有明确、详细的法律条款规定,以保护交易各方的利益和保证义务的履行。如存款人有随时动用存款的权利、股票持有人享有分红的权利等,这些都是金融工具法律性的体现。又如债权债务工具、衍生工具等是依托法律制度产生的创新金融工具,创设这些金融工具本质上就是建立了一系列的金融交易规则和制度,其法律特征更为明显。

（二）流动性

流动性是指金融工具在不受或少受损失的情况下随时或迅速变为现金的能力。从这个角度看,中央银行发行的货币和商业银行活期存款,具有很强的流动性。其他金融工具,或者短期内不易脱手,或者在变现时易受市场波动影响而蒙受损失,或者在交易过程中须耗费相当的交易成本,其流动性也相应减弱。一般的,流动性和偿还期成反比,即偿还期越长,流动性越差；与债务人信用能力成正比,即债务人的信誉越高,流动性越强。

（三）收益性

收益性是指金融工具能定期或不定期给持有者带来收益的特性。如股票可获得股息收益,债券能获得债券利息；另外还可利用金融市场的行情变化,买卖金融工具,带来价差收入。金融工具的收益大小是通过收益率来反映的,收益率是指持有金融工具所取得的收益与本金的比率。

（四）风险性

风险性是指购买金融工具的本金和预期收益是否遭受损失的可能性。风险主要来自三个方面：一是违约风险,指债务人不能按时履行契约,支付利息和偿还本息的风险；二是市场风险,指市场上金融工具价格下降可能带来的风险；三是购买力风险,指由于货币购买力下降所带来的风险。一般的,金融工具的偿还期与风险性成正比,即偿还期越长,其风险性越大；而金融工具的流动性与风险性成反比,即流动性越强的金融工具,其风险性就越小。

第二节 | 货币市场工具

货币市场工具主要是指那些期限在一年之内的具有一定格式的债务票据,是货币市场交易的主要品种。其常见的类型有票据、国库券、大额可转让定期存单和短期债券等。

一、票据

(一) 票据的概念

票据是由出票人签发的,具有一定格式,载有一定金额、日期,约定出票人自己或要求他人,按照规定期限向收款人或持票人无条件支付确定的金额的书面凭证。

(二) 票据的分类

票据一般分为汇票、本票和支票。

1. 汇票

汇票是出票人签发的,委托付款人在见票时或者在指定日期无条件支付确定的金额给收款人或者持票人的票据。汇票按出票人不同可分为银行汇票和商业汇票。

银行汇票是汇款人将款项交存当地银行,由银行签发给汇款人持往异地指定银行办理转账结算或向银行兑取现款的票据。

商业汇票是由债权人签发,要求债务人支付确定的金额给收款人或持票人的票据。根据承兑人的身份不同,商业汇票可分为商业承兑汇票及银行承兑汇票。经过银行承兑的汇票强化了商业票据的信用能力,因为银行在这里充当了担保人。

6-1 汇票

2. 本票

本票是出票人签发的,承诺自己在见票时无条件支付确定的金额给收款人或者持票人的票据。根据出票人的不同,本票分为银行本票和商业本票。

银行本票是申请人将款项交存银行,由银行签发,承诺自己在见票时无条件支付确定的金额给收款人或持票人的票据。在我国现行票据制度规定中只有银行本票,且现行规定的本票也只为记名本票。本票还可分为定额本票和不定额本票、即期本票和远期本票等。

商业本票是企业单位或个人签发的,承诺自己在见票时或指定日期无条件支付确定的金额给收款人或持票人的票据。商业本票有远期和即期之分。远期商业本票简称期票,可分为定期付款、出票后定期付款和见票后定期付款期票。商业本票和商业汇票同是商业信用的信用工具,统称为商业票据。

6-2 本票

3. 支票

支票是出票人签发的,委托办理支票存款业务的银行或者其他金融机构在见票时无条件支付确定的金额给收款人或者持票人的票据。凡在银行开立活期往来账户的客户,银行均售予其空白支票簿,客户凭此在存款金额内签发支票。据《中华人民共和国票据法》(2004年修正)规定,支票可以支取现金,也可以转账,用于转账时,应当在支票正面注明。支票中专门用于支取现金的，可以另行制作现金支票，现金支票只能用于支取现金。支票中专门用于转账的，可以另行制作转账支票，转账支票只能用于转账，不得支取现金。支票的出票人所签发的支票金额不得超过其付款时在付款人处实有的存款金额。出票人签发的支票金额超过其付款时在付款人处实有的存款金额的，为空头支票。禁止签发空头支票。

6-3 支票

（三）票据的特点

票据一般具有流通性、自偿性、无因性、要式性等特点。

1. 流通性

流通性是指票据持有人可以在市场上自由买卖、转让这些票据。票据的流通性使其成为一种高效的支付和融资工具。持有者可以根据需要随时将票据转让给其他人，从而快速获取资金或进行支付。

6-4 银行本票、汇票、支票的区别是什么？

2. 自偿性

自偿性是指票据往往对应于商品生产和销售，随着产销过程的完成，形成了销售收入后，可用收入来偿还票据债务。票据的自偿性意味着它们通常与具体的商业交易或贸易活动相关联。一旦相关的交易或活动完成，票据持有人有权要求相应的支付，从而实现票据的自偿。

3. 无因性

无因性即不可争议性，简单的理解就是付款与出票原因无关，票据一旦到期债务人必须无条件付款。票据的无因性使得票据的流通更加便捷和安全。持票人在行使票据权利时，无需证明其取得票据的原因或基础交易的有效性。

4. 要式性

要式性是指票据在使用过程中必须具备必要的形式和内容，并以精确的文字来表达。票据作为要式证券，其格式和记载事项都必须按照相关法律法规的严格规定执行。不具备规定要件的票据将视为无效。

二、国库券

（一）国库券的概念

国库券是一国政府发行的用以调节国库收支差额的债务凭证。国库券作为一种政府发行的短期债券，是金融市场中重要的组成部分。它们通常用于管理国家的短期财政需求，并因其高信用等级和低风险特性而受到投资者的青睐。

（二）国库券的分类

1. 按期限分类，分为不同期限的国库券

国库券的期限是定义其类型的一个重要标准。不同国家可能有不同的

期限设置,但常见的分类包括3个月、6个月和1年期的国库券。

2. 按发行方式分类,分为传统发行和电子发行

传统上,国库券通过拍卖形式出售给投资者,这有助于确保价格和利率的市场公正性。随着技术的进步,许多国家已经开始采用电子化发行和交易平台来增加效率和透明度。

3. 按用途分类,分为一般用途和特殊用途

国库券主要用于筹集短期资金弥补财政赤字或调节经济,但也存在一些特定发行的国库券可能专门用于资助如教育或公共安全等特定领域的支出。

(三) 国库券的特点

1. 流动性高

国库券的期限通常较短,如几个月到一年不等,这使得国库券在市场上具有很高的流动性。投资者可以根据自身需要,在较短的时间内将国库券变现,满足资金的流动性需求。

2. 低风险性

国库券的发行主体是国家,由国家信用作为担保,因此具有极高的信用度,通常被认为是无风险资产。投资者购买国库券,其本金和利息的偿付都有国家财政作为保障,几乎不存在违约风险。

3. 收益稳定

国库券的利率一般较低,但相对稳定。由于国库券的利率是预先确定的,因此投资者在购买时就可以明确知道未来的收益情况,这使得国库券成为了一种稳定的投资工具。

6-5 国库券

三、大额可转让定期存单

(一) 大额可转让定期存单的概念

大额可转让定期存单是由商业银行发行的具有固定面额、固定期限、可以流通转让的大额存款凭证。

(二) 大额可转让定期存单的分类

1. 按是否记名分类,分为记名存单和不记名存单

记名存单上明确记载了持有人的姓名或名称,转让时需要经过一系列的手续,如背书、过户等。不记名存单上不记载持有人姓名或名称,只凭存单本身即可进行转让,无需办理过户手续,因此具有较高的流通性。

2. 按发行地和货币种类分类,分为国内存单和国际存单

国内存单是由国内银行发行,以本国货币计价,主要用于本国金融市场上投资和交易。

国际存单（如欧洲美元存单）是由外国银行或本国银行在国外的分支机构发行，以某种国际货币（如美元）计价，通常用于国际金融市场上的投资和交易。

3. 按利率类型分类，分为浮动利率存单和固定利率存单

浮动利率存单通常与市场利率挂钩，随市场利率的变动而变动；固定利率存单不随市场利率的变动而变动。

（三）大额可转让定期存单的特点

1. 流动性高

大额可转让定期存单可以在二级市场上自由买卖，持有者可以在存单到期前，将其在二级市场上出售，从而提前收回资金。

2. 期限较短

大额可转让定期存单的期限一般可以分为1个月、3个月、6个月、9个月、1年等。

3. 面额固定

大额可转让定期存单的面额有固定的几种，如20万元、30万元、50万元、1 000万元等。根据中国人民银行发布的《大额存单管理暂行办法》规定，个人投资人认购大额存单起点金额不低于20万元，机构投资者认购起点不低于1 000万元。

6-6 大额可转让定期存单

四、短期债券

（一）短期债券的概念

短期债券是债务工具的一种，通常是指发行期限不超过一年的债券。在这些债券中，发行人向投资者承诺在特定时间内支付固定的利息和本金。由于短期债券的期限较短，它们通常被认为是一种低风险的投资方式。

（二）短期债券的分类

按照发行主体的不同，短期债券通常分为政府短期债券、公司短期债券和金融机构短期债券。

1. 政府短期债券

政府短期债券包括国库券和短期政府债券，短期政府债券类似于国库券，是政府为弥补国库收支不平衡而发行的一种政府债券，债务人是国家，具有国家信用的保证，风险最小，流动性强。

2. 公司短期债券

公司短期债券包括商业票据和银行承兑汇票。商业票据是大公司为了筹措短期资金，以贴现方式发行的一种短期无担保债务凭证。银行承兑汇票是由银行承兑的汇票，是一种短期、低风险的融资工具。

3. 金融机构短期债券

金融机构短期债券是指金融机构为了筹集短期资金而发行的期限在一年以内的债券。

（三）短期债券的特点

1. 期限较短

短期债券的发行期限通常在一年以内，这使得投资者能够在较短时间内回收本金和利息。

2. 流动性强

由于期限较短，短期债券在市场上的交易活跃，投资者可以在需要时迅速将其转换为现金。

3. 风险较低

由于期限较短，短期债券面临的市场利率风险和信用风险相对较低。

6-7 短期债券

第三节 资本市场工具

资本市场工具是指期限在一年以上的各种信用凭证，是资本市场交易的品种，主要包括基础工具和衍生工具两大类。

一、基础工具

（一）债券

1. 债券的概念

债券是政府、金融机构和大型企业等机构直接向社会筹集资金时发行的一种承诺按一定利率支付利息并按约定条件偿还本金的债务凭证。债券的基本要素包括面值、利率、期限、限制性、抵押与担保、赎回与转换条款等。

2. 债券的分类

债券的种类繁多，按照发行主体可分为政府债券和公司债券两大类。

（1）政府债券。政府债券是由中央政府或地方政府发行的债券，它们是政府为了筹集资金以支持公共支出、基础设施建设、社会福利项目等目的而发行的债务工具。政府债券通常被认为是比较安全的投资，因为它们背后有政府的信用和税收作为担保。

（2）公司债券。公司债券是指由公司发行的债券。按发行主体可分为金融债券和非金融企业债券。

①金融债券。金融债券是银行或其他金融机构作为债务人发行的债务凭证。金融债券对金融机构而言是一种较为理想的筹集长期资金的信用工具。由于金融机构的社会资信度高,其债券易为社会公众接受,安全性、流动性较好,是颇受公众青睐的信用工具。

②非金融企业债券。非金融企业债券是由非金融企业发行的债券。按发行人是否赋予持有人选择权,可分为普通债券和附有选择权的债券。

普通债券是企业发行的、载明债权债务关系和相应条件而没有其他选择权的债券。

附有选择权的债券是企业发行的、发行人赋予持有人一定的选择权的债券,如可转换公司债券、可交换债券等。可转换公司债券又称可转债,是公司债券附加可转换条款,赋予债券持有人按事先约定的条件和比例,在一定的时间内将债券转换成该公司普通股的选择权。可交换债券又称可交换债,是指债券发行人将其持有的其他上市公司的股票抵押给托管机构而发行的债券,同时赋予债券持有人在一定期限内依据约定的条件可以交换成该发行人所持有的其他上市公司股票的权利。可见,可转债和可交换债的发行主体不同,前者是公司本身,后者是上市公司的股东。

3. 债券的特点

(1) 偿还性。债券有规定的偿还期限,债务人必须按期向债权人支付利息和偿还本金。债券的这一特点使债权人有明确的资金回收时间,便于安排资金使用。

(2) 安全性。债券的发行人通常是政府、金融机构或大型企业等信誉较高的主体,这些主体有较高的偿债能力,因此债券投资通常被视为一种较为安全的投资方式。尤其是政府债券,其信用等级最高,几乎被认为是无风险投资。

(3) 流动性。债券可以在市场上自由买卖,因此具有较好的流动性。投资者可以根据需要随时在二级市场上出售债券,以获取现金。

(4) 收益性。债券在发行时就会确定票面的利率、利息支付方式和期限等要素。债券持有人有权按照约定的条件,按期向发行人(债务人)收取利息和到期收回本金。这种收益是事先确定的,具有固定性。

6-8 债券

专栏 6-1

2023年我国债券市场整体情况

2023年,我国债券市场共发行各类债券70.83万亿元,同比增长15.3%。截至2023年末,债券市场托管总量达157.67万亿元,同比增长9.1%。全市场共成交2 601.29万亿元,同比增长19.0%。

> 2023年,政府债券全年发行20.42万亿元,同比增长19.6%。分券种来看,国债发行11.10万亿元,同比增长14.2%。其中,记账式国债发行10.82万亿元,同比增长14.4%;凭证式国债发行855亿元,同比增长1.8%;储蓄国债发行1890亿元,同比增长11.2%。地方政府债发行9.32万亿元,同比增长26.8%。
>
> 金融债券全年发行36.44万亿元,同比增长19.0%。其中,同业存单发行量维持高位,发行25.78万亿元,同比增长25.7%,占金融债券发行量的70.7%。政策性金融债发行5.88万亿元,同比增长0.6%。商业银行债发行2.43万亿元,同比增长2.8%。信贷资产支持证券发行3485亿元,同比增长4.2%。
>
> 公司信用类债券全年发行13.82万亿元,同比增长1.1%。其中,非金融企业债务融资工具发行8.70万亿元,同比降低4.8%;企业债发行3808亿元,同比降低38.5%;公司债发行3.65万亿元,同比增长29.2%;可转债和可交换债发行1665亿元,同比增长8.9%。
>
> 资料来源:曹媛媛.中国债券市场发展报告(2023)[R].2024-02-08.

(二) 股票

1. 股票的概念

股票是股份公司为筹集资金而发行给各个股东作为持股凭证并借以取得股息和红利的一种有价证券。每股股票都代表股东对企业拥有一个基本单位的所有权。股票是股份公司资本的构成部分,可以转让、买卖,是资本市场的主要长期金融工具,但不能要求公司返还其出资额。股票持有者即为公司的股东,有权出席股东大会、参与公司重大决策、收取股息或分享红利差价等,但也要共同承担公司运作失误所带来的风险。

2. 股票的分类

股票的种类很多,通常采用的分类方式是以股东权益为标准,把股票分为普通股和优先股。

(1) 普通股。普通股是股份公司发行的一种基本股票,是股票中最普通的一种形式。持有普通股的股东享有公司决策参与权、利润分配权、优先认股权、剩余资产分配权等基本权利。普通股的收益分配排在优先股之后并且是不确定的,公司经营良好的情况下,收益上不封顶;但公司破产时,普通股的清偿顺序排在最后,通常难以收回投资。

(2) 优先股。优先股是依照公司法,在一般规定的普通种类股份之外,另行规定的其他种类股份。其股份持有人优先于普通股股东分配公司利润和剩余财产,但参与公司决策管理等权利受到限制。相对于普通股而言,优先股一般具有以下特点:一是分享公司利润时顺序优先;二是清算剩余财产时顺序优先;三是优先股的股息率相对固定,不参与公司利润分红;四是没有参与公司决策的投票权。

3. 股票的特点

（1）收益性。股票为投资者提供了获得收益的机会。投资者购买股票后，可以通过两种方式获得收益：一是公司分红，即股息或红利；二是通过股票价格上涨获得资本增值。

（2）风险性。由于股票市场的波动性和不确定性，投资者购买的股票价格可能会上涨或下跌。如果价格下跌，投资者可能会遭受损失。股票投资风险包括市场风险、行业风险、公司经营风险等。

（3）流动性。股票是一种流动性较强的投资工具，投资者可以在股票市场上自由买卖股票，根据市场需求和自身需要灵活调整投资组合。这种流动性使得股票投资相对灵活，方便投资者在需要时快速变现。

（4）永久性。股票是无限期的投资工具。一旦投资者购买了股票，除非公司破产或股票被退市，否则投资者将一直持有该股票，并享有相应的股东权益。这种永久性使得股票投资具有长期性和稳定性。

（5）参与性。股票投资者作为公司的股东，有权参与公司的经营决策。通过选举公司董事、参加股东大会等方式，投资者可以影响公司的经营方向、投资决策等，实现自己的投资目标和利益诉求。

6-9 股票

历史6-1

中国股票市场的发展

改革开放以来，经过40多年的快速发展，中国已经形成了种类齐全、规模巨大、交易活跃的多层次股票市场。在成熟金融市场中，股权交易市场具有金字塔形的层次结构。金字塔的上半部分通常由场内交易构成，门槛较高，上市企业的数量较少；金字塔的下半部分通常由场外交易构成，门槛较低，可交易的企业数量较多。两大层级中再根据企业的成熟度与交易门槛的高低，进一步细分为多个子层级。这种金字塔结构的多层次股权交易市场通常是从金字塔底端逐步向上发展自发形成的。自改革开放以来，我国由于采取了渐进式的改革方式，资本市场发展遵循着一套相反的路径，即从金字塔顶端向下发展，先形成主板市场，再相继形成二板、三板、四板市场等，1990年上海证券交易所和深圳证券交易所成立，1991年开办B股，2004年设立中小板，2009年启动创业板，2013年成立新三板，2019年开创科创板，2021年成立北京证券交易所。目前，我国的股权交易市场主要包括证券交易所股票市场、全国中小企业股份转让系统（简称新三板）、区域性场外交易市场和股权众筹市场，以及天使投资、VC/PE投资市场等。

资料来源：李健.金融学[M].4版.北京：高等教育出版社，2022：235.

(三) 基金

1. 基金的概念

基金主要是指证券投资基金。这是一种利益共享、风险共担的集合证券投资方式，即通过发行基金单位，集中投资者的资金，由基金托管人托管，由基金管理人管理和运用资金，从事股票、债券等金融工具投资，并将投资收益按基金投资者的投资比例进行分配的一种间接投资方式。

2. 基金的分类

（1）根据投资对象的不同，可以分为股票型基金、债券型基金、混合型基金、货币市场基金和指数型基金。股票型基金主要投资于股票市场，基金资产中股票投资的比例不低于80%。债券型基金主要投资于债券市场，按照规定，基金资产80%以上投资于债券的称为债券型基金。混合型基金同时投资于股票和债券的基金，根据投资比例的不同，可以分为偏股型基金和偏债型基金。货币市场基金主要投资于短期货币市场工具，如国库券、商业票据、银行定期存单、银行承兑汇票、政府短期债券、企业债券等短期有价证券。指数型基金以特定指数为标的，并以该指数的成份股为投资对象，通过购买该指数的全部或部分成份股构建投资组合，以追踪标的指数表现的基金产品。

（2）根据组织形态的不同，可分为公司型基金和契约型基金。公司型基金是指通过发行基金股份成立投资基金公司的形式设立。契约型基金是指由基金管理人、基金托管人和投资人三方通过基金契约设立，我国的证券投资基金均为契约型基金。

（3）根据投资风险与收益的不同，分为成长型基金、收入型基金和平衡型基金。成长型基金以资本增值为主要目标，较少考虑当期收入的基金，主要以具有良好增长潜力的股票为投资对象。收入型基金以追求稳定的经常性收入为基本目标的基金，主要以大盘蓝筹股、公司债、政府债券等稳定收益证券为投资对象。平衡型基金既注重资本增值又注重当期收入的一类投资基金。

（4）根据基金单位是否可增加或赎回，分为开放式基金和封闭式基金。开放式基金不上市交易，通过银行、券商、基金公司申购和赎回，基金规模不固定。封闭式基金有固定的存续期，一般在证券交易场所上市交易，投资者通过二级市场买卖基金单位。

此外，还有一些特殊类型的基金，如ETF基金（交易型开放式指数基金）、FOF基金（基金中的基金）等。这些基金类型都有其特定的投资策略和目标，投资者可以根据自己的需求和风险承受能力进行选择。

3. 基金的特点

（1）集合投资。基金通过发行基金份额，将众多投资者的资金集中起来，形成庞大的资金池。这种集合投资的方式使得投资者能够参与大规模、多样化的投资，降低单一投资的风险。

（2）分散风险。基金管理人会将资金投资于不同行业、不同地区、不同企业的证券资产上，以达到分散投资风险的目的。这样即使某个行业或企业出现不利情况，也不会对整个基金的投资组合造成过大的影响。

（3）专业理财。基金由专业的投资团队进行管理和运作，他们具有丰富的投资经验和专业知识，能够更准确地把握市场走势，制定合适的投资策略，为投资者提供优质的服务。

6-10 基金

二、衍生工具

衍生金融工具又称"派生金融工具"，顾名思义，就是由基础金融工具"衍生"出来的。比如，由商品、股票、指数、债券、存款或外汇等"衍生"出来的期权、期货、互换合同等都属于衍生金融工具。衍生金融工具的种类极多，而且不断有新的衍生金融工具被发明，甚至还有基于衍生工具的衍生工具。衍生工具的产品形态和交易方式多种多样，其中最主要的有期货、期权、权证和互换四大类。

（一）期货

1. 期货的概念

期货，也称期货合约，交易的买卖对象或标的物由期货交易所统一制定，规定了在某一特定的时间和地点交割一定数量和质量的商品、金融产品或其他标的物的标准化合约。期货的价格通过公开竞价达成。

2. 期货的种类

期货一般分为商品期货和金融期货。

（1）商品期货。商品期货是期货合约的一种类型，其标的物为实物商品。商品期货合约是关于买卖双方在未来某个约定的日期以签约时约定的价格买卖某一数量的实物商品的标准化协议。商品期货交易的品种随着交易发展而不断增加，从传统的谷物、畜产品等农产品期货，发展到各种有色金属、贵金属和能源等大宗初级产品的期货交易。

（2）金融期货。金融期货是期货合约的一种，其标的物是金融工具或金融指标，而不是实物商品。金融期货合约允许买卖双方在未来某个特定的日期以预先确定的价格交易金融资产，如股票指数、货币、债券或利率等。常见的有外汇期货、利率期货和股票指数期货。

外汇期货涉及不同国家和地区的货币，它们允许投资者和商家对冲或投机于货币价值的变动。例如，如果一个美国公司预计将来会从欧洲进口商品，它可能会使用欧元期货来锁定汇率，从而避免美元对欧元汇率下跌的风险。

利率期货以债券或贷款的利率为标的,帮助投资者对抗利率变化的风险。例如,固定收益投资者可能使用国债期货来保护其投资组合不受利率上升的影响。

股票指数期货跟踪股市指数的表现,如标普500或纳斯达克指数。交易者通过购买这些期货可以赌整个市场的走势,而不是单个股票。

3. 期货的特点

(1)杠杆交易。期货交易采用保证金制度,投资者只需支付合约价值的一定比例作为保证金,就可以控制数倍于保证金的合约价值。

(2)双向交易。期货市场允许投资者进行双向交易,即投资者既可以买入期货合约(多头),也可以卖出期货合约(空头)。这使得投资者可以在市场上涨或下跌时都有机会获利。

(3)价格发现。期货市场是一个公开、集中、高效的交易场所,汇聚了大量的交易者和信息。通过交易者的买卖行为,期货市场能够形成具有公信力的期货价格,这个价格反映了市场对未来商品价格的预期,有助于指导现货市场的交易。

(4)对冲风险。期货市场为投资者提供了对冲风险的机会。投资者可以通过买入或卖出与现货市场相反的期货合约,来锁定未来的购买或销售价格,从而降低因市场价格波动带来的风险。

6-11 期货

(二)期权

1. 期权的概念

期权是在期货的基础上产生的一种金融工具,是指在未来一定时期可以买卖的权利,是买方向卖方支付一定数量的金额(期权费)后拥有的在未来一段时间内或未来某一特定日期以事先规定好的价格向卖方购买或出售一定数量特定标的物的权利,但不负有必须买进或卖出的义务。

2. 期权的分类

(1)按照买方的权利,可分为看涨期权、看跌期权和双向期权。看涨期权又称买进选择权,是指期权的购买者可在合同规定的有效期限内按事先约定的价格和数量行使买入某种金融资产的权利。看跌期权又称卖出选择权,是指期权购买者在规定的有效期限内,拥有以协定价格和数量出售某种金融资产的权利。双向期权,是指购买者同时买入某种金融资产的看涨权和看跌权。购买双向期权的盈利机会最多,但其支付的费用也最大。

(2)按照期权权利行使时间,可分为美式期权和欧式期权。美式期权是指在规定的有效期限内的任何时候均可以行使权利的期权。欧式期权是指在规定的合约到期日方可行使权利的期权。

3. 期权的特点

(1) 权利与义务的不对等性。期权的买方(权利方)享有在未来某一特定日期或之前以特定价格买入或卖出一定数量的标的资产的权利,但没有必须履行的义务。期权的卖方(义务方)在买方决定行使权利时,有义务按照合约规定的价格和数量进行交易。

(2) 收益与风险的不对称性。对于买方,损失是固定的,最大不超过支付的期权费用(权利金)。但收益则可能是无限的,取决于标的资产价格变动的幅度。对于卖方,收益是固定的,即收取的期权费用。但损失可能是无限的,因为标的资产价格的不利变动可能导致卖方需要支付更多的资金来履行合约。

(3) 高杠杆效应。与股票交易相比,期权合约具有高杠杆效应。投资者只需支付少量的权利金就可以控制较大数量的标的资产,从而放大投资收益(或损失)。

6-12 期权

(三) 权证

1. 权证的概念

权证是一种有价证券,投资者付出权利金购买后,有权利(而非义务)在某一特定期间(或特定时点)按约定价格向发行人购买或者出售标的证券。发行人通常为上市公司或证券公司等机构。权证的标的证券可以是个股、基金、债券、一篮子股票或其他证券,是发行人承诺按约定条件向权证持有人购买或出售的证券。

2. 权证的分类

(1) 按买卖方向分,可分为认购权证和认沽权证。认购权证持有人有权按约定价格在特定期限内或到期日向发行人买入标的证券;认沽权证持有人则有权卖出标的证券。

(2) 按权利行使期限分,可分为欧式权证和美式权证。欧式权证持有人只可以在权证到期日当日行使其权利;美式权证持有人在权证到期日前的任何交易时间均可行使其权利。

(3) 按发行人不同分,可分为股本权证和备兑权证。股本权证一般由上市公司发行,备兑权证通常由证券公司等金融机构发行。

3. 权证的特点

(1) 权利非义务。权证的持有者拥有的是权利而非义务,这意味着投资者可以根据自身的判断和市场情况决定是否行使权证,发行人则有履行合约的义务。

(2) 风险可控性。投资权证的风险是有限的,最大损失不超过购买权证所支付的权利金,这使得风险具有可控性。

6-13 权证

6-14 期权和权证的区别

（3）杠杆效应。权证提供了杠杆效应，允许投资者用较少的资金控制较大价值的资产，从而放大潜在收益。

（四）互换

1. 互换的概念

互换是以金融机构为中介人，为两个或两个以上的当事人按商定的条件，在约定的时间内，交换一系列支付款项的金融交易。它可以使互换双方获得低成本、高收益的融资，并可避免利率与汇率风险。

2. 互换的分类

互换的基本种类有货币互换和利率互换两种。

（1）货币互换。货币互换指交易双方互相交换不同币种、相同期限等值资金债务或资产的货币及利率的一种预约业务。货币互换的前提是要存在两个在期限和金额相同而对货币需求相反的伙伴，双方按照预先约定的汇率进行资本额互换，而后每年以约定的利率和资本额进行利息支付和互换，协议到期时则按原约定汇率再将资本额换回。

（2）利率互换。利率互换指交易双方在债务币种相同的情况下，互相交换不同形式利率的一种预约性业务。利率互换一般不进行本金交换，只是互换以不同利率为基础的资本筹集所产生的一连串利息，包括计息方法不同（一方以固定利率计息，另一方以浮动利率计息）或计息方法相同但利率水平不一致的互换。

3. 互换的特点

（1）灵活性高。互换协议可以根据参与方的具体需求定制，包括支付频率、期限长度及金额大小等。

6-15 互换

（2）风险管理工具。通过互换，企业可以有效管理其面临的利率风险和汇率风险，保护自身免受市场波动的不利影响。

历史6-2

中国衍生工具的产生与发展

中国商品类衍生工具出现在20世纪90年代初。1990年郑州粮食批发市场成立，逐步试行远期交易，1993年推出小麦等粮食期货合约交易。1992—1995年，上海、大连等期货交易所推出了金属、石油、农资、粮油、建材、化工等期货品种。1995—1999年国内商品期货品种随着治理整顿而减少。进入21世纪以来，国内期货市场平稳发展，又先后推出燃料油、天然橡胶、线型低密度聚乙烯、黄金等期货合约品种。

金融期货试点方面，1992年开始试点国债期货，在上海证券交易所、深圳证券交易所、武汉证券交易中心、广东联合交易所等挂牌交易。1995年"327国债期货事件"后,国债期货于当年5月暂停交易。1993年3月,海南证券交易报价中心在全国首次推出股票指数期货,可交易品种包括深圳综合指数和深圳综合A股指数各4个到期月份的期货合约。1993年9月,证监会下发通知,券商未经批准不得开办指数期货交易业务。海南证券交易报价中心的前述期货业务在同年10月停止交易。2006年9月8日,中国金融期货交易所(简称中金所)在上海成立,2010年年4月正式推出沪深300指数期货;2013年9月,5年期国债期货合约在中金所挂牌上市;2015年2月,上证50ETF期权在上海证券交易所正式上市。2015年4月,上证50、中证500股指期货在中金所上市。2016年12月,证监会批准郑州商品交易所推出白糖期权,大连商品品交易所推出豆粕期权。之后,商品期权陆续上市,如上海期货交易所推出铜、橡胶期权等,上海国际能源交易中心推出天然气期权等。

资料来源:李健.金融学[M].4版.北京:高等教育出版社,2022:257.

关键词

金融工具　货币市场工具　资本市场工具　票据　国库券　大额可转让定期存单　短期债券　债券　股票　基金　期货　期权　权证　互换

本章小结

1. 金融工具是经济主体之间签订的确定责权利且具有法律效力的各种契约。金融工具是金融市场交易的对象,是随信用关系而产生发展起来的。金融工具的特性有法律性、流动性、收益性和风险性。

2. 货币市场工具主要是指那些期限在一年之内的具有一定格式的债务票据,是货币市场交易的主要品种。其常见的类型有票据、国库券、大额可转让定期存单和短期债券等。

3. 资本市场工具是指期限在一年以上的各种信用凭证,是资本市场交易的品种,主要包括基础工具和衍生工具两大类。基础工具包括债券、股票和基金,衍生工具包括期货、期权、权证和互换。

4. 债券是政府、金融中介和企业等机构直接向社会筹集资金时发行的一种承诺按一定利率支付利息并按约定条件偿还本金的债务凭证。债券的基本要素包括面值、利率、期限、限制性、抵押与担保、赎回与转换条款等。

5. 股票是股份公司为筹集资金而发行给各个股东作为持股凭证并借以取得股息和红利的一种有价证券。

6. 基金主要是指证券投资基金。这是一种利益共享、风险共担的集合证券投资方式,即通过发行基金单位,集中投资者的资金,由基金托管人托管,由基金管理人管理和运用资金,从事股票、债券等金融工具投资,并将投资收益按基金投资者的投资比例进行分配的一种间接投资方式。

7. 期货,也称期货合约,交易的买卖对象或标的物由期货交易所统一制定,规定了在某一特定的时间和地点交割一定数量和质量的商品、金融产品或其他标的物的标准化合约。

8. 期权是在期货的基础上产生的一种金融工具,是指在未来一定时期可以买卖的权利,是买方向卖方支付一定数量的金额(期权费)后拥有的在未来一段时间内或未来某一特定日期以事先规定好的价格向卖方购买或出售一定数量特定标的物的权利,但不负有必须买进或卖出的义务。

9. 权证是一种有价证券,投资者付出权利金购买后,有权利(而非义务)在某一特定期间(或特定时点)按约定价格向发行人购买或者出售标的证券。发行人通常为上市公司或证券公司等机构。

10. 互换是以金融机构为中介人,为两个或两个以上的当事人按商定的条件,在约定的时间内,交换一系列支付款项的金融交易。

学术前沿拓展

1. 汪办兴.票据业务管理新规的要点解读、市场影响与业务思考[J].中国货币市场,2023(03):73-78.

2. 何杰.地方政府债券发行适度规模研究——基于经济增长视角[J].地方财政研究,2024(03):76-85.

3. 邵运文,周宇.商品期货市场对外开放的国际比较与经验借鉴[J].西南金融,2024(03):19-31.

习 题

一、单项选择题

1. 金融工具是经济主体之间签订的确定责权利且具有法律效力的( )。
   A. 合同　　　　　B. 契约　　　　　C. 凭证　　　　　D. 票据

2. 直接金融工具包括( )。
   A. 银行票据　　　B. 保险单　　　　C. 债券　　　　　D. 存单

3. 短期金融工具的借贷期限通常在( )年以下。
   A. 半年　　　　　B. 一年　　　　　C. 一年半　　　　D. 两年

4. 属于所有权凭证的金融工具是( )。
   A. 债券　　　　　B. 股票　　　　　C. 汇票　　　　　D. 支票

5. 金融工具的法律性主要体现在( )。

A. 工具的发行　　　　B. 工具的流通　　　　C. 工具的契约关系　　　　D. 工具的收益

6. 金融工具的流动性与(　　)成反比。
   A. 偿还期　　　　　　　　　　　　　B. 收益性
   C. 风险性　　　　　　　　　　　　　D. 债务人的信用能力

7. (　　)是由于债务人不能按时履行契约,支付利息和偿还本息的风险。
   A. 违约风险　　　　B. 市场风险　　　　C. 购买力风险　　　　D. 流动性风险

8. 货币市场工具的期限通常是指(　　)。
   A. 超过一年　　　　B. 在一年之内　　　　C. 在两年之内　　　　D. 超过两年

9. 商业汇票和银行汇票的主要区别在于(　　)。
   A. 出票人不同　　　B. 金额不同　　　　　C. 期限不同　　　　　D. 支付方式不同

10. 支票的主要功能是(　　)。
    A. 长期投资　　　　　　　　　　　　B. 短期借贷
    C. 无条件支付确定金额　　　　　　　D. 有条件支付确定金额

11. 票据的流通性指的是(　　)。
    A. 票据的支付能力　　　　　　　　　B. 票据的偿还能力
    C. 票据在市场上的买卖和转让能力　　D. 票据的信用等级

12. 根据票据的分类,汇票的特点不包括(　　)。
    A. 无条件支付　　　　　　　　　　　B. 可以是银行汇票或商业汇票
    C. 可以用于支取现金　　　　　　　　D. 出票人可以是银行或公司

13. 支票的流通能力体现在它可以(　　)。
    A. 被用作长期贷款　　　　　　　　　B. 被背书转让
    C. 被存入任何银行　　　　　　　　　D. 被兑换成黄金

14. 国库券的发行主体是(　　)。
    A. 商业银行　　　　B. 证券交易所　　　　C. 国家政府　　　　　D. 企业

15. 大额可转让定期存单的流动性高主要是因为(　　)。
    A. 期限较长　　　　　　　　　　　　B. 面额较大
    C. 可以在二级市场自由买卖　　　　　D. 发行量较小

16. 资本市场工具的期限通常是(　　)。
    A. 不超过一年　　　B. 一年以上　　　　　C. 两年以上　　　　　D. 五年以上

17. 债券的基本要素不包括(　　)。
    A. 面值　　　　　　B. 利率　　　　　　　C. 期限　　　　　　　D. 公司名称

18. 可转换公司债券允许持有人将债券转换成(　　)。
    A. 现金　　　　　　　　　　　　　　B. 其他债券
    C. 发行公司的普通股　　　　　　　　D. 其他公司的股票

19. 股票的特点不包括(   )。
    A. 收益性   B. 风险性   C. 流动性   D. 可退还性
20. 开放式基金与封闭式基金的主要区别在于(   )。
    A. 基金的规模是否固定   B. 基金的投资对象不同
    C. 基金的管理人不同   D. 基金的托管人不同

二、多项选择题

1. 间接金融工具包括(   )。
    A. 债券   B. 钞票   C. 股票   D. 保险单
2. 金融工具的特征包括(   )。
    A. 法律性   B. 流动性   C. 收益性   D. 风险性
3. 金融工具的风险主要来自(   )。
    A. 违约风险   B. 流动性风险   C. 市场风险   D. 购买力风险
4. 货币市场工具包括(   )。
    A. 票据   B. 国库券
    C. 大额可转让定期存单   D. 短期债券
5. 属于票据的特点包括(   )。
    A. 流通性   B. 自偿性   C. 无因性   D. 要式证券
6. 大额可转让定期存单的特点包括(   )。
    A. 期限较短   B. 流动性强   C. 面额不固定   D. 风险较低
7. 债券的特点包括(   )。
    A. 偿还性   B. 安全性   C. 流动性   D. 收益性
8. 股票的分类包括(   )。
    A. 普通股   B. 优先股   C. 蓝筹股   D. 创业板股
9. 基金的分类包括(   )。
    A. 股票型基金   B. 债券型基金   C. 混合型基金   D. 货币市场基金
10. 期货的特点包括(   )。
    A. 杠杆交易   B. 双向交易   C. 价格发现   D. 对冲风险

三、判断题

1. 金融工具的交易过程都需要明确的法律条款保护。   (   )
2. 所有的金融工具都是直接金融工具。   (   )
3. 短期金融工具的流动性通常比长期金融工具强。   (   )
4. 股票是债权凭证,债券是所有权凭证。   (   )

5. 票据是一种无条件支付确定金额的书面凭证。（   ）
6. 国库券的流动性通常较低,风险性较高。（   ）
7. 债券是一种承诺按一定利率支付利息并按约定条件偿还本金的债务凭证。（   ）
8. 政府债券的风险性通常高于公司债券。（   ）
9. 股票的永久性意味着投资者一旦购买了股票,公司就不能破产或股票不能被退市。（   ）
10. 开放式基金的规模是固定的,而封闭式基金的规模不固定。（   ）

四、问答题

1. 请简述金融工具的定义及主要功能。
2. 简述金融工具的风险性及其来源。
3. 请简述货币市场工具的定义及其主要类型。
4. 基础金融工具包括哪些工具,请分别简述。
5. 解释什么是衍生金融工具,并给出几个例子。

参 考 文 献

1. 李健.金融学[M].4版.北京:高等教育出版社,2022.
2. 黄达,张杰.金融学[M].5版.北京:中国人民大学出版社,2019.
3. 吴军梅.金融学[M].3版.厦门:厦门大学出版社,2020.
4. 万解秋.货币银行学通论[M].4版.上海:复旦大学出版社,2023.
5. [美]弗雷德里克·S.米什金.货币金融学[M].13版.王芳,译.北京:中国人民大学出版社,2024.
6. 曹龙骐.金融学[M].6版.北京:高等教育出版社,2019.
7. 戴国强,柳永明.货币金融学[M].5版.上海:上海财经大学出版社,2023.
8. 汪办兴.票据业务管理新规的要点解读、市场影响与业务思考[J].中国货币市场,2023(03):73-78.
9. 何杰.地方政府债券发行适度规模研究——基于经济增长视角[J].地方财政研究,2024(03):76-85.
10. 邵运文,周宇.商品期货市场对外开放的国际比较与经验借鉴[J].西南金融,2024(03):19-31.

第三篇 金融总量与均衡

DISANPIAN JINRONG ZONGLIANG YU JUNHENG

第七章 货币需求

 学习目标

1. 理解货币需求的含义,熟悉货币需求的分类;
2. 掌握影响货币需求的因素及影响机制;
3. 了解货币需求理论的发展,掌握各学派货币需求理论的基本内容;
4. 引导学生理解个人和企业在不同经济环境下的货币需求变化,学会合理规划和管理自己的财务。

> 货币需求是宏观经济与金融体系运行的关键变量,反映了经济主体在不同动机下持有货币的意愿。从交易媒介到价值储藏,货币需求既受微观个体决策影响,也受宏观经济环境制约。利率、收入水平、金融市场发展等因素共同导致了货币需求的动态变化,而不同经济学派对此形成了各自的理论解释。本章将从基本概念出发,分析货币需求的主要影响因素,并系统介绍不同学派的货币需求理论,帮助读者深入理解货币需求的本质及其在经济中的作用。

思维导图

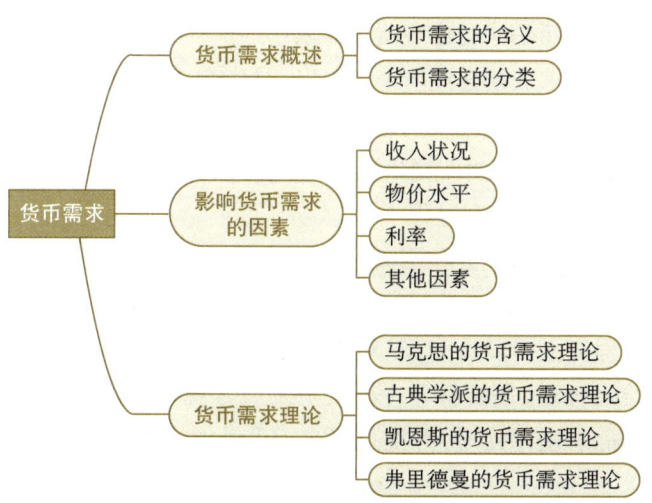

第一节 货币需求概述

一、货币需求的含义

货币需求发端于商品交换,随着商品经济以及信用的发展而发展。货币的交易媒介职能与价值标准职能使得其能够充当商品交换的媒介,延期支付职能又推动了信用形式的发展,尤其是在信用经济的背景下,各类经济活动都离不开信用货币的支持。所以,在当今社会,货币一般代表着人们的财富状况,社会各部门在经济活动中都必须持有一定数量的货币,由此就产生了对货币的需求。

货币需求是指经济主体(包括个人、企业和政府)在特定利率下放弃金融资产而持有货币的需求。理解货币需求时,需要注意两点。首先,货币需求是一种能力与愿望的统一体,即必须有能力获得或持有货币,同时还必须愿意以货币形式保有其资产。其次,现实中的货币需求不仅仅是指对现金的需求,还包括了对存款货币的需求,因为现代经济中,货币的范畴不再局限于现金,还包括存款货币。

二、货币需求的分类

(一) 微观货币需求与宏观货币需求

微观货币需求从社会经济个体出发,是指个人、家庭、企业等微观的经济主体,在既定的收入水平、利率水平和其他经济条件下的持币动机和持币行为。所以研究微观货币需求时需要重点研究影响货币需求动机的因素,分析货币需求变化的微观过程。

宏观货币需求从社会和国家的总体出发,是指一国经济要合理协调运转或者达到当局制定的某些经济目标时,整体上总共需要多少货币供应量。所以在一定程度上可以认为,宏观货币需求是微观货币需求的集合。在决策货币供给过程时,需要探讨一国经济发展客观上所需的货币量,也就是对宏观货币需求进行分析,并重点研究货币供求的均衡及其对市场价格的影响。

(二) 名义货币需求与实际货币需求

名义货币需求是指在不考虑价格变动的情况下,个人、家庭或企业等经济单位或整个国家实际持有的货币单位数量,通常用 M_d 表示。名义货币数量的增加来自名义货币供给量的增加,即中央银行货币供给的增加。

实际货币需求是指各经济单位所持有的货币量在扣除物价因素后的实

际余额,即用货币所能购买到的物品及劳务来表示的货币数量,通常用 $\frac{M_d}{P}$ 表示。

名义货币需求与实际货币需求的根本区别在于,在货币数量上是否剔除了通货膨胀或通货紧缩所引起的物价变动的影响。而对于普通货币需求者来说,重要的是货币的实际购买力,而不单纯是货币数量的多少,对社会和国家来说重要的是寻求供求均衡状态下最适当的货币需求量。即假设经济运行中的生产率、流通规模和实际财富水平都不变,而物价上涨了1倍,即商品、劳务和服务的价格增加了1倍,在货币流通速度不变的情况下,如实际货币需求没有发生变化,名义货币需求需要增加1倍才能维持经济的正常运转。所以,在物价总水平有明显波动的情况下,区分两者对于研究宏观经济形势和制定并实施货币政策具有重要意义。

(三) 主观货币需求与客观货币需求

主观货币需求取决于货币需求意愿,即一种心理上对货币占有的欲望。客观货币需求取决于货币需求能力,即个人、企业或政府在其当前的经济状况或收入水平下,有能力拥有或维持一定数量的货币或其他形式的资产。实际上,经济学中研究的货币需求应该是由货币需求能力和货币需求愿望共同决定的有效需求,是一种能力和愿望的统一体。

第二节 | 影响货币需求的因素

影响货币需求的因素相当复杂多样,涉及经济、社会、心理等多个方面。这些因素相互作用,共同决定了人们对货币的需求。

一、收入状况

收入状况是影响货币需求的重要因素之一。经济主体的收入水平与其货币需求之间存在正相关关系,即当经济主体的收入增加时,对货币的需求会增加;当经济主体的收入减少时,对货币的需求会减少。对于收入状况的影响效果可以从两方面分析,包括收入数量和获得收入的时间间隔。首先,收入数量的增加意味着国家和个人的购买力也会相应增加。随着商品和服务的种类增多,人们有能力且有意愿用更多的货币来完成更多商品的交换,而为了完成这种交换,货币需求就会增加。其次,获得收入的时间间隔也会影响货币需求。如果经济主体获得收入的时间间隔被延长,货币需求量就会增大。例如，一个人一年只发一次工资，由于每月需要预留一些日常开销，一般其在手头留存的货币就要比其他每个月发工资的人预留的货币要多。

二、物价水平

一般情况下，物价水平与货币需求呈正相关关系。因为物价水平高意味着货币的实际价值下降，即经济主体持有的每一单位货币所能购买的商品数量变少了。所以为了买到原来数量的商品，在物价上升的情况下，完成正常交易所需要的货币就越多，也就是人们的货币需求增加。反之，当物价下降时，人们用于完成正常交易的货币量减少，即货币需求减少。

三、利率

利率是市场经济活动的重要参考变量，是经济运行的重要杠杆。一般情况下，利率与货币需求呈负相关关系，即利率上升，货币需求减少，利率下降，货币需求增加。这种现象可以从两个方面来分析原因。第一，机会成本，货币市场利率提高，意味着人们持有货币的机会成本上升，因为人们可以通过将资金存入银行或投资于债券等方式获得更高的回报，因此，市场的高利率会减少人们对货币的需求；相反，当市场利率下降，意味着人们持有货币的机会成本降低，货币需求就会趋于增加。第二，市场利率与有价证券的价格呈反向变动：当利率低时，人们预期利率将来会上升，有价证券的价格会下降，基于对有价证券高抛低吸的原理，人们倾向于现在持有货币以便在将来有价证券价格下跌时再去购买；相反，当利率高时，人们预期利率将来会下降，有价证券价格会上升，因此倾向于现在购买有价证券而不是持有货币。因此公众的持币意愿与利率呈负相关关系，而公众的持币意愿是从主观上影响货币需求的重要因素。

四、其他因素

（一）信用的发达程度

信用的发达程度通常与货币需求呈负相关关系。这种现象可以从两个方面来分析原因。第一，信用发达的市场支付结算效率高。当信用制度发达时，人们在需要货币的时候能很容易地通过信用工具获得现金或贷款，就可以减少作为流通手段的货币数量，即留存在手上的现金或银行存款，从而降低了人们的货币需求。第二，信用发达的市场意味着其金融市场较为完善。完善的金融市场意味着其无论是交易工具的数量还是交易的流通情况都较为可观，这就增加了可供人们选择的资产形式，使得人们在资产配置时有更多的选择，从机会成本的角度考虑也可能会减少人们对货币的需求。

（二）技术手段和服务质量

技术手段和服务质量对货币需求有显著影响，先进的金融技术和高质量的服务能减少人们对现实货币的需求。先进的金融技术手段，如电子支付、移动支付等，可以加快货币的流通速度；高质量的金融服务，包括提供便捷的转账、支付、理财等功能，这些服务能够提高资金的使用效率，减少人们持有现金的必要性，使得人们的资金支付过程更加快速便捷，从而减少了对现金和银行存款等现实货币的需求。所以，技术手段的增强和服务质量的提高，对货币需求产生了重要影响，且随着金融科技的发展，这种影响可能会进一步增强。

（三）社会保障的完善程度

随着时代的发展，社会保障体系的逐渐丰富，人们的生活质量有了很大的提高。社会保障制度的完善程度对货币需求也有显著影响，且总体来说，社会保障程度与货币需求呈负相关关系。这种现象可以从三个方面来分析原因。第一，减少个人和家庭的预防性储蓄需求。当社会保障制度健全时，人们对于未来可能出现的风险（如失业、疾病等）的担忧会减少，因此他们可能不需要为了应对这些风险而持有大量的现金或存款。这样，货币需求会相应减少。第二，增强人们的消费信心。完善的社会保障制度能够增强消费者的信心，使他们更愿意进行当前的消费，而不是将钱存起来以备不时之需。这会增加货币的流通速度，减少总体的货币需求。第三，影响人们的财富水平。例如，社会保障制度通过税收和福利政策影响收入分配。养老金、失业保险等社会保障福利可以提高个人的财富水平，从而影响他们的货币需求。所以，社会保障制度的完善程度通过影响预防性储蓄需求、消费信心、财富效应等因素，对货币需求产生了重要影响。一个完善的社会保障体系能够降低预防性储蓄需求，增强消费信心，提高财富水平，并影响收入分配，从而减少总体的货币需求。

第三节 货币需求理论

货币需求理论的发展经历了几个重要阶段。早期，经济学家研究的重点在于从宏观角度探究国家和社会在一定时期内完成经济发展和商品流通所必需的货币量。20世纪以来,经济学家将研究视角转向微观,开始关注个人、家庭、企业等微观经济主体的持币动机,并探究货币需求函数是否稳定等问题。这种研究视角的转变,与经济理论的发展有关。实际上在经济活动中,宏观经济的发展情况是由微观经济主体的各种经济行为综合造成的,如果在研究货币需求时仅注重宏观市场而忽视对微观经济主体的探讨,宏观理论的研究也会难以深入。所以,现代经济学家在研究货币需求时,一般会先建立微观货币需求模型,再进一步探究该模型能否直接或经过修订后用于宏观分析。

一、马克思的货币需求理论

马克思在《资本论》中对货币需求进行了深刻分析,尽管他并没有系统地阐述货币需求的基本内涵,但他主要基于资本主义生产关系和劳动价值论,从不同角度对货币需求进行了研究。马克思的货币需求理论集中反映在其货币必要量公式中。

马克思从商品与货币的关系出发,解释了人们持有货币的交易需求。他以完全的金币流通为假设条件,进行了如下论证:第一,商品的价格由其自身价值与黄金的价值共同决定,商品的价值由生产过程该产品的社会必要劳动时间决定,因此商品在进入流通领域时,其价格已预先确定;第二,流通中商品的总量及其价格水平,共同决定了实现这些商品交易所需的金属货币总量;第三,从社会整体交易视角看,商品与货币完成交换后,商品会退出流通领域,而货币则会继续留在流通中,多次充当交换媒介,这意味着,一定数量的货币通过多次周转,能够支持完成相当于其自身价值数倍的商品交易。这一论证可以用公式表示为:

$$M = \frac{PQ}{V} \tag{7-1}$$

其中,M表示执行流通手段职能的货币必要量,Q表示待售商品数量,P表示商品价格,PQ则表示商品价格总额,V表示货币流通速度。

在公式(7-1)中,马克思认为,商品价格是决定货币必要量的一个重要因素,货币是为了适应商品交换的需要而产生的,它会伴随着商品的交换而多次流通,并会根据交换过程的需要而调整自身的数量。

二、古典学派的货币需求理论

(一)现金交易说——费雪方程式

美国经济学家费雪在1911年所著的《货币的购买力》一书中提出了著

名的"交易方程式",该方程式被后人称为费雪方程式。具体如下:

$$MV = PT \qquad (7-2)$$

其中,M表示一定时期内流通中的货币平均量,V代表货币的流通速度,P为一般物价水平,T为各种商品的交易总量。

方程式(7-2)中左边为货币总值,右边为交易总值,两边必然相等。费雪赋予了这个方程式古典经济学的解释:即在货币经济条件下,人们持有货币的目的主要是完成商品的交换,因此,货币在一定时期内的支付总额与商品的交易总额一定相等。

费雪提出该方程式的前提假设为:在短期内,方程式中的V和T都不受M变动的影响。因为V代表货币的流通速度,一般是由信用发达程度、人们的货币支付习惯、运输与通信等制度因素决定的,这些因素的变化发展通常较为缓慢,所以V在短期内可视为不变的常量。T代表各种商品的交易总量,由于假定供给能自动创造需求,也就是实际的产出会全部进入流通交易,所以短期内商品交易的实际数量就取决于资本、劳动力及自然资源的供给状况和生产技术水平等影响供给产量的非货币因素。正因为V和T都是独立于M而决定的,所以根据交易方程式,货币平均量M增加所产生的影响,就引起一般物价水平P同比例的上升。费雪的结论是"货币数量决定着物价水平",也就是同升同降的过程。但是在长期内,费雪也指出,V和T都倾向于上升,但这种上升过程是整个经济体系的特征反映,变化很慢,所以与货币平均量M无关。

费雪方程式有独特的理论和实践价值。在经济发展的早期,即货币流通速度比较平稳的时期,中央银行也常常用它来预测货币需求。但该方程式的局限在于,它仅基于货币交易媒介的职能,关注的是流通中的货币量,是从宏观角度分析研究货币需求的,没有考虑微观经济主体的动机对货币需求的影响,许多经济学家认为这是该方程式的缺陷所在。

(二)现金余额说——剑桥方程式

现金余额说由剑桥学派创始人马歇尔提出,经庇古、罗宾逊等人的发展,形成以"现金余额说"(剑桥方程式)为核心的理论体系。该理论把重点放在了分析货币的持有方面,开创了微观货币需求分析的先河,为以后的货币需求理论开辟了新的研究思路。剑桥方程式最普遍的表述形式为:

$$M = KPY \qquad (7-3)$$

其中,M为货币数量,即现金余额,K为以货币形式持有的收入占名义总收入的比例,P为一般物价水平,Y为一定时期内按不变价格计算的实际产出，则 PY 表示名义国民收入。

现金余额说强调人们的主观意愿对货币需求的影响。剑桥经济学派认为，人们获得财富后主要有三种用途：投资以获取收益、消费以获得享受、持有货币以便利交易和预防意外，基于这些用途所形成的现金余额就是对货币的需求。而人们的持币意愿取决于人们对持有货币的利弊权衡以及对未来价格水平的预期。首先，持有货币虽然能够带来不少方便，但是却不能产生收入，而持有其他金融资产或实物的好处能够获得利息收入，这就产生了持有货币的机会成本，所以人们必须在持有货币和持有货币以外的各种资产之间进行权衡。其次，人们对未来收入、支出和物价等的预期，也会影响其当期的持币意愿，如当一个人预期未来的物价将上升时，为避免因货币贬值带来的损失，他将增加消费支出或购买金融资产以抵减物价上涨的实际影响，从而减少当期的现金和存款货币持有额。因此，可以认为现金余额说中隐含认为利率对货币需求有影响，将货币需求看作人们在不同利率情况下对不同资产的选择，这种选择的过程就用 K 来反映。

现金余额说对现代货币需求理论的产生有重要影响。它第一次把人们对货币需求的研究视角，从宏观领域转移到微观经济主体上，开创了从个人的资产选择角度来探讨货币求的分析方法，这也为以后凯恩斯的流动性偏好理论和三大货币需求动机的提出奠定了理论基础。同时，在分析过程中，它把货币作为一种资产，而不只是作为一个商品交易的工具进行研究，扩大了货币的职能范围。因而，剑桥方程式具有更大的解释能力。但对于公式 (7-3) 中 K 的具体数值大小，并未给出详细的运算过程和结果。

由上述分析可知，费雪方程式和剑桥方程式是两个意义大体相同的模型，但存在显著的差异。具体表现在以下三个方面：

（1）对货币需求分析的侧重点不同。费雪方程式强调货币的交易手段功能，侧重于商品交易量对货币的需求；剑桥方程式强调货币作为一种资产的功能，侧重于对收入保值增值的需求。

（2）费雪方程式把货币需求和支出流量联系在一起，重视货币支出的数量和速度，侧重于货币流量分析，所以费雪方程式也被称为现金交易说；剑桥方程式则是从用货币形式保有资产存量的角度考虑货币需求，重视存量占收入的比例，所以剑桥方程式也被称为现金余额说。

（3）两个方程式对货币需求的分析角度并强调决定货币需求的因素各有不同。费雪方程式是对货币需求的宏观分析，是从宏观角度用货币数量的变动来解释价格；剑桥方程式是从微观角度进行分析，认为人们对保有货币有一个满足程度的问题。

三、凯恩斯的货币需求理论

1936年,凯恩斯在《就业、利息和货币通论》中提出了他的货币需求理论。凯恩斯作为马歇尔、庇古的学生,继承了剑桥学派的研究方法,从资产选择角度来考察货币需求,并把它发展为一种权衡性的理论即流动性偏好理论。通过对人们持有货币的各类动机进行剖析,凯恩斯指出,实际货币需求不仅受实际收入水平影响,还与利率存在关联,这一结论首次明确了利率在货币金融理论体系中的关键作用。

凯恩斯货币需求理论的特点就在于对货币需求动机的分析。他认为人们的货币需求动机主要有三个:交易动机、预防动机和投机动机。

1. 交易动机

交易动机的货币需求,是指人们为了应付日常交易需要而产生的货币需求,是由货币的交易媒介职能而引出的一种需求。在此动机下,于个人而言,由于个人收入的获取与支出的发生在时间上存在非同步性,因此需持有一定数量的货币以保障日常生活开支的即时支付;对企业来说,为维持日常生产经营,也需保持相应现金余额以确保生产经营活动的连贯。一般情况下,交易动机产生的货币需求的数量主要由收入水平决定:收入数额越高、收入获取的时间间隔越长,交易动机产生的货币需求就越大。基于此,交易动机的货币需求可视为收入的递增函数。

2. 预防动机

预防动机的货币需求,是指经济主体为应对将来可能发生的意外状况支出而形成的货币持有需求。在此动机下,从个体层面看,可能是为了应对突发医疗支出、失业期间基本生活开支等未预见支出;从企业层面看,可能是把握未预见的有利采购机会等场景。基于此类潜在的意外情况,经济主体需在满足交易需求的货币持有量之外,额外保留一定货币余额。凯恩斯的研究表明,基于预防动机的货币需求具有相对稳定性,其规模主要受收入水平影响,同样属于收入的递增函数。

由于这两个动机所产生的货币需求均与收入存在相对稳定的关系,且都为收入的递增函数,所以可以用公式表示为:

$$M_1 = L_1(Y) \tag{7-4}$$

其中,M_1 代表满足交易动机和预防动机而需要的货币量,Y 代表收入,L_1 代表 Y 与 M_1 之间的函数关系。

3. 投机动机

投机动机的货币需求，是指因未来利率水平存在不确定性，经济主体为规避资本损失或获取收益，对资产结构进行即时调整而形成的货币持有需求。凯恩斯提出假设：经济主体仅能在货币与债券这两种资产形式中选择财富持有方式。由于债券价格与利率呈反向变动关系，因此当预期利率上升时，经济主体会出售债券转而持有货币，以便在债券价格下跌后以更低价格购入；当预期利率下降时，则会买入债券并减少货币持有，待未来债券价格上涨时高价售出以获利。

基于上述资产调整逻辑，凯恩斯认为：基于投机动机的货币需求与现实利率水平呈负相关，与预期利率升降呈正相关。具体而言，现实利率水平较高时，或经济主体预期利率将下降时，投机动机的货币需求会减少；现实利率水平较低时，或经济主体预期利率将上升时，投机动机的货币需求会增加。所以投机动机的货币需求函数表示为：

$$M_2 = L_2(i) \tag{7-5}$$

其中，M_2 代表满足投机动机而需要的货币量，i 代表利率，L_2 代表 i 与 M_2 之间的函数关系。

7-1 投机性货币需求

由于投机动机的货币需求与人们对未来利率的预期紧密相关，受心理预期等主观因素的影响较大，就产生了流动性偏好。所谓流动性偏好，是指人们宁愿持有流动性高但不能产生收益的货币，而不愿持有其他能产生收益但不易变现的资产这样一种心理倾向。凯恩斯用流动性偏好解释人们持有货币的需求，他认为货币流动性偏好是人们喜欢以货币形式保持一部分财富的愿望或动机。流动性偏好实际上表示了在不同利率下，人们对货币需求量的大小。而投机动机的货币需求随人们的心理状态经常变化莫测，甚至会走向极端，流动性陷阱就是这种极端现象的表现。所谓流动性陷阱是指这样一种现象：当一定时期的利率水平降低到不能再低时，人们就会预期将来利率会上升，债券价格会下跌，这时人们的货币需求弹性会变得无限大，即无论增加多少货币供给，都会被人们以货币形式储存起来（见图7-1）。

由于凯恩斯的货币需求表现为人们的流动性偏好，所以他用 L 表示流动性偏好，即货币需求函数。又由于交易动机和预防动机的货币需求都是收入的增函数，而投机动机的货币需求是

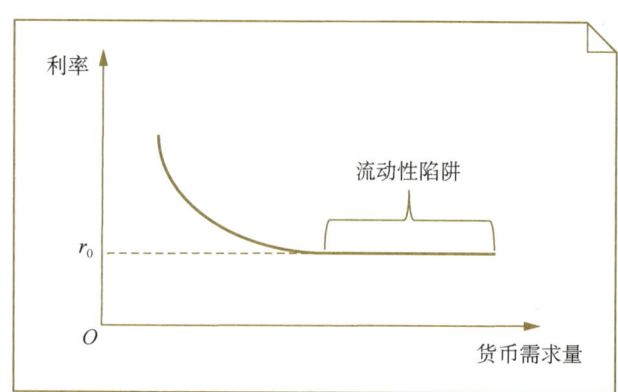

图7-1
凯恩斯的流动性陷阱

利率的递减函数。所以,凯恩斯的货币需求理论可用下列函数式来表示:

$$M = M_1 + M_2 = L_1(Y) + L_2(i) = L(Y, r) \quad (7-6)$$

从公式(7-6)看,货币总需求是由货币的交易需求、预防需求和投机需求三部分构成,由于它们出自不同的动机,因而分别受不同因素的制约,任意单项因素的波动都会引起货币总需求的变动,进而对经济体系产生影响。

7-2 凯恩斯的货币需求理论

四、弗里德曼的货币需求理论

1956年,美国芝加哥大学经济学教授米尔顿·弗里德曼发表《货币数量说的重新表述》一文,由此开启了货币需求理论研究的新视角。该理论受到传统货币数量论中现金余额数量说的启发,同时借鉴了凯恩斯对公众货币需求动机及影响因素的分析框架,并通过理论推演与实证检验相结合的研究路径,进一步深化微观层面的货币需求理论,提出了"新货币数量说"(又称"货币主义")。在弗里德曼看来,新货币数量说并非阐释产量、货币收入或物价水平的理论,而是探究货币需求由哪些因素决定的理论。此外,他延续了凯恩斯等学者将货币视为一种资产的核心观点,进而将货币需求行为界定为一种资产选择行为展开系统性分析。弗里德曼认为,货币需求应为个体拥有的资源及其他资产相对于货币的预期回报函数。其货币需求函数表述如下:

$$\frac{M_d}{P} = f\left(Y, w, r_m, r_b, r_e, \frac{1}{P} \times \frac{dP}{dt}, u\right) \quad (7-7)$$

其中,$\frac{M_d}{P}$表示实际货币需求量,Y表示名义恒久性收入,w表示非人力财富占总财富的比例,r_m表示货币的预期名义收益率,r_b表示固定收益的债券的预期收益率,r_e表示非固定收益的证券的利率,$\frac{1}{P} \times \frac{dP}{dt}$表示物价水平的预期变动率,$u$表示影响货币需求的其他因素。函数式(7-7)的左端为货币的实际需求量,右端是决定货币需求的各种因素,可以将这些因素分为三类进行详细分析。

(一)收入和财富

Y表示名义恒久性收入。弗里德曼认为,由于在现实中,总财富很难估算,但财富可以视为收入的资本化价值,所以可以用收入来代表财富的总额。而现期收入会受到年度经济波动的影响,所以可以用恒久性收入来计算。所谓恒久性收入,是弗里德曼分析货币需求时提出的一个概念,是预期未来收入的贴现值,可以理解为预期的长期平均收入。恒久性收入与货币需求呈正相关关系,即由总财富决定的恒久性收入越高,货币需求就越大。

w代表非人力财富占个人总财富的比例。弗里德曼把财富分为人力财富和非人力财富两类。人力财富指个人获得收入的能力,即人力资本;非人力财富即物质财富,指生产资料及其他物质财富。人力财富要转化为货币,会受到劳动力市场的供求状况等因素的制约,如失业时的人力财富就没有办法取得收入,而非人力财富则能够给人们带来较稳定的收入。所以,弗里德曼认为,非人力财富占个人总财富的比率与货币需求为负相关关系,即在总财富中非人力财富所占的比例越高,货币需求就越小,而人力财富所占的比例越高,出于谨慎动机的货币需求越大。

(二) 持有货币的机会成本

r_m、r_b、r_e和$\frac{1}{P} \times \frac{dP}{dt}$,在弗里德曼货币需求函数中统称为机会成本变量,即能够从这几个变量的相互变化关系中,衡量出持有货币的潜在收益或损失。弗里德曼认为,货币的名义报酬率r_m可能等于零,如持有现金,也能可能大于零,如持有存款,而其他的资产报酬率往往大于零。因此,其他资产的名义报酬率则是持有货币的机会成本变量。r_b代表债券的预期收益率,r_e代表非固定收益资产的收益率,如股票收益率,显然,债券和股票的收益率越高,持有货币的机会成本越大,货币需求量就越小。$\frac{1}{P} \times \frac{dP}{dt}$代表预期的物价变动率,同时也是保存实物的名义报酬率。物价变动率越高,货币需求量就越小。因为在物价变动率上升的条件下,人们会放弃货币购买商品,从而减少对货币的需求量。

(三) 持有货币给人们带来的效用

u代表在货币需求函数中反映人们对货币的主观偏好以及客观技术和制度等多种因素的综合变量。由于u是代表多种因素的综合变量,而且各因素对货币需求的影响方向并不一定相同,因此,他们可能从不同的方向对货币需求产生不同的影响。

弗里德曼的货币需求理论中自变量比凯恩斯的货币需求理论多。在弗里德曼的货币需求函数中,与货币需求呈正相关关系的有:恒久性收入、货币的预期收益率、人力财富占个人总财富的比重。与货币需求呈负相关关系的有:非人力财富占个人总财富的比例、债券的预期收益率、股票的预期收益率、价格的预期变动率。他通过实证研究的方法,进一步得出,恒久性收入对货币需求有重要作用,而货币需求对利率变化不敏感。恒久性收入的稳定性决定了其与货币需求量之间函数关系的稳定性,因而货币需求量也是相对稳定和可测的。这是弗里德曼的理论与凯恩斯的理论之间的主要差异。

由上述分析可知,凯恩斯与弗里德曼货币需求理论存在以下三个方面的差异:

(1) 资产选择范围不同。凯恩斯仅考虑货币和债券,弗里德曼的研究包括货币、证券、实物资产。

(2) 货币需求量的决定因素与稳定性不同。凯恩斯将持有货币的动机分成三种,收入、利率会分别对其产生影响。在短期内,决定货币需求的主要因素是利率,所以货币需求函数不稳定。弗里德曼认为恒久性收入才是决定货币需求的主要因素,所以货币需求函数是稳定的。

(3) 对宏观经济政策的选择不同。凯恩斯强调财政政策本身极具重要性,同时把原来在国家干预中居于统治地位的货币政策降低到辅助性工具的从属地位,对于货币政策采用"相机抉择"。弗里德曼的货币政策主张是建立在对私人经济内在稳定性,以及货币供给与名义收入之间的直接因果关系的坚定信念上的,因而他反对政府对经济的财政干预,并把货币政策目标限制在为私人经济提供安定的货币环境即实现物价稳定上,主张以"单一规则"为核心,保持货币政策的长期稳定性。

专栏7-1

中国货币需求之"1∶8"公式

20世纪60年代初,我国的经济学家们基于马克思的货币必要量公式对中国的货币需求问题进行了实证研究,得出了一个经典的"1∶8"公式。其具体含义是每8元零售商品供应需要1元的货币实现其流通。其公式为:

$$\frac{社会商品零售总额}{流通中货币量(现金)} = 8 \tag{7-8}$$

这里需要注意的是公式(7-8)的研究背景,即当时高度集中的计划经济体制。这一时期,无论是企业的生产经营还是居民、机关团体等的货币需求受制于严格的预算计划,中国的货币需求都是交易性货币需求,商品流通几乎成为决定货币需求的唯一重要因素。如果社会商品零售总额与流通中的货币量币值为8,说明货币流通正常,否则说明货币供应量不符合经济运行对货币的客观需求量。直到20世纪80年代初之前,这个著名的"1∶8"公式,成了马克思货币必要量原理在中国的具体化。

改革开放以来,市场供求状况大为好转,1982—1983年,这个比值变成了1∶6之下,"1∶8"公式已经不能再作为衡量货币流通正常与否的尺度了,究其原因主要是计划经济体制向市场经济体制的根本性变革对货币需求产生了重要的影响。

资料来源:李健.金融学[M].4版.北京:高等教育出版社,2022:404.

关键词

货币需求　名义货币需求　实际货币需求　费雪方程式　剑桥方程式　流动性偏好　交易动机　预防动机　投机动机　流动性陷阱　恒久性收入

本章小结

1. 货币需求是指经济主体(包括个人、企业和政府)在特定利率下放弃金融资产而持有货币的需求。货币需求是一种能力和愿望的统一体。现实中的货币需求不仅是对执行交易媒介和延期支付职能的货币需求,也包括对执行价值贮藏的需求。

2. 影响货币需求的因素包括:收入状况、物价水平、利率、信用的发达程度、技术手段和服务质量、社会保障的完善程度。

3. 主要的货币需求理论包括:马克思的货币需求理论、古典学派的货币需求理论、凯恩斯的货币需求理论及弗里德曼的货币需求理论。

4. 交易方程式将销售额与货币量联系起来。它表明在交易中发生的货币支付总额 MV 等于被交易的商品和服务总价值 PT。

5. 剑桥学派认为货币需求主要取决于人们选择以怎样的方式保有自己的资产。而且人们的选择过程相对来说有一定的稳定性,即可以用某个 K 表示。

6. 流动性偏好是指人们宁愿持有流动性高但不能产生收益的货币,而不愿持有其他能产生收益但不易变现的资产这样一种心理倾向。甚至在一些极端情况下,这种流动性偏好会变为流动性陷阱,当发生流动性陷阱时,货币政策会失灵。

7. 凯恩斯提出货币需求的三个动机:交易动机是指人们为了应付日常交易需要而产生的货币需求;预防动机是指人们为了应付可能突然发生的意外支出而产生的货币需求;投机动机是指人们为了捕捉投资的有利时机、赚取利润而产生的货币需求。

8. 弗里德曼采用微观经济理论中的消费者选择理论,深入分析了总财富水平、持有货币的机会成本、持有货币给人们带来的效用三类因素对货币需求的影响。弗里德曼强调恒久性收入对货币需求的决定性作用,弱化机会成本变量对货币需求的影响,在此基础上论证了货币需求具有相对稳定性的特点,从而为其货币政策主张奠定了理论基础。

学术前沿拓展

1. 刘超,李国成.数字金融发展会影响居民家庭货币需求吗?[J].经济评论,2022(01):48-65.
2. 张延群.财富效应、地区异质性与中国货币需求函数再估计[J].金融评论,2021,13(04):

23-35,124.

3. 战明华,等.金融创新如何影响了中国货币需求的流动性陷阱效应——来自金融理财产品的证据[J].财贸经济,2020,41(01):36-49.

习　题

一、单项选择题

1. 按照费雪方程式,如果一国货币总量为600,商品和劳务的交易总量为400,货币流通速度为2,则该国的平均价格水平为(　　)。
   A. 1.3　　　　　　B. 1.5　　　　　　C. 2　　　　　　D. 3

2. 费雪认为,短期内货币流通的速度、商品和服务的交易总量保持不变,所以,流通中货币数量的变化会引起(　　)水平的变化。
   A. 价格　　　　　B. 收入　　　　　C. 税率　　　　　D. 汇率

3. 从货币形式保有资产存量的角度分析货币需求,重视存量占收入比例的货币需求理论是(　　)。
   A. 剑桥方程式　　　　　　　　　　B. 费雪方程式
   C. 现金交易说　　　　　　　　　　D. 凯恩斯的货币需求函数

4. 关于费雪方程式和剑桥方程式差异的说法,错误的是(　　)。
   A. 费雪方程式侧重货币流量分析;剑桥方程式则是从用货币形式保有资产存量的角度考虑货币需求
   B. 费雪方程式属于传统货币数量论;剑桥方程式属于现代货币主义
   C. 费雪方程式强调货币的交易功能;剑桥方程式强调货币作为一种资产的功能
   D. 费雪方程式从宏观角度用货币数量的变动来解释价格;剑桥方程式从微观角度进行分析,认为人们对持有货币有一个满足程度的问题

5. 根据凯恩斯的货币需求理论,下列说法正确的是(　　)。
   A. 市场利率越低,交易动机的货币需求越大
   B. 市场利率越低,预防动机的货币需求越大
   C. 收入水平越低,交易动机的货币需求越大
   D. 市场利率越低,投机动机的货币需求越大

6. 凯恩斯认为,当利率极低时,人们会认为这种利率不太可能上升而只会下跌,从而选择持币在手这种现象称为(　　)。
   A. 流动性陷阱　　　B. 资产泡沫　　　C. 边际消费倾向　　　D. 交易动机陷阱

7. 在弗里德曼货币需求函数模型中,影响实际货币需求的机会成本变量是(　　)。
   A. 非人力财富占总财富比例　　　　　B. 资本品的转手量
   C. 恒久性收入　　　　　　　　　　　D. 股票的预期收益率

8. 关于凯恩斯的货币需求理论的说法,错误的是(　　)。
   A. 与弗里德曼的货币需求函数不同,凯恩斯的货币需求函数非常重视利率的主导作用
   B. 凯恩斯认为,货币需求量受未来利率不确定性的影响,因而是不稳定的
   C. 凯恩斯认为,货币政策应"相机行事"
   D. 在货币政策传导变量的选择上,凯恩斯主义认为应是货币供应量

9. 通常情况下,与货币需求量呈反方向变动关系的因素是(　　)。
   A. 利率　　　　　　　　　　　　　　B. 收入
   C. 物价水平　　　　　　　　　　　　D. 待售商品数量

10. 在决定货币需求的各个因素中,收入水平的高低和收入获取时间长短对货币需求的影响分别是(　　)。
    A. 正相关,正相关　　B. 负相关,负相关　　C. 正相关,负相关　　D. 负相关,正相关

11. 提出现金交易说的经济学家是(　　)。
    A. 凯恩斯　　　　　　B. 马歇尔　　　　　　C. 费雪　　　　　　　D. 庇古

12. 根据凯恩斯流动性偏好理论,当预期将来利率上升时,现在人们会(　　)。
    A. 抛售债券而持有货币　　　　　　　B. 抛出货币而持有债券
    C. 只持有股票　　　　　　　　　　　D. 只持有商品

13. 凯恩斯定义的交易动机下持有货币的原因不包括(　　)。
    A. 日常购买　　　　　B. 支付工资　　　　　C. 投机活动　　　　　D. 支付房租

14. 如果经济中的实际收入增加,而货币供应保持不变,根据现代货币数量论,我们可以预期(　　)。
    A. 货币流通速度会增加　　　　　　　B. 货币流通速度会减少
    C. 价格水平会上升　　　　　　　　　D. 价格水平会下降

15. 在弗里德曼的现代货币数量论中,对货币需求的影响最为稳定的因素是(　　)。
    A. 利率水平　　　　　　　　　　　　B. 实际收入
    C. 价格水平　　　　　　　　　　　　D. 货币的预期通货膨胀率

16. 货币需求曲线向右下方倾斜表明了(　　)。
    A. 随着利率的升高,货币需求量也升高　　B. 随着利率的升高,货币需求量降低
    C. 货币需求与利率无关　　　　　　　　　D. 货币需求只受收入水平影响

17. 弗里德曼的现代货币数量论强调的实际余额需求与(　　)因素无关。
    A. 实际收入　　　　　　　　　　　　B. 持有货币的机会成本
    C. 个人财富　　　　　　　　　　　　D. 未来收入的预期

18. 在货币需求理论中,费雪方程式认为,货币支付总额等于被交易的商品和服务总价值,短期内商品和服务交易总量及(　　)保持不变。
    A. 物价水平　　　　　　　　　　　　B. 持久收入
    C. 货币存量　　　　　　　　　　　　D. 货币流通速度
19. 在货币数量论的货币需求理论中,认为货币支付总额等于被交易的商品和服务总价值,特别重视货币支出的数量和速度的理论是(　　)。
    A. 现金余额说　　　　　　　　　　　B. 费雪方程式
    C. 剑桥方程式　　　　　　　　　　　D. 凯恩斯的货币需求函数
20. 若一国货币一年周转4次,去年该国共生产商品10 000亿元,今年物价上涨5%,生产商品数量不变,则该国当年执行流通手段职能的货币必要量为(　　)。
    A. 2 625亿元　　　B. 2 500亿元　　　C. 2 375亿元　　　D. 2 000亿元

二、多项选择题

1. 根据凯恩斯货币需求理论,取决于收入Y的货币需求动机有(　　)。
    A. 保值动机　　　B. 投机动机　　　C. 享受动机　　　D. 预防动机
    E. 交易动机
2. 凯恩斯主义把人们持有货币的三个动机划分为两类需求,即(　　)。
    A. 对消费品的需求　　　　　　　　　B. 对投资品的需求
    C. 对奢侈品的需求　　　　　　　　　D. 对保险品的需求
    E. 对资本品的需求
3. 根据弗里德曼的货币需求理论,与货币需求呈负相关的因素有(　　)。
    A. 恒久性收入　　　　　　　　　　　B. 货币的预期收益率
    C. 股票的预期收益率　　　　　　　　D. 非人力财富占总财富的比例
    E. 价格的预期变动率
4. 根据凯恩斯的流动性偏好理论,投资者可能倾向于卖出债券的情况包括(　　)。
    A. 预期未来利率上升　　　　　　　　B. 预期未来通货膨胀率下降
    C. 当前利率水平较高　　　　　　　　D. 当前利率水平较低
5. 根据现代货币数量论,与货币需求呈正相关的包括(　　)。
    A. 实际收入　　　　　　　　　　　　B. 持有货币的机会成本
    C. 预期通货膨胀率　　　　　　　　　D. 财富水平
6. 关于弗里德曼货币需求理论的说法,正确的有(　　)。
    A. 货币需求是不稳定的　　　　　　　B. 强调利率对货币需求量的影响
    C. 主张货币政策应"相机抉择"　　　 D. 货币供应量是最重要的政策变量
    E. "恒久性收入"决定消费者的消费支出

7. 下列关于货币需求的说法中,正确的有(   )。
   A. 货币需求是一种主观需求　　　　　　　B. 货币需求是一种客观需求
   C. 货币需求是一种有效需求　　　　　　　D. 货币需求是一种派生需求
   E. 货币需求是一种经济需求
8. 下列关于货币流通规律的说法中,错误的是(   )。
   A. 物价水平同货币需求呈反比　　　　　　B. 货币流通速度同货币需求呈正比
   C. 社会商品可供量同货币需求呈正比　　　D. 物价水平不影响货币需求
9. 凯恩斯的继承者对其货币需求理论的发展与所做的修正包括(   )。
   A. 交易性货币需求也是利率的反函数
   B. 回避风险是人们选择以货币形式持有自己的一部分财富的动机之一
   C. 预防性货币需求也是利率的反函数
   D. 即使债券的收益率上升,人们也要同时持有货币与债券两种资产
10. 货币需求是指一定时间内,一定条件下,整个社会需要用于执行(   )的货币数量。
    A. 交易媒介　　　　B. 支付手段　　　　C. 价值尺度　　　　D. 价值贮藏

三、判断题

1. 现实中的货币需求仅仅是指对现金的需求。　　　　　　　　　　　　　　　　(   )
2. 马克思的货币需求理论以不兑现的信用货币流通为假设前提,认为在一定时期内执行流通手段职能的货币必要量与商品价格总额成反比,与货币流通速度成正比。(   )
3. 费雪方程式、剑桥方程式、马克思的货币必要量公式、凯恩斯的货币需求函数式、弗里德曼的货币需求函数式都是从微观角度构建的货币需求理论。　　　　　　(   )
4. 剑桥方程与费雪方程的不同之点在于是从宏观还是微观出发研究问题上不同,以及强调货币的职能上不同。　　　　　　　　　　　　　　　　　　　　　　　(   )
5. 费雪方程式认为货币量决定物价水平。　　　　　　　　　　　　　　　　　　(   )
6. 马克思认为,一定时期流通中的货币需求量取决于商品数量和货币流通速度。(   )
7. 根据凯恩斯的"流动性偏好"理论,作为货币需求的三个动机之一的投机动机是国民收入的正相关函数。　　　　　　　　　　　　　　　　　　　　　　　　　(   )
8. 在剑桥方程式中,K为以货币形式持有的收入与财富占总收入与总财富的比例。(   )
9. 凯恩斯的货币需求理论研究的是实际货币需求。　　　　　　　　　　　　　　(   )
10. 传统的货币数量说主要是价格水平学说,将货币数量与价格水平直接联系起来。(   )

四、问答题

1. 现金交易说和现金余额说有哪些异同点?
2. 凯恩斯货币需求理论的主要内容是什么?

3. 根据凯恩斯的观点,投机动机是如何影响货币需求的?
4. 弗里德曼货币需求理论的主要内容是什么?
5. 什么是货币的机会成本?它是如何影响个人和企业持有货币的决策的?

 参 考 文 献

1. 李健.金融学[M].4版.北京:高等教育出版社,2022.
2. 黄达,张杰.金融学[M].5版.北京:中国人民大学出版社,2019.
3. 吴军梅.金融学[M].3版.厦门:厦门大学出版社,2020.
4. 万解秋.货币银行学通论[M].4版.上海:复旦大学出版社,2023.
5. [美]弗雷德里克·S.米什金.货币金融学[M].13版.王芳,译.北京:中国人民大学出版社,2024.
6. 曹龙骐.金融学[M].6版.北京:高等教育出版社,2019.
7. 戴国强,柳永明.货币金融学[M].5版.上海:上海财经大学出版社,2023.
8. 刘超,李国成.数字金融发展会影响居民家庭货币需求吗?[J].经济评论,2022(01):48-65.
9. 张延群.财富效应、地区异质性与中国货币需求函数再估计[J].金融评论,2021,13(04):23-35,124.
10. 战明华,等.金融创新如何影响了中国货币需求的流动性陷阱效应——来自金融理财产品的证据[J].财贸经济,2020,41(01):36-49.

第八章 货币供给

在现代金融体系中，货币供给是核心要素之一，其运行机制与调控策略对经济运行产生深远影响。货币供给的规模与结构，不仅决定了市场中流动性的充裕程度，还与物价水平、经济增长、就业状况等诸多宏观经济变量紧密相连。深入剖析货币供给的内涵、机制与理论，对于理解金融与经济的互动关系至关重要。本章将围绕货币供给概述、货币供给机制以及货币供给理论展开系统性探讨，揭示货币供给的运行规律，为理解金融体系的运作提供关键视角。

学习目标

1. 理解货币供给的含义，熟悉货币的层次划分；
2. 掌握货币供给模型；
3. 理解并掌握货币供给的机制；
4. 熟悉主要的货币供给理论；
5. 引导学生认识货币供给的合理调控对于维护经济稳定、促进经济增长的重要性。

思维导图

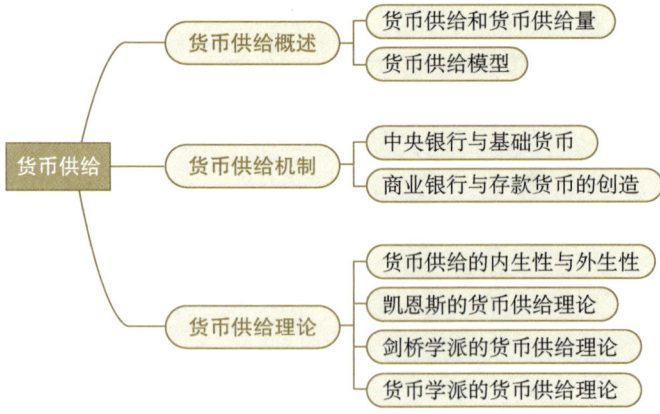

第一节 | 货币供给概述

一、货币供给和货币供给量

（一）货币供给与货币供给量的含义

货币供给是指国家或地区的银行体系向经济体投入、创造、扩张（或收缩）货币的经济过程。货币供给是相对于货币需求而言的，它包括货币供给和货币供给量两个方面。

（1）货币供给是指银行体系通过自己的业务活动向社会生产生活领域提供货币的全过程，包括商业银行通过派生存款机制向流通领域供给货币的过程和中央银行通过调节基础货币量而影响货币供给的过程，研究的是货币供给的原理和机制。

（2）货币供给量是指银行系统根据货币需求量，通过其资金运用，注入流通中的货币量。在信用货币流通条件下，货币供给量主要包括现金和存款货币两个部分：其中现金是由中央银行直接供给的，表现为中央银行的负债；存款货币则是由商业银行供给的，体现为商业银行的存款性负债。所以，货币供给量是一个存量的概念，即一个国家在某一时点上实际存在的货币总量。

虽然货币供给和货币供给量是有区别的，货币供给是一种行为或过程，而货币供给量是货币的存量，但在不影响理解的前提下人们常常把货币供给量简单地称为货币供给。

（二）名义货币供给量与实际货币供给量

货币供给量又可分为名义货币供给量和实际货币供给量，名义货币供给量是指一定时点上不考虑物价因素影响的货币存量，通常用 M_s 表示，实际货币供给量是指剔除物价因素之后的一定时点上的货币存量，通常用 $\frac{M_s}{P}$ 表示。人们通常所说的货币供给量一般都是名义货币供给量。如果一国的物价水平长期比较稳定，仅分析名义货币供给量问题不大，但是，如果一国正经历着物价水平的剧烈波动，只分析名义货币供给的变动可能会导致错误判断经济形势和错误选择货币政策。

（三）货币供给量的层次划分

在货币供给量的构成方面，大多数经济学家主张以流动性为标准划分货币层次，从而形成了 M_0、M_1、M_2、M_3 等层次，其中，M_0 的流动性最强，随着层次增加，流动性逐渐减弱。这种分类方法已为大多数西方国家的政府所接受，各国的中央银行，都用多层次或多口径的方法来计算和定期公布货币供给量。由于各国金融工具和金融法规的差异，广义货币供给量的指标也不尽相同。综合各国的情况，货币供给量大致划分如下：

M_1 = 流通中的现金（M_0）+ 支票存款（以及转账信用卡存款）

$M_2 = M_1$ + 定期存款（包括储蓄存款）

$M_3 = M_2$ + 其他短期流动资产（如国库券、银行承兑汇票、商业票据等）

当然，具体到各国的货币层次划分在此基础上又各有不同。例如，美联邦储公布四个层次的货币供给量指标，具体包括：

$M_1 = M_0$ + 旅行支票 + 活期存款 + 其他支票存款（如NOW，即可转让支付命令账户）

$M_2 = M_1$ + 储蓄存款（含货币市场存款账户）+ 小额（10万美元以下）定期存款（含零售回购协议）+ 零售货币市场共同基金余额（最低初始投资在5万美元以下）+ 调整项

$M_3 = M_2$ + 大额（10万美元以上）定期存款 + 机构持有的货币市场共同基金余额（最低初始投资在5万美元以上）+ 所有存款机构发行的回购负债（隔夜的和定期的）+ 欧洲美元（隔夜的和定期的）+ 调整项

L = M_3 + 其他短期流动资产（如储蓄债券、商业票据、银行承兑票据、短期政府债券等）

我国从1984年开始探讨对货币供给层次的划分，并于1994年第三季度开始正式按季公布货币供给量的统计监测指标。按照国际货币基金组织的要求，现阶段我国货币供给量划分为如下三个层次：

M_0 = 流通中的现金（含数字人民币）

$M_1 = M_0$ + 活期存款

$M_2 = M_1$ + 定期存款 + 储蓄存款 + 其他存款 + 证券公司客户保证金

其中，M_1 为狭义货币供给量，M_2 为广义货币供给量。通过观察不同层次的货币供给量变化，我们可以了解市场货币流动性的状况，从而对经济变化趋势做出判断。例如，如果 M_1 的增长速度超过 M_2，可能意味着短期内市场上的流动性增强，消费和投资活动可能会增加，这可能会导致经济增长加速或通货膨胀压力上升。根据中国人民银行发布的《中国货币政策执行报告（2023年第四季度）》，2023年末，广义货币供给量（M_2）余额为292.3万亿元，同比增长9.7%。狭义货币供给量（M_1）余额为68.1万亿元，同比增长1.3%。流通中货币（M_0）余额为11.3万亿元，同比增长8.3%。全年现金净投放8 815亿元,同比少投放5 047亿元。

但是在各国的货币口径中,只有流通中的现金M_0和M_1这两项大体一致。流通中的现金,反映了市场上最具流动性的货币供给量。这部分货币可以随时用于交易和支付,是最基本的货币形态;M_1都是指现金与活期存款这两者之和,在我国称为狭义货币。除此之外,由于各国的经济情况、银行业务名称不同,同一名称的业务内容也都不一样,因而其采用的口径系列及同一口径符号包含的内容也各不相同。比如美联储公布M_1和M_2的数字,英格兰银行公布纸币、铸币和各银行在英格兰银行的储备存款余额与M_4的数字等。我国之所以与其他许多国家不同,把现金单列为第一个层次,主要是因为在我国以活期存款为依据签发的支票和银行卡的使用范围还存在一定程度的局限性,因而与发达的市场经济国家相比,其流动性明显低于现金。而现金,尤其是居民手中的现金,在我国的今天,由于其支用最为方便,依然是最活跃的购买力。

8-1 货币供给

8-2 货币供给量

专栏8-1

我国货币总量突破300万亿元意味着什么?

中国人民银行公布的最新数据显示,2024年3月末,我国广义货币也就是常说的M_2的余额突破了300万亿元。针对300万亿元的货币总量,有一些观点认为,这是中国货币超发的结果,未来还可能引发通货膨胀,那么,事实是怎样的呢?记者采访了多家机构的研究人员,来看看他们的观点。

1. 300万亿元货币总量怎么看?

招联首席研究员董希淼:我国并不存在货币超发问题。一些人仍然将货币等同于现金,简单地认为货币是央行印发的,是央行的负债,并不准确。在我国对货币供应量产生直接影响的主要是商业银行的信贷投放,而不是中央银行的现金投放。

中国民生银行首席经济学家温彬:我们始终坚持稳健的货币政策,不会大水漫灌,所以这些年我们看到,整体的货币供应和经济增长的需求,实体经济的需求还是相匹配的。要看货币是否存在"超发",还要看通货膨胀率,也就是看物价水平。过去10年,我国的居民消费价格指数常年徘徊在2%~3%,尤其是最近3年,已经持续在2%以下的水平。从未来的趋势看,也不会引发通胀。

东方金诚首席宏观分析师王青:尽管300万亿元的M_2(广义货币)规模很大,但在我国不会因此引发高通胀的现象。我们宏观调控一个重点就是要管住货币总闸门,严防货币超发引发高通胀。当前物价水平偏低的背景下,政策面的重点是在强调将M_2(广义货币)增速控制在实际经济增速和目标物价涨幅之和的附近,推动物价水平温和回升。

中国首席经济学家论坛理事长连平:这种状况(通货膨胀)在中国显然没有出现,我们目前的物价水平还是属于是比较低的。CPI(居民消费价格指数)目前总体向好,估计全年可能也不过就是1%

多一点,明显低于国家所确定的3%的目标。

2. 对中国经济有何影响?

在采访中,这些机构的研究人员一致认为,中国货币没有超发、没有大水漫灌。那这300万亿元的规模意味着什么呢?对中国经济有何影响呢?要想读懂这300万亿元,首先我们要知道什么是广义货币M_2。简单说,广义货币,包括流通中的现金,以及居民和企业的活期存款、定期存款、储蓄存款等,是指一个国家或地区的总货币供给量。而这当中,居民和企业的各类存款占了绝大多数。

兴业银行首席经济学家鲁政委:占比最大的是老百姓,是居民的存款,占整个M_2的比例(约)47%。在过去的30年里,这一部分出现了数个百分点的上升。那这表明,其实在我们的发展的过程当中,更多的经济发展成果惠及老百姓,老百姓的财富有明显增长。广义货币中占大头的是存款,而存款和贷款有着密不可分的关系。货币总量增加的背后是经济规模的扩张。

东方金诚首席宏观分析师王青:比如一个企业在银行取得了贷款,它拿这个贷款进行经营,最终会转化成企业职工收入,转化成存款。如果它进行投资,这些钱流入其他企业,也就是销售设备(材料)的企业的存款。因此各类贷款的增加就会推动存款的同步上升。

中国民生银行首席经济学家温彬:因此在整个信贷投放、信用扩大过程中,肯定会在支持实际经济快速发展的同时,也会导致货币总量规模的扩大。这个也反映,整个经济还是更加聚焦在实体经济领域。归根到底,货币供应量的增加,对应的是经济发展。近年来,中国一直是全球经济增长较快的国家之一,我国经济总量已经达到了126万亿元,货币供应量的合理增长,为经济发展提供了坚实支撑。

招联首席研究员董希淼:广义货币M_2突破300万亿元,只是M_2在保持合理增速的基础上,突破了某一个整数点,并不表明货币政策发生转向,也不是货币供应量过多,无需过度关注。

资料来源:我国货币总量突破300万亿元意味着什么?专家解读[N].央视新闻,2024-04-13.

二、货币供给模型

在现代信用货币制度下,货币供给受到多种因素的影响和制约,是一个复杂的过程,一般涉及中央银行、商业银行、存款人和借款人四个行为主体。经过长期的研究,经济学家总结出了一个被广泛接受的货币供给基本模型:

$$M_s = B \times m \tag{8-1}$$

其中,M_s为货币供给量,B为基础货币,m为货币乘数。货币乘数是货币供给量对基础货币的倍数关系,即基础货币每增加或减少一个单位所引起的货币供给量增加或减少的倍数。该模型表明,货币供给量是基础货币与货币乘数的乘积,且货币供给量与基础货币和货币乘数均为正相关关系。

在货币供给的过程中起决定性作用的是银行体系,与中央银行和商业银行的资产负债活动密切相关。所以,货币供给的过程可分为两个环节:一是由中央银行提供基础货币,二是由商业银行创造存款货币。在实行中央银行制度的金融市场中，货币供给量是通过中央银行提供基础货币和商业银行创造存款货币而注入流通领域的。在这两个环节中，由于银行存款是货币供给量中最大的组成部分，因此，了解存款货币如何被创造出来是研究货币供给过程的重要内容。但商业银行创造存款货币的基础是中央银行提供的基础货币，并且存款创造过程始终受制于中央银行，因此，中央银行在整个货币供给过程中始终居于核心地位。

第二节 货币供给机制

一、中央银行与基础货币

（一）基础货币的定义

基础货币，也称高能货币、强力货币，具有使货币供给总量成倍放大或缩小的能力，是银行体系进行信用创造的基础和源泉。基础货币通常是指流通中的现金和商业银行在中央银行的存款准备金之和，用公式可以表示为：

$$B = C + R \qquad (8-2)$$

其中，B代表基础货币，C代表流通中的现金，R代表商业银行在中央银行的存款准备金。

流通中的现金作为中央银行的负债，由中央银行掌控其发行程序、管理技术等。准备金存款是中央银行的负债，包括法定存款准备金和超额准备金两个部分。法定存款准备金指的是商业银行依据法律规定，必须在中央银行留存的、针对自身吸收存款的最低额度准备金，用于保障商业银行的存款支付和资金清算时能及时调用资金。其占比（即法定存款准备金率）由中央银行确定，法定存款准备金率越高，商业银行需缴存的存款比例就越大，可投入市场流通的货币量就会相应减少。商业银行除法定存款准备金外，还会保留一定的超额准备金，即超出法定要求的部分，其与存款总额的比例称为超额准备金率。超额准备金率的大小由各商业银行根据自身经营情况自行安排。

因此，从基础货币的构成看，流通中的现金与商业银行存放在中央银行的准备金存款，共同构成了中央银行的负债项目。中央银行能够通过调整自身资产负债表的规模与结构来调控基础货币总量。

(二)中央银行对基础货币的影响

基础货币是整个货币供应过程的起点,虽然基础货币在数量上并不等同于货币供应量,但它决定着流通中现金的规模,并影响商业银行通过存款创造派生存款的能力。从中央银行的资产负债表科目来看,基础货币数量为其货币性负债的总额,因此,中央银行对基础货币的调控是通过调整自身资产负债项目的规模与结构实现的。具体机制体现在以下几个方面。

1. 中央银行对金融机构债权的变动

中央银行对金融机构的债权,主要通过再贴现、再贷款、逆回购等货币政策工具形成,是影响基础货币的核心因素。当中央银行扩大对金融机构的债权,如增加再贴现额度、开展逆回购操作时,金融机构可获得更多资金用于信贷投放,这一过程会增加商业银行的超额准备金,进而推动基础货币扩张;反之,若中央银行缩减对金融机构的债权,如收回再贷款,则会减少商业银行可支配资金,导致基础货币收缩。

2. 中央银行对政府债权净额的变动

中央银行对政府的债权净额,即对政府债权与债务的差额,其变动可以从两方面影响基础货币数量。一是通过交易公开市场业务中的买卖政府债券,当中央银行买入政府债券时,资金将转入商业银行准备金账户,基础货币随之增加,当中央银行卖出政府债券时,商业银行需动用准备金支付,基础货币相应减少。这一操作是中央银行主动调控货币供应量的重要手段。二是通过对政府的直接透支或贷款,中央银行向政府提供透支时,会直接增加基础货币投放。但此类操作可能干扰货币政策独立性、影响经济稳定,因此各国中央银行通常对其严格限制,以维护货币调控的严肃性。

3. 中央银行对国外资产和负债的变动

国外净资产是中央银行持有的外汇、黄金及在国际金融机构净资产的总和。当中央银行在市场上买入外汇或黄金时,需投放基础货币作为支付手段,导致基础货币数量增加;当卖出外汇或黄金时,则会收回基础货币,导致其减少。这一过程的主动性受汇率制度影响显著。在浮动汇率制度下,中央银行可根据政策目标主动调整国外净资产规模,基础货币投放具有较强主动权,而在固定汇率制度下,中央银行为维持汇率稳定需被动干预外汇市场,如当市场上外汇供过于求时需买入外汇,此时国外净资产变动对基础货币的影响具有被动性。

4. 中央银行对其他项目净额的变动

其他项目净额主要包括中央银行固定资产增减、清算过程中应收应付款项变动等。如由于固定资产购置导致中央银行资金占用上升,则可能减少基础货币数量。尽管此类项目对基础货币的影响通常小于前三项,但仍

8-3 基础货币

是分析基础货币变动时需考虑的补充因素。

（三）货币乘数及其决定变量

由上述分析可知,基础货币在受到货币乘数作用后会形成货币供给的过程,这个货币供给量由现金 C 和存款总额 D 构成,如图8-1所示。

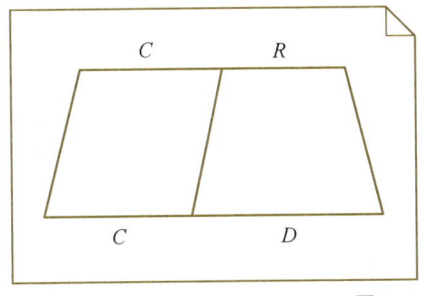

图8-1 基础货币与货币供给量的关系

基于公式 $M_s = C + D$、$M_s = B \times m$ 和 $B = C + R$ 可以发现基础货币、货币乘数和货币供给量的关系如下:

$$m = \frac{M_s}{B} = \frac{C+D}{C+R} \quad (8-3)$$

式(8-3)的分子分母同除以 D,可得:

$$m = \frac{\frac{C}{D}+1}{\frac{C}{D}+\frac{R}{D}} \quad (8-4)$$

式(8-4)中,$\frac{C}{D}$ 为通货-存款比率,即流通中的现金与商业银行存款的比率,$\frac{R}{D}$ 为准备-存款比率,即存款准备金率。这两个比率决定了货币乘数,货币供给量则是基础货币和货币乘数的乘积。

8-4 货币乘数

通货-存款比率是衡量居民与企业持币行为的核心指标,本质上反映了货币流通中的现金漏损程度,该比率的高低由多重因素共同决定,包括经济货币化水平、居民收入水平、对通货膨胀的预期和持有货币的机会成本等。经济货币化水平越高,社会支付习惯越现代化,即非现金支付场景越丰富,现金持有需求就越低;居民收入水平提升可能提高现金持有规模,而储蓄倾向增强通常伴随现金持有比例下降;居民与企业对通货膨胀的担忧可能促使公众增加现金持有以规避资产缩水;持有现金的机会成本,如存款利率越高,通货-存款比率往往越低。由于这些因素主要受微观经济主体行为决策影响,中央银行难以直接对通货-存款比率实施有效调控。

准备-存款比率是指商业银行持有的法定存款准备金与超额准备金之和占其全部存款的比重,该比率的形成机制体现了中央银行与商业银行的权责划分。其中法定存款准备金部分由中央银行通过制定并调整法定存款准备金率直接决定,因此,中央银行对准备-存款比率具有部分调控能力。

二、商业银行与存款货币的创造

在信用货币制度下,存款货币是货币供给量中最大的组成部分。存款创造主要是商业银行通过吸收存款、发放贷款、办理结算等业务活动的开展,为社会提供更多的支付手段和交易媒介的一种功能。具体表现为商业银行以原始存款为基础、在银行体系中繁衍出数倍于原始存款的派生存款。

(一) 商业银行创造存款货币的过程

发达的信用制度是银行扩张信用的基础,在现代银行体系中,非现金的结算方式被广泛使用,商业银行发放贷款一般不需要以现金形式支付,而是把贷款转入借款企业在银行的存款账户,而后由企业通过转账支付的方式使用贷款。因此,一家银行贷款数额的增加,也会引起另一家银行存款数额的增加,这就产生了存款的创造。

在这个过程中,有两个基础概念:原始存款和派生存款。原始存款一般是指商业银行接受的客户以现金方式存入的存款。派生存款是指由商业银行发放贷款、办理贴现或投资等业务活动产生的存款。派生存款产生的过程,就是商业银行不断吸收存款、发放贷款、形成新的存款,最终导致银行体系存款总量增加的过程。

下面以规定10%的法定存款准备金率举例说明。现假定A公司将1 000万元现金存入甲银行,甲银行根据法定存款准备金率的要求,将其中100万元缴存中央银行,剩下的900万元可以用于发放贷款,贷给B公司。B公司获取这笔贷款以后,当到达支付日期时,会向C公司支付购货款。如果C公司在乙银行开户,那么,这900万元购货款将存入C公司在乙银行的存款账户。此时,乙银行又可以用这新增加的900万元存款创造信用,再按要求缴存90万元作为法定存款准备金后,将余下的810万元向别的客户发放贷款。在这个过程中,最初A公司的1 000万元现金即为原始存款,中间产生的900万元和810万元即为派生存款。具体如表8-1所示。

表8-1 商业银行存款货币扩张过程示意表　　　　单位:万元

银行	原始存款	派生存款	贷款	法定存款准备金
甲银行	1 000		900	100
乙银行		900	810	90
丙银行		810	729	81
……		……	……	……
合计	1 000	9 000	9 000	1 000

同时，存款货币创造需要具备的两个基本前提：部分准备金制度和部分现金提取。部分准备金制度是指银行只需保留一部分存款作为准备金，其余部分可用于发放贷款或投资的制度。这种制度允许银行通过贷款活动来创造新的存款，因为当银行贷款时，贷款接收者通常会将这笔钱存入银行，从而增加了银行的存款总额。部分现金提取是指存款人不会一次性提取全部存款，而是只提取一部分。这样，银行就能保持一部分资金用于新的贷款发放，进一步促进了存款的创造。这两个前提共同构成了现代银行体系下货币供应量能够得以扩张的基础。在实际操作中，这意味着银行可以通过贷款活动来增加经济中的货币供应量，而不是仅仅依赖于中央银行发行的现金。这种机制有助于满足经济发展过程中对货币的需求，同时也是现代金融体系中货币政策传导的重要环节。

（二）商业银行创造存款货币的主要制约因素

在上述例子中，商业银行以原始存款为基础发放贷款，通过转账支付又会创造出新的派生存款，并且派生存款的数量会越来越多。但是，派生存款并不是无限增加的，它的数量受到四个方面因素的制约。

1. 法定存款准备金率

在现代金融体制下，世界各国均实行法定存款准备金制度。它不仅是商业银行创造存款的前提条件和制约因素，也是有效防范和化解银行危机的制度性安排。法定存款准备金占全部存款的比率就是法定存款准备金率。法定存款准备金率的高低与商业银行创造存款货币的能力是负相关的。因为法定存款准备金率越高，商业银行向中央银行缴纳的法定存款准备金就越多，而法定存款准备金存放于中央银行，不能被商业银行用来发放贷款，所以法定存款准备金率是制约存款派生规模的一个重要因素。另外，当某个国家对定期存款和活期存款分别规定不同的法定存款准备金率时，两种存款之间的比率也将通过影响法定存款准备金的提缴额进而制约存款货币的派生规模。因为和定期存款相比，活期存款提现的不确定性比较大，各国中央银行往往会将定期存款的法定存款准备金率设置得比活期存款的低。这样即便在法定存款准备金率不变的情况下，定期存款与活期存款之间比率的改变也会引起实际存款创造的过程。一般情况下，当定期存款对活期存款比率上升，意味着平均法定存款准备金率就比较低，存款货币的多倍创造效应就大；反之，存款货币的多倍创造效应就小。

2. 超额准备金率

由于法定存款准备金商业银行不能动用，为了满足运营中的现金提取、支付清算、资产运用等需要，商业银行实际持有更多的准备金，这部分超过法定存款准备金要求而另外保留的准备金称为超额准备金。超额准备金的主要存在形式：一是在中央银行账户上超过法定存款准备金的存款；二是商业银行业务库中的库存现金。超额准备金占各项存款的比率就是超额准备金率。商业银行的超额准备金与商业银行可贷资金量之间具有此消彼长的关系。某银行的超额准备金越多，可贷资金就越少，存款派生的能力就越小。因此，在存款创造过程中超额准备金率与法定存款准备金率起着完全相同的作用，即超额准备金率的高低与商业银行创造存款货币的能力是负相关的。但是超额准备金率的确定是各商业银行在自身安全性、流动性和盈利性之间权衡的结果，因为超额准备金越多，意味着商业银行安全性较高盈利性较低，各商业银行确定超额准备金率时需要进行综合权衡，最终的超额准备金率也可能不一样，并非完全由中央银行控制。

3. 现金漏损率

现金漏损率是指流通中现金与银行活期存款的比率。这也是影响存款扩张倍数的一个重要因素。在现实生活中，存款客户经常会或多或少地从银行提取现金，从而使部分现金流出银行系统，出现所谓的现金漏损。一般来说，影响现金漏损率的因素有公众的支付习惯、金融市场的发达程度、社会大众可支配收入水平的高低、大众对通货膨胀的预期、市场利率水平等，其影响变化机制与通货-存款率类似。不管是由何种原因引起的，这些漏损出去的现金都不再参与存款货币的创造过程。现金漏损越多，银行可用于发放贷款的资金就越少，派生的存款也会相应减少，所以提现率也是制约存款派生规模的一个因素。提现率的高低关系着商业银行收缩或扩张信用的能力。提现率与派生存款规模呈负相关关系。

4. 客户对贷款的需求和银行对贷款的限制

商业银行之所以能够实现存款货币的多倍创造，关键在于其可将吸收的存款通过贷款的形式投放出去。因此，理论上说，在其他影响因素相同的情况下，客户对贷款的需求程度越高，商业银行进行存款创造的能力就越强；反之，在经济周期处于低谷阶段时，由于客户对贷款的需求会显著下降，商业银行的贷款可能面临发放困难，派生存款的生成也会受阻。但是，在实际业务过程中，商业银行有时存在从自身经营角度出发，不将全部可用资金用于发放贷款，甚至会对贷款设置各类限制条件的情况。所以，这类影响因素通常难以通过具体的数字比率进行量化，在存款创造过程的存款乘数计算中，一般不会将其纳入考量范围。

以上因素影响商业银行存款创造的过程举例如下：下面以规定10%的法定存款准备金率、5%的超额准备金率、5%的现金漏损率举例说明。现假定A公司将1 000万元现金存入甲银行，甲银行根据法定存款准备金率的要求，将其中100万元缴存中央银行，另按照5%的超额准备金率就该笔原始存款再多上缴50万元至中央银行,剩下的850万元中,又被其他客户以现金的方式提取了50万元,因此剩下800万元可以用于发放贷款,贷给B公司。B公司支付货款给C公司后存款派生的过程类似表8-1的案例,最终形成表8-2的过程。

表8-2 商业银行存款货币扩张过程示意表　　　　　单位:万元

银行	原始存款	派生存款	贷款	法定存款准备金	超额准备金	现金漏损
甲银行	1 000		800	100	50	50
乙银行		800	640	80	40	40
丙银行		640	512	64	32	32
丁银行		512	409.6	51.2	25.6	25.6
……		……	……	……	……	……
合计	1 000	4 000	4 000	500	250	250

(三)存款乘数

由表8-1可见,经过商业银行体系连续不断的存款、贷款、转账等业务活动,少量的原始存款就可以创造出数倍的派生存款,从而使总存款增长。按照乘数原理,总存款与原始存款之间的比率被称为存款乘数或存款扩张倍数。具体公式如下:

$$D = K \times P \quad (8-5)$$

$$K = \frac{1}{r+e+c} \quad (8-6)$$

其中,D代表总存款,K表示存款乘数,P代表原始存款。r为法定存款准备金率,e为超额准备金率,c为现金漏损率。

公式表明,总存款的大小取决于存款乘数和原始存款的乘积。原始存款能够创造出多少派生存款,取决于存款乘数中的法定存款准备金率、超额准备金率和现金漏损率等因素对存款货币扩张的制约。如法定存款准备金率较高时,存款乘数较小,派生后得到的总存款较小;而法定存款准备金率较小时,存款乘数较大,派生后得到总存款较大。由于存款乘数中法定存款准备金率是由中央银行制定的,所以商业银行派生存款倍数扩张或收缩的过程,在一定范围内会受到中央银行实施扩张性或紧缩性货币政策的影响。

需要指出的是,上述银行派生存款倍数扩张的原理,在相反方向上也是适用的,即派生存款的紧缩也呈现倍数缩减的过程。例如,某一商业银行减少了一定数额的准备金或现金存款,则会通过上述过程,使银行系统的派生存款发生倍数缩减的过程,这个过程和其扩张过程是相对称的。理解这一点,对于理解中央银行实施紧缩性货币政策将产生社会货币供应总量的倍数缩减效应是十分重要的。

货币乘数和存款乘数都可用来阐明信用货币的扩张过程。二者的差别主要在于两点:一是货币乘数和存款乘数的分子分母构成不同。货币乘数是以货币供给量为分子、以基础货币为分母的比值;存款乘数是以总存款为分子、以原始存款为分母的比值。二是分析的角度和着力说明的问题不同。货币乘数是从中央银行的角度进行的分析,关注的是中央银行提供的基础货币与全社会货币供给量之间的倍数关系;而存款乘数是从商业银行的角度进行的分析,主要揭示了银行体系是如何通过吸收原始存款、发放贷款和办理转账结算等信用活动创造出数倍存款货币的。

第三节 货币供给理论

一、货币供给的内生性与外生性

货币供给理论是一个复杂的体系,涉及货币的定义、供给主体、供给方式、影响因素以及控制机制等多个方面。处于这一系列讨论核心的是货币供给的内生性或外生性问题。

所谓货币供给的外生性是指货币供给量是由货币当局完全操控的。如果认为货币供给是外生变量,就等于认为货币当局能够有效地对货币供给进行控制。而货币供给的内生性是指货币供给的变动不是由货币当局决定的,起决定作用的是经济体系内的多种因素,如收入、储蓄、消费、投资等。如果认为货币供给是内生变量,就是认为货币供给总是要被动地决定于客观经济过程,货币政策的调节作用是有限的,不能有效地控制货币供给的变动。

货币供给量的内生性和外生性问题迄今仍未达成共识。一些经济学家认为,在不兑现信用货币条件下,由于基础货币都是由中央银行投放的,中央银行对货币乘数也有一定的宏观调控能力,所以,中央银行有能力按照既定的目标运用货币政策工具对货币供给量进行扩张或收缩。这说明货币供给量存在着较强的外生性。但这种外生性又不是绝对的,货币乘数的影响因素中,除受中央银行控制的因素外,还有受经济生活中其他经济主体行为影响的因素，因而货币供给量又具有一定的内生性质。所以，客观现实是，从总体上看，中央银行对货币供给量具有相当的调控能力，所以中央银行应该承担起不可推卸的调控责任。但随着金融创新的活跃，各种金融工具的运用越来越频繁，货币供给的内生性也在增强，中央银行的调控能力有所削弱，说明中央银行对货币供给的调控还存在一些困难，所以宏观金融调控过程还需要不断地加以完善。

专栏8-2

中国货币供给的内生性与外生性

对于中国货币供给的内生性与外生性问题，学者也持两种不同的观点：主张内生性货币供给论的学者认为，目前我国中央银行制定和执行货币政策的独立性不强，现实经济运行中的内生因素随着市场化程度的提高作用越来越大，因此，货币供给日益表现出更多的内生性，中央银行对货币供给的控制越来越困难。主张外生性货币供给论的学者认为，从本源上讲，货币供给都是由中央银行的资产负债业务决定的，货币供给是完全可以控制的。需要关注的是，目前我国中央银行对货币仍然具有相当的控制力，因此，中央银行在货币供给中应该承担起不可推卸的调控责任。同时，随着我国改革开放的推进和经济市场化进程的加快，特别是金融市场和其他金融性公司的快速发展与金融创新的蓬勃兴起，货币供给的内生性在不断增强。因此，中央银行对货币供给的调控需要适时调整方式和手段，并不断提高调控能力和操作艺术。

资料来源：黄达，张杰.金融学[M].5版.北京：中国人民大学出版社，2019.

二、凯恩斯的货币供给理论

凯恩斯以信用货币为基础，提出了外生货币供给论。凯恩斯认为，信用货币的信用背景主要是由国家提供的信用，货币供给是由中央银行控制的外生变量，它的变化影响着经济的运行，但其自身却不受经济因素的制约，这是由货币的供给弹性和替代弹性的特征决定的。货币的供给弹性极小，这就意味着当市场上的货币需求上升时，市场自身无法用多投入劳动力的方法来提高货币的供给。货币的替代弹性为零，是因为货币是依靠国家权力发行并强制流通的，任何其他商品都无法取代货币，因此社会对货币的需求也难以通过替代方式降低。

凯恩斯同时提出，货币供给量的变动会直接引发利率的相应波动，当货币供给增加时，利率往往趋于下降，而货币供给减少时，利率则可能上升。利率的这种波动会进一步传导至宏观经济的多个环节。对居民而言，利率变化会影响储蓄与消费的决策，如利率下降可能刺激消费、抑制储蓄，对企业而言，利率波动会改变投资成本，如利率下降可能降低融资成本，激励投资扩张。这些变量的联动最终会作用于社会总需求中的有效需求部分，因此，通过对货币供给的调节，可以对社会的有效需求进行管理。

三、剑桥学派的货币供给理论

剑桥学派在货币供给的决定问题上提出了独特观点：从表象来看，当前流通中的货币总量是由中央银行投放形成的，但货币供给的实际规模并非完全由中央银行的主观意志所决定，而是中央银行被动适应社会公众货币需求的结果。该学派认为，商业银行在信用经济体系中，可以通过调节信贷投放的过程影响货币供给量。例如，在经济扩张阶段，企业的投资意愿上升会推动贷款需求增加，商业银行体系的贷款规模会随之扩大，通过其信用创造的功能，促使货币供给总量的扩张。中央银行虽然可以对商业银行实行一定的监督引导权，但无法直接干预商业银行的自主经营决策，在此过程中只能被动适应货币供给的变化趋势。

在货币供应量的调控问题上，剑桥学派认为中央银行能够控制货币供应量。这点同凯恩斯的观点是一致的。但他们同时指出，中央银行的控制能力是有限的。这主要基于两方面的原因：一是当货币需求旺盛时，银行体系会想方设法逃避中央银行的控制，造成货币供给量的增多；二是中央银行在货币供给的控制方面存在着遗漏，银行可采取一些灵活的信用方式变相提高货币供给。此外，非银行金融机构的快速发展进一步分流了传统货币业务，也在客观上削弱了中央银行对货币供给的调控效果。

剑桥学派还提出了中央银行货币供给调控的非对称性特征，即中央银行扩张货币供给的能力显著强于收缩货币供给的能力。这是因为在经济运行中，刺激货币供给增长可通过降低利率、放松信贷约束等方式实现，而收缩货币供给可能面临商业银行的抵触、市场主体的适应性调整等多重阻力，实际调控效果往往受到更多制约。

四、货币学派的货币供给理论

货币学派（货币主义）的货币供给理论兴起于20世纪60年代，它是新自由主义经济学中影响最大的流派，以弗里德曼和施瓦茨两位经济学家命名的理论模型为代表。

首先，弗里德曼-施瓦茨的理论模型把货币划分为两大类：货币当局的负债即通货，商业银行的负债即存款。然后假设 M 为货币存量，C 为非银行公众所持通货，D 为商业银行存款，H 为高能货币，R 为商业银行存款准备金，那么可列出下列等式：

$$M = C + D \tag{8-7}$$

$$H = C + R \tag{8-8}$$

$$M = H \cdot \frac{\frac{D}{R}\left(1 + \frac{D}{C}\right)}{\frac{D}{R} + \frac{D}{C}} \tag{8-9}$$

这就是弗里德曼-施瓦茨的货币供给模型。从式(8-9)中可以看出，决定货币存量 M 的因素有三个：高能货币 H、商业银行存款与其准备金之比 $\frac{D}{R}$、商业银行存款与非银行公众所持通货之比 $\frac{D}{C}$。其中 $\frac{D}{R}$、$\frac{D}{C}$ 也是货币乘数的影响因素。由式(8-7)、式(8-8)和式(8-9)分析，可以看出：第一，高能货币 H 受政府或货币当局的影响。第二，$\frac{D}{R}$ 受银行体系的影响。银行体系能够通过改变超额准备金数量，改变银行存款与其准备金之比，即改变 $\frac{D}{R}$。第三，$\frac{D}{C}$ 受社会影响，当然，也受银行服务和利率水平的影响。

两位经济学家利用上述方法检验了1867—1960年美国货币史，并得出基本结论：高能货币 H 的变化是导致广义货币存量 M 变化的重要原因，决定并影响 M 长期性变化和周期性变化；另外，$\frac{D}{R}$ 与 $\frac{D}{C}$ 对金融危机条件下的货币运动有着决定性影响；$\frac{D}{C}$ 的变化还对货币量的变化有影响，是 M 呈现长期缓慢的周期性变化的重要原因。

关·键·词

货币供给　基础货币　货币乘数　法定存款准备金　超额准备金　原始存款　派生存款　存款乘数　货币供给的内生性　货币供给的外生性

本·章·小·结

1. 货币供给是指一定时期内一国银行系统向经济中投入、创造、扩张（或收缩）货币的行为，是经济主体把所创造的货币投入流通的过程。中央银行提供基础货币，是整个货币供给过程中的最初环节，它首先影响的是商业银行的准备金存款。

2. 货币供给有多种口径，各国在实际操作中对货币进行了不同的层次划分。在各国所采用的符号中，只有流通中的现金和 M_1 两项包含的内容大致相同，其他的则各有差异。

3. 基础货币亦称高能货币、强力货币,由商业银行的存款准备金和流通于银行体系之外而为大众所持有的通货这两部分构成。中央银行投放基础货币的渠道主要包括再贴现及再贷款、购买政府债券及财政贷款、购买外汇或黄金。

4. 商业银行吸收到的能增加其准备金的存款称为原始存款,商业银行在此基础上通过贷款等资产业务所创造出的存款称为派生存款。商业银行创造存款的能力大小基本上取决于法定存款准备金比率、超额准备金比率、现金漏损率等因素。

5. 货币供给理论的发展主要围绕货币供给是内生还是外生这一问题展开。凯恩斯认为货币供给可以由中央银行完全控制,因而是外生的。剑桥学派认为中央银行对货币供给的控制力和效果不是绝对的。货币学派也认为货币供给是外生性的,但他们反对国家过多干预。

学术前沿拓展

1. 李翀.货币供给外生性和内生性研究:一个思想史和货币实践的考察[J].人文杂志,2024(01):41-51.
2. 吴峻远.二级银行体制和市场经济体制下的货币供给[J].商场现代化,2019(01):104-105.
3. 张冰倩,等.我国法定数字货币对货币供给的影响研究[J].价格理论与实践,2022(11):156-159+211.

习题

一、单项选择题

1. 中央银行确定货币供给统计口径的标准是金融资产的( )。
   A. 稳定性　　　　B. 收益性　　　　C. 风险性　　　　D. 流动性

2. 根据我国货币供应量口径划分标准,下列货币范畴中,能够计入 M_1 层次的是( )。
   A. 储蓄存款　　　　　　　　B. 单位定期存款
   C. 商业票据　　　　　　　　D. 单位活期存款

3. 根据我国的货币供应量层次划分,假定货币供应量 M_2 余额为107.7万亿元,货币供应量 M_1 余额为31.5万亿元,流通中货币 $M0$ 余额为5.6万亿元,则单位活期存款为( )万亿元。
   A. 25.9　　　　B. 70.6　　　　C. 75.6　　　　D. 102.1

4. 通过派生存款机制流通领域供给货币的金融机构是( )。
   A. 投资公司　　　B. 中央银行　　　C. 证券公司　　　D. 商业银行

5. 在原始存款一定的情况下,法定存款准备金率越低,商业银行可用于发放贷款的资金数额( )。
   A. 越多　　　　　　B. 越少　　　　　　C. 不变　　　　　　D. 无法确定
6. 假定农商行的法定存款准备金率为19%,超额存款准备金率为2%,现金漏损率为3%,则存款乘数为( )。
   A. 5　　　　　　　B. 4.17　　　　　　C. 20　　　　　　　D. 4
7. 假定某商业银行原始存款增加1 000万元,法定存款准备金率为20%,超额存款准备金率为2%,现金漏损率为5%,则该商业银行的派生存款总额应为( )。
   A. 4 000　　　　　B. 4 546　　　　　C. 5 000　　　　　D. 3 704
8. 在信用货币制度下,基础货币量取决于( )的行为。
   A. 公众　　　　　　B. 中央银行　　　　C. 政府　　　　　　D. 市场
9. 基础货币不包括( )。
   A. 超额存款准备金　　　　　　　　　　B. 法定存款准备金
   C. 流通中的现金　　　　　　　　　　　D. 同业存款
10. 如果商业银行的活期存款准备金12万元,定期存款准备金为5万元,超额存款准备金为3万元,则该商业银行实际缴存的准备金为( )万元。
    A. 8　　　　　　　B. 12　　　　　　　C. 17　　　　　　　D. 20
11. 中央银行改变基础货币数量的主要途径,不包括( )。
    A. 变动对企业的债权　　　　　　　　　B. 变动对政府的债权
    C. 变动对银行的债权　　　　　　　　　D. 变动储备资产
12. 根据货币供给机制,货币供应量等于基础货币与货币乘数的( )。
    A. 和　　　　　　　B. 乘积　　　　　　C. 差额　　　　　　D. 商
13. 关于基础货币的说法,正确的是( )。
    A. 它是单位定期存款和单位其他存款之和
    B. 它是中央银行的非货币性负债
    C. 中央银行通过其资产业务创造基础货币
    D. 中央银行通过卖出黄金投放基础货币
14. 如果商业银行持有大量超额储备,这通常表明( )。
    A. 银行贷款能力增强　　　　　　　　　B. 银行对风险的偏好增加
    C. 银行放贷意愿减弱　　　　　　　　　D. 中央银行正在实施紧缩货币政策
15. 根据货币供给理论,银行信贷扩张的能力主要取决于( )。
    A. 存款准备金率和存款总额　　　　　　B. 存款准备金率和贷款总额
    C. 存款准备金率和超额储备　　　　　　D. 存款准备金率和货币乘数

16. 当中央银行购买政府债券时,直接增加( )。
   A. 政府支出　　　　　　　　　　　　B. 税收收入
   C. 基础货币　　　　　　　　　　　　D. 银行间贷款利率
17. 如果商业银行保留更多的超额储备不可能是出于( )。
   A. 对经济前景持悲观态度　　　　　　B. 预期中央银行将提高存款准备金率
   C. 希望增加放贷能力以获取更多利润　D. 响应监管机构关于风险管理的要求
18. 货币供应量一般是指( )。
   A. 流通中的现金量　　　　　　　　　B. 流通中的存款量
   C. 流通中的现金量与存款量之和　　　D. 流通中的现金量与存款量之差
19. 商业银行派生存款的能力( )。
   A. 与原始存款成正比,与法定存款准备金率成正比
   B. 与原始存款成正比,与法定存款准备金率成反比
   C. 与原始存款成反比,与法定存款准备金率成正比
   D. 与原始存款成反比,与法定存款准备金率成反比
20. 通货与存款比率的变动主要取决于( )的行为。
   A. 中央银行　　　　　　　　　　　　B. 社会公众
   C. 商业银行　　　　　　　　　　　　D. 非银行金融机构

二、多项选择题

1. 存款创造倍数的实现要基于若干假设条件,这些假设条件主要有( )。
   A. 固定汇率制度　　　　　　　　　　B. 全额准备金制度
   C. 部分准备金制度　　　　　　　　　D. 全款支付结算制度
   E. 非现金结算制度
2. 在存款货币创造过程中,能够影响存款创造乘数的因素有( )。
   A. 超额存款准备金率　　　　　　　　B. 现金漏损率
   C. 再贴现率　　　　　　　　　　　　D. 再贷款率
   E. 法定存款准备金率
3. 从本质上看,基础货币的最基本特征有( )。
   A. 是中央银行的货币性负债,是中央银行通过自身的资产业务供给出来的
   B. 是中央银行资产或非货币性负债,是中央银行通过自身的负债业务供给出来的
   C. 通过由中央银行直接控制和调节的变量对它的影响,达到调节和控制供给量的目的
   D. 支撑商业银行负债的基础,商业银行不持有基础货币就不能创造信用
   E. 在实行准备金制度下,基础货币被整个银行体系运用的结果能产生数倍于它自身的量
4. 下列中央银行的货币政策操作中,可以使其资产增加的有( )。

A. 卖出外汇 B. 买入政府债券

C. 对商业银行发放贴现贷款 D. 卖出政府债券

E. 买入外汇

5. 下列做法中,属于中央银行投放基础货币渠道的有( )。

A. 对商业银行等金融机构的再贷款 B. 收购黄金、外汇等储备资产

C. 对商业银行等金融机构的再贴现 D. 对工商企业贷款

E. 通过公开市场业务买入政府债券

6. 关于货币乘数影响因素的说法,正确的有( )。

A. 中央银行决定超额存款准备金率 B. 中央银行决定现金漏损率

C. 商业银行决定超额存款准备金率 D. 商业银行决定现金漏损率

E. 储户决定现金漏损率

7. 按照商业银行存款创造的基本原理,影响派生存款因素有( )。

A. 原始存款数量 B. 法定存款准备金率

C. 超额存款准备金率 D. 拨备覆盖率

E. 现金漏损率

8. 若其他条件不变,关于货币乘数的说法,正确的有( )。

A. 货币乘数越高,货币供给量越小 B. 货币乘数与现金漏损率负相关

C. 货币乘数与超额存款准备金率负相关 D. 货币乘数与法定存款准备金率负相关

E. 货币乘数与存贷款基准利率呈正相关

9. 在货币供给过程中,会直接影响商业银行的信贷能力的因素有( )。

A. 法定存款准备金率 B. 超额储备水平

C. 中央银行的贴现率 D. 股市行情

E. 企业债务水平

10. 可能使货币乘数降低的因素包括( )。

A. 流通中现金增加 B. 中央银行提高法定存款准备金率

C. 商业银行增加超额准备金 D. 中央银行增加基础货币

三、判断题

1. 信用货币时代,可以完全由市场来调节货币供给。 ( )

2. 当非银行公众向中央银行出售债券,并将所获支票在中央银行兑现时,则基础货币增加。

( )

3. 基础货币中具有乘数效应的部分主要是现金。 ( )

4. 流通中的现金属于中央银行的负债。 ( )

5. 原始存款和派生存款都是由中央银行创造的。 ( )

6. 中央银行提高存款准备率,将导致商业银行信用创造能力的上升。（ ）
7. 如果认为货币供给是内生变量,货币供给总是要被动地决定于客观经济过程,而货币当局并不能有效地控制其变动,自然货币政策的调节作用,特别是以货币供给变动为操作指标的调节作用,有很大的局限性。（ ）
8. 如果货币供给为外生变量,则货币当局无法通过货币政策来决定货币供给,从而对宏观经济运行实施有效的调控和调节。（ ）
9. 社会公众的流动性偏好增强,提现率增加。（ ）
10. 一般地说,基础货币是中央银行能够加以直接控制的,而货币乘数则是中央银行不能完全控制的。（ ）

四、问答题

1. 货币供给的含义是什么？
2. 中央银行如何通过基础货币影响货币供给？
3. 货币供给的内生性和外生性有何不同？
4. 凯恩斯的货币供给理论有哪些主要内容？
5. 货币学派的货币供给理论有哪些特点？

参 考 文 献

1. 李健.金融学[M].4版.北京：高等教育出版社,2022.
2. 黄达,张杰.金融学[M].5版.北京：中国人民大学出版社,2019.
3. 吴军梅.金融学[M].3版.厦门：厦门大学出版社,2020.
4. 万解秋.货币银行学通论[M].4版.上海：复旦大学出版社,2023.
5. [美]弗雷德里克·S.米什金.货币金融学[M].13版.王芳,译.北京：中国人民大学出版社,2024.
6. 曹龙骐.金融学[M].6版.北京：高等教育出版社,2019.
7. 戴国强,柳永明.货币金融学[M].5版.上海：上海财经大学出版社,2023.
8. 李翀.货币供给外生性和内生性研究：一个思想史和货币实践的考察[J].人文杂志,2024(01)：41-51.
9. 吴峻远.二级银行体制和市场经济体制下的货币供给[J].商场现代化,2019(01)：104-105.
10. 张冰倩,等.我国法定数字货币对货币供给的影响研究[J].价格理论与实践,2022(11)：156-159+211.

第九章 货币均衡

 学习目标

1. 掌握货币均衡的含义,理解货币均衡与总供求均衡的关系;
2. 理解并掌握货币均衡的实现机制,熟悉影响货币均衡实现的因素;
3. 了解通货膨胀的定义、类型和度量,理解通货膨胀与经济的关系,掌握通货膨胀的成因、效应和治理对策;
4. 了解通货紧缩的定义、度量和类型,掌握通货紧缩的成因、效应和治理对策;
5. 引导学生认识货币均衡是经济稳定的基础,培养学生的风险意识,使他们认识防范和应对通货膨胀和通货紧缩的重要性。

货币均衡是宏观经济运行的核心命题,它既是货币政策调控的目标,也是经济稳定增长的前提条件。当货币供给与货币需求相匹配时,物价水平保持稳定,经济体系处于相对均衡状态;而一旦货币供求失衡,则可能引发通货膨胀或通货紧缩,进而对经济增长、就业和金融稳定产生深远影响。本章将围绕货币均衡这一核心概念,系统分析其内在机制与经济影响,并深入探讨通货膨胀和通货紧缩的成因、效应及治理策略。

 **思维导图**

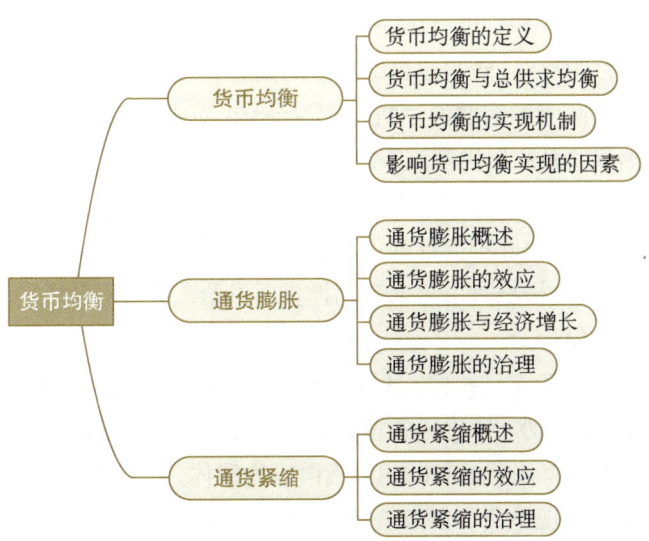

第一节 货币均衡

一、货币均衡的定义

货币均衡即货币供求均衡,是指在一定时期内,经济运行中的货币需求量和货币供给量在动态上保持一致的状态。用公式表示如下:

$$M_s = M_d \tag{9-1}$$

其中,M_s表示货币供给量,M_d表示货币需求量。货币均衡是指货币供给量与经济生活对货币的需求量基本的状态相适应。但这种均衡并不是要求两者数量的绝对相等,而是指货币供给与货币需求大体一致,可以是一个动态过程,即在短期内可能不一致,但在长期内是大体一致的。

二、货币均衡与总供求均衡

对货币均衡的讨论不能仅看货币市场,需要与商品市场相结合。在商品市场中,总供给(AS)指某一经济体在特定时期内提供的可供最终消费的全部货物与服务总量;总需求(AD)则是该经济体在支付能力约束下,特定时期内全社会对最终产品和服务的需求总量,主要涵盖住户(家庭)消费需求、政府消费需求及企业投资需求。随着工业化进程推进,厂商通过对市场需求的识别调整生产决策,总体呈现总需求引导总供给并对其起决定性作用的特征,且通常表现为总供给略高于总需求的态势。

在对商品市场和货币市场联合讨论时,我们发现,货币不仅是社会再生产可持续进行的条件,也是总供给实现的媒介,经济体系中的货币需求量取决于有多少实际资源需要通过货币实现流转,完成包括生产、交换、分配和消费这些相互联系的再生产流程,也就是说,总供给决定了货币需求(M_d)。

现代货币供给机制是双层次的货币创造结构。商业银行体系针对客户需求,提供信贷并由此创造存款货币,中央银行根据金融市场和经济运行状况投放基础货币,根据货币需求来调控货币供给。因此总体上,是货币需求引导货币供给(M_s)。

货币作为一般支付手段,其数量与流通速度反映了特定时点具有支付能力的社会总需求水平,这里的总需求特指经济主体的有效需求,即具备支付能力的需求。有效需求需以相应货币量为载体,若无货币供给,有效需求便无法形成与体现。货币供给变动通过影响利率水平、信贷可得性及股票市场价格等渠道作用于企业投资需求,同时对住户消费需求和净出口(即国外对本国货物与服务的需求)产生重要影响,在维持国民经济持续稳定发展及总供求均衡中发挥关键作用。具体而言,货币供给增加会推动总需求扩大,反之则导致总需求收缩;若货币供给过量,可能引发总需求膨胀,进而导致通货膨胀;若货币供给不足,总需求则无法完全实现;从货币持有结构看,若经济主体储蓄货币占比过高,意味着当期需求被推迟或未充分形成,可能引发通货紧缩。

以上分析的货币供求与总供求之间的相互关系可用图9-1表示,其中箭头表示主导性的作用。

图9-1的四边联动的关系表明,社会总供求均衡与货币供求均衡密切相关:第一,总需求对总供给有决定性的影响;第二,总供给决定货币需求,即总供给决定了需要多少货币来实现流通和再生产;第三,货币需求是货币供给调整变动的决定依据;第四,货币供给是总需求的载体,决定并制约影响总需求尤其是投资需求。

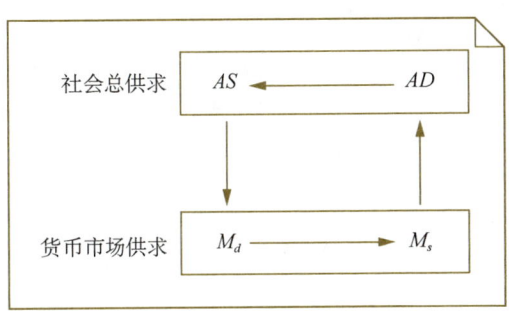

图9-1
货币均衡与总供求均衡

从形式上看,货币均衡是货币供求相互平衡的一种货币流通状态,但实质上也是总供求平衡的一种反映。因此,商品市场上的价格稳定和金融市场上的利率稳定可以作为分析判断货币均衡的基本标志。货币均衡与总供求均衡有着紧密联系,实现货币均衡有助于实现总供求均衡,这也正是央行可以通过货币政策操作以调控宏观经济的基础和出发点。需要指出的是,图9-1箭头所示的只是一种主导性的关系,货币供求与总供求四个因素之间的关系也是存在着相互作用的。

三、货币均衡的实现机制

市场经济条件下货币均衡的实现需要健全的利率机制和发达的金融市场。

利率作为金融市场中货币的"价格",能够灵敏反映货币供求状况,并通过自身变动调节货币需求与供给,从而实现市场均衡,因此,在市场经济条件下,利率机制是货币均衡最主要的实现机制。从货币供给来看,当市场利率上升时,经济主体因持有货币的机会成本提高而减少现金持有,导致通货-存款比率下降,从中央银行的供给过程看,货币乘数相应扩大,货币供给量增加,同时,商业银行因贷款收益提升而减少超额准备金并用于增加贷款投放,存款乘数增大,货币供给随之增加。因此,利率与货币供给量之间存在同方向变动关系,如图9-2的M_s曲线。就货币需求来说,当市场利率升高时,人们的持币机会成本加大,必然导致人们对金融生息资产需求的增加和对货币需求的减少,所以,利率同货币需求之间存在反方向变动关系,如图

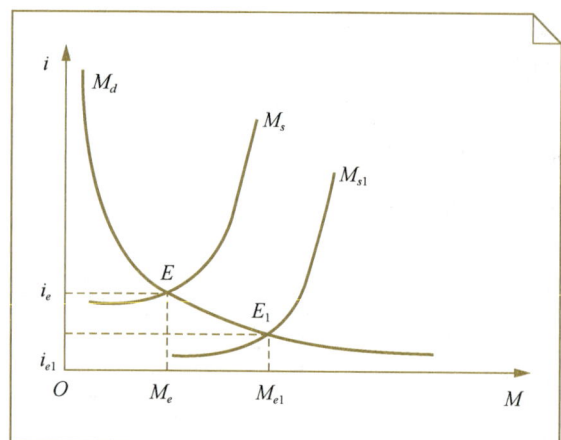

图 9-2
利率决定的货币均衡机制

9-2 的 M_d 曲线。当货币市场上出现均衡利率水平时，货币供给与货币需求相等，货币均衡状态便得以实现，即为图 9-2 中的 E 点。

而当市场均衡利率变化时，货币供给与货币需求也会随之变化，最终在新的均衡货币量上实现新的货币均衡。如图 9-2 所示，当央行增加货币供给时，原曲线 M_s 向右移动，形成新的曲线 M_{s1}，在其他因素不变的情况下，货币供给增加会导致市场利率下降，下降的利率会使货币需求增加，所以 M_{s1} 与货币需求曲线 M_d 重新相交于 E_1，达到新的均衡。

另外，发达的金融市场也是实现货币均衡的重要条件。一个成熟的金融市场能够提供多种金融工具和服务，满足不同投资者和融资者的需求。金融市场的发展有助于提高资金的配置效率，促进资本的流动，从而帮助实现货币市场的均衡。金融市场的深度和广度都能够影响货币政策的传导效果，进而影响货币均衡的实现。

四、影响货币均衡实现的因素

（一）中央银行的有效调控

货币均衡的实现也离不开有效的中央银行调控机制。中央银行通过货币政策工具，如公开市场操作、存款准备金率调整、再贴现政策等，对货币供给量进行调控，以维护货币市场的稳定。中央银行的有效干预可以防止市场出现过度波动，保持经济的平稳增长。

（二）财政收支的基本平衡

财政收支状况会直接影响到基础货币的投放和回笼。大量财政赤字的出现往往迫使政府向央行间接地借款，这会使央行为弥补财政赤字而增加货币投放，进而可能引发通胀。

（三）经济结构的合理性

经济结构决定了资源在不同部门之间的配置，从而影响到各部门的生产、投资和消费活动，进而影响货币需求和供给的数量和结构，最终影响货币均衡的实现。如果一国的经济结构不够合理，就可能会出现某些部门和货物或服务的供给不足与供给过剩并存，最终会引起货币供求失衡。

（四）国际收支的基本平衡

国际收支状况会直接影响到外汇储备的规模和汇率水平。如果国际收支持续并显著地失衡，就容易引发本币的升值或贬值，直接影响国内价格和产出，也会影响央行的基础货币投放，使货币供求关系发生变化。

第二节 通货膨胀

从过程来看,一国的货币流通通常是一个由均衡到失衡,再调整恢复到均衡的动态调整过程,通货膨胀和通货紧缩是货币失衡的两种外在表现形式,其效应可以溢出至国外,对世界经济均衡产生重要影响。

一、通货膨胀概述

(一) 通货膨胀的定义

通货膨胀(通胀)是指,在信用货币制度下,流通中的货币数量超过经济实际需要而引起的货币贬值和物价水平全面而持续上涨的现象。

这一定义包含四个要点:第一,通货膨胀是信用货币制度下的特定经济现象。信用货币以国家信用为基础发行,其价值受货币供给规模影响显著;而在金属货币时期,货币供给受金属开采量约束,大规模货币超发较难出现。只要维持金属铸币自由铸造与熔化、银行券对金属铸币自由兑现及金银自由输出输入,便不会出现货币总量过剩,也不会发生货币贬值与物价普遍上涨。第二,强调"货币价格"即单位商品及服务的货币标价。这表明通货膨胀聚焦货币与物价的关联,而非各类价格间的相对关系;且衡量对象仅包含实体商品及服务,不涉及股票、债券等金融资产。第三,强调"总水平",即通货膨胀关注的是全社会普遍的物价波动,而非区域性或特定品类商品及服务的价格变动。第四,通货膨胀并非偶然的短期价格波动,而是具有上涨趋向的持续过程。

(二) 通货膨胀的分类

1. 按通货膨胀的价格上涨速度,可分为爬行通胀、温和通胀和恶性通胀

这是从价格上涨的速度来区别的通胀。爬行通胀是指其价格上涨缓慢,短期内不易察觉,一般年均上涨率在1%~3%。温和通胀是指物价水平平均上涨率在3%以上,但尚未达到10%。恶性通胀是指物价上涨率在10%以上。

2. 按通货膨胀的表现形式,可分为公开型通胀和隐蔽型通胀

公开型通胀又称显性通胀,指商品和劳务价格明显而直接上涨,通胀率就等于物价上涨率。隐蔽型通胀,又称抑制性通货膨胀,隐蔽型通胀是由于价格管制而使物价显著偏离于应有的水平,难以充分地反映供求关系并促使供给增加,导致出现商品供给普遍短缺、有价无货等现象,并不得不以票证制度来保证基本的供应,一旦放开价格管制,则会出现明显的通胀。隐蔽型通胀常见于实行计划经济体制的经济体。

3. 按通货膨胀是否有预期,可分为预期通胀和非预期通胀

预期通胀,是指通货膨胀过程被经济主体预期到了,以及由于这种预期而采取各种补偿性行动引发的物价上升。非预期通胀,指未被经济主体预见的,不知不觉中出现的物价上升。公众根据各种信息,会对未来通胀变动方向和幅度进行事前主观估计,形成通胀预期,并从需求和供给两方面推动通胀水平升高。从需求方面看,通胀预期会降低公众持有货币的意愿,增加对资产和商品的需求,从而推高资产和商品价格;从供给方面看,通胀预期会提升工资的上升预期和要求,厂商也可能因预期生产成本上升而提高出厂价格。

4. 根据通货膨胀的成因,分为需求拉上型、成本推动型、供求混合型和结构型通胀

需求拉上型通胀是指由于社会总需求的过度增加,超过了社会总供给或潜在产出,拉动物价总水平持续上涨。成本推动型通胀是指由于要素价格上涨导致的生产成本提高,引起物价总水平上涨。需求拉上和成本推动同时作用时可导致混合型的通胀。结构型通胀则主要是由于国民经济部门结构或比例结构失调而引起。

(三) 通货膨胀的成因

1. 需求拉上型通货膨胀

需求拉上型通货膨胀,是指由于总需求的增长而引起的通货膨胀。人们有时把这种通货膨胀描述为"过多的货币追逐太少的商品"。需求拉上型通货膨胀是经济周期中常见的现象,通常发生在经济繁荣时期。当市场上的货币供给量增加,导致购买力增强,消费者和企业的支出增加,从而推高了对商品和服务的需求。如果这种需求的增加超过了经济的生产能力,即总供给不足以满足总需求,就会导致物价上涨。

在图9-3中,横轴Y代表总产出,纵轴P代表物价水平。社会总供给曲线AS可按社会的就业状况而分成AB、BC与CS三个线段。AB线段的总供给曲线呈水平状态,这意味着供给弹性无限大。这是因为此时社会上存在大量的闲置资源或失业人群。当总需求从D_1增至D_2时,总产出从Y_1增至Y_2,而物价并不上涨。BC线段的总供给曲线则表示社会逐渐接近充分就业,这意味着闲置资源已经很少,从而总供给的增加能力也相应较小。此时,在需求拉动之下的产出扩张将导致生产要素资源价格的上涨。因此,当总需求从D_2向D_3、D_4

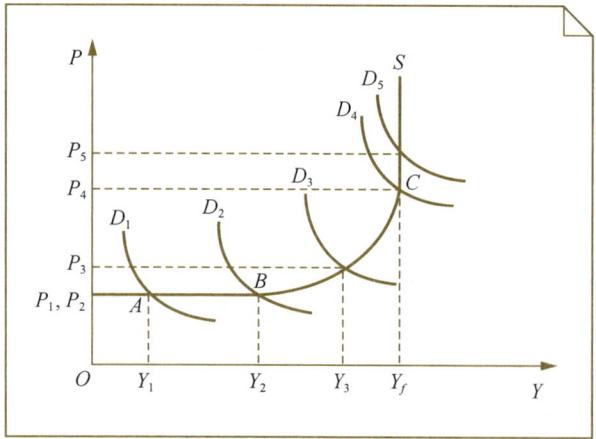

图9-3
需求拉上型通货膨胀

增长时,产出虽也增加,但增加幅度减缓,同时物价开始上涨。CS线段的总供给曲线表示社会的生产资源已经达到充分利用的状态,即不存在任何闲置的资源,Y_f就是充分就业条件下的产出。这时的总供给曲线就成为无弹性的曲线在这种情况下,当总需求从D_4增加至D_5时,只会导致物价的上涨。

2. 成本推动型通货膨胀

这种通货膨胀发生在没有超额需求的情况下,即不是因为消费者需求过旺而导致的价格上涨,而是因为生产成本的增加,这些成本最终被转嫁到消费者身上,导致商品和服务的价格普遍上升。成本推动型通货膨胀的主要因素包括两种:第一,工资推动型。在不完全竞争的劳动市场中,由于工会的存在,工资不再是由市场供求决定的竞争性工资,而是通过工会和雇主之间的集体议价确定。如果工资增长率超过生产率的增长率,就会导致生产成本的提高,进而推高一般价格水平。第二,利润推动型。企业在追求更高利润的过程中,可能会提高产品价格,尤其是在市场集中度较高的行业中,企业有较强的定价权,能够将成本增加部分转嫁给消费者。

在图9-4中,初始的社会总供给曲线为A_1S。在总需求不变的条件下,由于生产要素价格提高,生产成本上升,使总供给曲线从A_1S上移至A_2S、A_3S。其结果是,由于生产成本提高,导致失业增加、实际产出缩减。在产出由Y_f下降到Y_1、Y_2的同时,物价水平却由P_0上升到P_1、P_2。

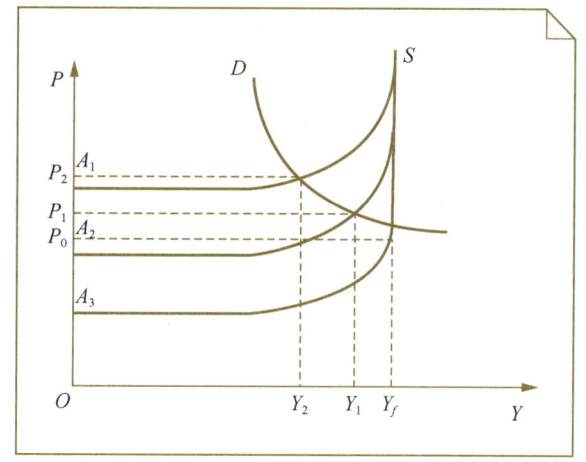

图9-4
成本推动型通货膨胀

3. 供求混合型通货膨胀

需求拉上型撇开供给来分析通货膨胀的成因,而成本推动型则以总需求给定为前提条件来解释通货膨胀,二者都具有一定的片面性和局限性。而在现实生活中,需求拉上的作用与成本推动的作用常常是混合在一起的。因此人们将这种总供给和总需求共同作用情况下的通货膨胀称之为供求混合型通货膨胀。

4. 结构型通货膨胀

结构型通货膨胀的产生是一个复杂的过程,涉及多个因素的综合作用,这些因素主要包括以下几个方面:第一,需求转移。由于社会对产品和服务的需求不是一成不变的,而是会随着经济环境和生活方式的变化而变化。如果需求增加的部门的价格和工资容易上涨,而需求减少的部门的价格和工资不易下降,那么就会导致物价总水平的上升。第二,劳动生产率增长速度的差异。不同部门的劳动生产率增长速度存在差异。如果劳动生产率增长较快的部门的工资上涨,那么其他部门也会攀比,结果使得全社会的工资增长速度超过劳动生产率的增长速度,从而导致通货膨胀。第三,价格刚性。某些商品和服务的价格不容易下降,即使市场供大于求。这种价格刚性也会导致通货膨胀。

(四) 通货膨胀的度量

1. 居民消费物价指数

居民消费物价指数(CPI)反映一定时期内消费者为购买日常生活所必需的消费品而付出的价格的变动情况。主要优点是及时反映消费品供给与需求的对比关系,公布次数较为频繁,能够迅速直接地反映居民生活的价格趋势。缺陷是范围较窄,只包括社会最终产品中的居民消费品这一部分,需要和其他指标结合使用。

2. 生产资料价格指数

生产资料价格指数(PPI)是反映一定时期内生产资料价格变动趋势和变动程度的相对数。这个指数一般对零售价格有领先的影响,可以预先判断其对零售商品价格变动可能带来的影响,这对于央行应当实施前瞻性的货币政策调整可能有更高的参考价值。但由于不包括第三产业的价格,有可能导致信号失真的情况。

3. 国民生产总值平减指数或国内生产总值平减指数

国民生产总值平减指数(GNP deflator)是按当年价格计算的国民生产总值与按固定价格或不变价格计算的国民生产总值的比率,实际上就是名义 GNP 与实际 GNP 的比值。国内生产总值平减指数(GDP deflator)的计算同理。这两个指数的特点是包括范围广泛,既包括消费资料,又包括生产资料;既包括商品,也包括劳务,能够较为准确地反映一般物价水平的趋势。但是,由于涉及面太广,资料难以收集,多数国家每年只统计一次,公布次数不如居民消费物价指数频繁,且较为滞后,因而不能迅速准确地反映物价的变动及通货膨胀的程度和发展趋势。

专栏9-1

我国CPI涨幅2%是一个非常理想的通货膨胀水平

国务院新闻办公室在2023年3月3日举行"权威部门话开局"系列主题新闻发布会。中国人民银行行长在会上表示,精准有力实施好稳健的货币政策,为经济高质量发展营造适宜的货币金融环境,首要的就是保持币值稳定。

易纲介绍,币值稳定有两层含义,第一层含义是物价稳定。近年来,我们坚持实施稳健、正常的货币政策,为物价稳定提供了坚实的基础。大家知道,去年全球通货膨胀严重,是40多年以来最高的通货膨胀,欧、美,还有许多国家,他们都是8%、9%、10%这样高的通货膨胀。我国去年的消费物价指数CPI涨幅是2%,这是一个非常理想的通货膨胀水平。在过去五年,也就是2018—2022年,我们平均的通货膨胀也是2%。如果我们再把镜头拉得长一点,看过去十年,也就是2013—2022年这十年,中国的通货膨胀指数平均也是2%。在过去十年中,我们最高的CPI达到过2.9%,最低是0.9%,平均也是2%,这是非常不容易的。

币值稳定的第二层含义是汇率的基本稳定。近五年来,人民币对美元汇率三度破"7"又回到"7"以下,双向波动,弹性增强,在全球各种货币中,人民币都是非常稳健的,而且这种有弹性的市场化汇率制度也为调节宏观经济和国际收支起到了自动稳定器的作用。

易纲表示,下一步,我们将综合运用多种货币政策工具,保持流动性合理充裕、广义货币和社会融资规模增速与名义经济增速基本匹配。保持人民币汇率在合理均衡水平上的基本稳定。

资料来源:央行:去年我国CPI涨幅2%是一个非常理想的通货膨胀水平[N].中国新闻网.2023-03-03.

二、通货膨胀的效应

1. 收入分配效应

通货膨胀的收入分配效应,是指通货膨胀对不同收入群体的影响存在差异,进而改变收入分配结构的经济现象。尽管经济主体可能形成对通货膨胀的预期,但由于预期形成时点、预期精准度存在差异,预期结果与实际通货膨胀程度往往存在偏差,因此通货膨胀总会带来一定程度的经济福利或损失。一般情况下,在通货膨胀期间,固定收入群体(如退休人员、工薪收入者等)的货币收入往往难以同步调整,其名义收入增长显著滞后于物价上涨,导致实际收入水平下降;而变动收入群体(如企业家、投资者等)能够及时调整名义收入,当名义收入增长速度超过物价涨幅时,其实际收入可保持稳定甚至有所增加。

9-1 革命党史·红色金融:外有强敌,内有通胀

2. 资产结构调整效应——财富分配效应

一方面,通货膨胀会引发资产价格波动。对于持有固定收益类资产(如债券)的投资者而言,固定收益类资产的名义价值相对稳定,在物价上涨过程中,其实际价值会随价格水平上升而下降,所以投资者实际财富规模会缩水。而对于持有浮动收益类资产(如股票、房地产等)的投资者,其财富可能实现增值,因为这类资产价格通常会随经济运行中的价格上涨而上升。另一方面,通货膨胀可能改变债务负担状况。对债务人来说,若债务利率未随通胀同步调整,实际债务负担会减轻,从而从通货膨胀中受益;对债权人而言,其债权的实际收益会因通胀而下降。

3. 强制储蓄效应

强制储蓄效应是指政府会因为通货膨胀而提高政府储蓄在社会总储蓄中的占比。其具体机制为：政府通过向中央银行借款形成货币增发，这一过程会强制扩大社会储蓄总量，最终表现为物价水平上涨。在公众名义收入保持稳定的情况下，若仍按原有模式和规模进行消费与储蓄，两者的实际额度都会减少，而减少的部分大致等同于政府通过通货膨胀实现的强制储蓄规模。

4. 恶性通胀下的危机效应

恶性通胀是指通货膨胀率极高且失控的情况，这种情况下物价飞速上涨，货币迅速贬值，对经济和社会产生严重的危机效应。例如，由于价格体系的混乱和预期的不确定性，企业和个人的投资和消费决策受到严重影响，进而抑制了经济活动；恶性通胀还可能引发人们的恐慌心理，导致囤积物资、抢购商品等不理性行为，进一步加剧市场供需矛盾；极端的物价上涨会导致生活成本的上升，加剧贫富差距，引起社会不满和动荡；长期的高通胀会影响国家的国际信用，导致外国投资者和贸易伙伴的信心下降，影响国家的外贸和资本流动等。

三、通货膨胀与经济增长

关于通货膨胀对经济增长的影响，西方经济学家展开了激烈的争论，形成了三种观点：促进论、促退论和中性论。

促进论认为通货膨胀具有正的产出效应，通过强制储蓄扩大投资，实现增加就业和促进经济增长。其理由是：首先，当政府财政资金匮乏时，常常通过向中央银行借款以解决财政开支，若政府将膨胀性收入用于实际投资，就会增加资本形成，只要私人投资不降低或者降低幅度低于政府投资，就能提高社会总投资水平，促进实际增长。其次，由于人们通货膨胀的预期调整比较缓慢，会使名义工资的变动滞后于价格的变动，这样通过转移分配，从而增加高收入者阶层的储蓄。最后，由于通货膨胀提高了盈利率，还会扩大私人投资，即在通货膨胀过程中，高收入阶层的收入比低收入阶层高。因此，在通货膨胀时期，高收入阶层的储蓄总额增加，转化为投资，导致实质经济增长，这样一方面增加政府投资，另一方面刺激私人投资，无疑有利于促进经济增长。

促退论认为持续通货膨胀会降低效率而阻碍经济增长，并且带来严重的危害，如物价上涨、社会政治动荡和人心不安等，最严重的后果是对市场机制的破坏。具体地说就是：首先，通货膨胀会降低借款成本，从而诱发过度的资金需求，而过度的资金需求会迫使金融机构加强信贷配额管理，从而削弱金融体系的运营效率。其次，较长时期的通货膨胀会增加生产性投资的风险和经营成本，从而资金流向生产性部门的比重下降，流向非生产性部门的比重增加。最后，通货膨胀持续一段时间后，在公众舆论的压力下，政府可能采取全面价格管制的办法，削弱经济的活力。

中性论认为通货膨胀对产出及经济增长既无正效应也无负效应。因为公众预期在一段时间内对物价上涨做出合理的行为调整，所以通货膨胀各种效应的作用就会相互抵消。

四、通货膨胀的治理

1. 宏观紧缩政策

宏观紧缩政策是指政府为了抑制经济过热、控制通货膨胀、稳定物价水平而采取的一系列措施。这些措施通常包括财政政策和货币政策两个方面。在财政政策方面，政府可能会削减公共支出、增加税收，以减少总需求。此外，政府还可能通过限制信贷和提高利率等手段来抑制投资和消费，从而进一步控制总需求。在货币政策方面，中央银行可能会通过提高利率、减少货币供应量等手段来抑制经济过热。此外，中央银行还可能通过公开市场操作、调整存款准备金率等手段来影响市场利率和流动性，从而进一步控制总需求。紧缩性货币政策和财政政策都是为了从需求方面加强管理，通过控制社会的货币总供给量和总需求量，实现抑制通货膨胀的目的。

2. 收入紧缩政策

收入紧缩政策是指政府为了控制通货膨胀而采取的限制工资和价格的政策，主要是根据"成本推动论"制定的。这种政策通常在经济过热、通货膨胀压力较大的情况下使用。具体来说，收入紧缩政策包括以下几个方面：①限制工资增长。政府可能会通过立法或行政手段来限制工资的增长率，以抑制消费和需求的增长，从而控制通货膨胀。②限制价格上涨。政府可能会对某些关键商品和服务的价格进行管制，以防止价格过快上涨。此外，政府还可能通过削减公共支出、增加税收等手段来减少总需求，从而进一步控制价格水平。③实行价格和工资冻结。在某些情况下，政府可能会采取更为严格的措施，如实行价格和工资冻结，即暂时禁止价格上涨和工资增长，以迅速遏制通货膨胀。

3. 收入指数化政策

收入指数化政策是一种将个人或企业的收入与物价水平或通货膨胀率挂钩的政策，旨在保护收入的实际价值不受通货膨胀的影响。这种政策通常在通货膨胀较为严重或经济波动较大的国家中使用。具体来说，收入指数化政策包括以下几个方面：①工资指数化，政府可能会将工资与物价水平或通货膨胀率挂钩，以保持工资的实际购买力。②债券收益指数化，是指将债券的收益与物价水平或通货膨胀率挂钩，以保护投资者免受通货膨胀侵蚀的政策。③其他货币性收入指数化，如养老金和福利指数化。政府可能会将养老金和其他社会福利与物价水平或通货膨胀率挂钩，以确保这些收入的实际价值不受通货膨胀的影响。例如，政府可以规定养老金每年必须按照一定的百分比增长，以抵消通货膨胀带来的影响。

4. 物价管制

所谓物价管制，就是政府当局拟订一套关于物价的行为准则，价格决定者必须共同遵守，以达到限制物价上涨的目的，分为强制性和自愿性两种。强制性的准则是政府当局通过立法程序，规定物价上涨率不能超过一定限度，在极端情况下甚至将物价冻结在某一既定水平上，违反者将要受到法律制裁。自愿性的准则当然是指政府当局运用劝导方法使微观经济主体自愿地约束其加价要求。

5. 增加供给

凯恩斯学派认为总供给减少的最主要原因是影响供给的一些重要因素发生了变化，如战争、石油或重要原材料短缺、劳动力市场条件变化等方面，因而造成了总供给减少并引起通货膨胀。供给方面抑制通货膨胀的主要措施有：减税，即降低边际税率；政府减少失业津贴的支付、改善劳动条件、加强职业培训和职业教育、改进就业信息服务、调整财政支出结构和税收结构等，其目的是降低自然失业率，使总体经济恢复到正常状态。

6. 货币改革

当恶性通货膨胀已经发生、所有的治理对策都不能奏效、原有的货币体系已经不能正常运转，此时唯一的办法就是进行货币改革，废除旧货币，发行新货币。

7. 国际紧缩政策

当今时代通货膨胀是因为世界性的货币供应量过多，引起世界性的总需求超过总供给，因此彻底解决的方法应是采取国际性的紧缩政策，共同降低货币供应量增长率。

9-2 货币流通速度与通货膨胀

第三节 通货紧缩

一、通货紧缩概述

（一）通货紧缩的定义与衡量

通货紧缩（简称通缩）是由于货币供应量低于货币需求量，导致有效需求不足，一般物价水平持续下跌和经济衰退的现象。

通缩一般也使用CPI、WPI、GDP平减指数等价格指标来衡量。判断某个时期的物价水平下降是否是通货紧缩，要看通货膨胀率是否由正变负，并看这种下降是否持续了一定的时间。在实践中，衡量通缩还有两个重要指标，即经济增长率和失业率。经济增长率反映了一个国家或地区经济总量的增长情况。通常情况下，正的增长率意味着经济在扩张，负增长则可能意味着经济在萎缩。通货紧缩通常发生在经济衰退期间，这时经济增长率可能是负的。如果经济增长率持续下降或为负，可能表明需求不足，这是通货紧缩的一个信号。失业率是反映劳动力市场状况的重要指标。自然失业率是指在没有通货膨胀或通货紧缩的情况下，劳动市场的正常失业水平。如果实际失业率高于自然失业率，可能表明经济中存在需求不足，这可能导致通货紧缩。长期的货币紧缩政策可能会导致投资和生产受到抑制，从而使得失业率升高，这也是通货紧缩可能出现的迹象。需要注意的是，在使用这两个指标衡量通货紧缩时，还需要考虑其他因素，如货币政策、财政政策、国际贸易状况等因素来综合判断物价水平的变动情况。

（二）通货紧缩的类型

根据不同的标准，可以把通货紧缩分为不同的种类。

（1）依据价格下降的幅度和程度不同，可以把通货紧缩分为轻度通货紧缩、中度通货紧缩和严重通货紧缩。一般说来，物价出现负增长，但幅度不大的称为轻度通货紧缩。物价下降幅度较大的称为中度通货紧缩。物价下降幅度超过两位数的称为严重通货紧缩。

（2）依据通货紧缩持续时间的长短，可以把通货紧缩分为长期性通货紧缩和短期性通货紧缩。长期性通货紧缩指的是物价水平持续较长时间下跌的现象，短期性通货紧缩则是物价在短时间内的下降。但在学术界，对于区分长期性通货紧缩与短期性通货紧缩的时间界限，至今尚无一个统一的标准。

（3）依据通货紧缩形成原因的不同，可以把通货紧缩分为需求不足型通货紧缩和供给过剩型通货紧缩。需求不足型通货紧缩，是指由于总需求不足，使得正常的供给显得相对过剩而出现的通货紧缩。引起总需求不足的原因可能是消费需求不足、投资需求不足，也可能是国外需求减少或者几种因素共同造成的不足。供给过剩型通货紧缩，是指由于技术进步和生产效率的提高，在一定时期产品数量的绝对过剩而引起的通货紧缩。这种产品的绝对过剩只可能发生在经济发展的某一阶段，如一些传统的生产、生活用品，在市场机制调节不太灵敏，产业结构调整严重滞后的情况下，可能会出现绝对的过剩。

专栏9-2

中国经济不存在通货紧缩　下阶段也不会出现通货紧缩

2023年7月17日上午，国务院新闻办公室举行新闻发布会，介绍2023年上半年国民经济运行情况，并答记者问。

国家统计局新闻发言人付凌晖介绍，总的来看，中国经济目前不存在通货紧缩的现象，下阶段也不会出现通货紧缩。尽管价格目前是阶段性处于低位，从经济增长、货币供应这些相关指标看，中国的经济都不符合通货紧缩的条件。

从价格本身来看，2023年上半年由于世界经济复苏乏力，国际能源价格回落，带动国内能源价格走低。同时，国内车企降价促销、猪肉价格转降，加之2022年同期基数较高，我国居民消费价格涨幅2023年上半年总体回落。2023年上半年居民消费价格同比上涨0.7%，比一季度回落0.6个百分点。主要有四方面的特点：一是食品价格涨幅回落。上半年食品价格同比上涨2.5%，比一季度回落1.2个百分点。其中鲜果、禽肉类价格涨幅较高，分别上涨7.9%和6.4%，生猪产能充足，猪肉价格在5月份起同比转降，上半年平均上涨3.2%。二是能源价格下降。受国际能源价格下行影响，上半年CPI中的能源价格下降3.5%，其中汽油、柴油价格分别下降7.3%和8%。三是服务价格小幅上涨。受到服务消费恢复向好的带动，服务价格涨幅有所扩大，上半年服务价格同比上涨0.9%，涨幅比一季度扩大0.1个百分点，其中飞机票、宾馆住宿、旅游价格分别上涨20.2%、8.6%、7.1%。四是核心CPI涨幅基本稳定。上半年，扣除食品和能源的核心CPI同比上涨0.7%，比一季度回落0.1个百分点。

2023年6月份居民消费价格同比持平，由5月的上涨0.2%转为同比持平，也引起各方面关注。总的来看，CPI涨幅低位运行是国际国内多重因素共同影响的结果，是阶段性的。2023年以来，我国经济社会全面恢复常态化运行，市场需求逐步扩大，生产供给持续增加，经济运行呈现恢复向好态势。从供给来看，在疫情期间我国大力实施助企纾困，保障了量大面广经营主体的生存。疫情影响消退后，我国凭借完善的产业体系，强大的生产能力，市场供给快速增加，就业形势的改善，反映出生产供给恢复较好的情况。从需求来看，过去三年受到疫情影响，居民和企业的收入都受到了一定影响，相应的市场需求的恢复需要一定时间，这种生产、需求之间恢复的不同步，一定程度上造成目前CPI价格的低位运行。

国际输入性因素以及2022年同期基数较高的因素也是导致CPI涨幅阶段性回落的重要原因。从下阶段来看，随着我国经济恢复向好、市场需求逐步扩大、经济循环畅通，供求关系逐步改善。从食品价格看，我国粮食生产总体稳定，有利于保障食品价格稳定。后期猪肉消费需求季节性增加也会带动价格回升。从工业消费品价格来看，国际能源价格低位运行的输入性影响可能会持续，但是车企的短期降价促销的影响有望逐步消除。从服务价格来看，服务需求稳步扩大，服务价格将稳中有升，二季度服务价格同比上涨0.9%，比一季度扩大0.1个百分点。综合上述因素，加之去年同期高基数因素逐步消除，价格涨幅会逐步回归合理水平。

资料来源：国家统计局：中国经济不存在通货紧缩　下阶段也不会出现通货紧缩[N].央视网.2023-07-17.

（三）通货紧缩的成因

1. 紧缩性的货币财政政策

货币主义者认为，当货币供应量减少或货币流通速度降低时，会导致货币供给侧通缩。弗里德曼和施瓦茨指出，历史上某些时期的通货紧缩完全是由于货币紧缩造成的。所以当一国采取紧缩性的货币政策或财政政策，大量减少货币发行或削减政府开支以减少赤字，会直接导致货币供应不足，或加剧商品和劳务市场的供求失衡，使"太多的商品追逐太少的货币"，从而引起物价下跌，出现政策紧缩型的通货紧缩。

9-3 通货紧缩

2. 经济周期的变化

经济周期达到繁荣的高峰阶段，生产能力大量过剩导致供过于求，产品滞销时，可引起物价下跌，出现经济周期型通货紧缩。

3. 生产力水平的提高和生产成本的降低

技术进步提高了生产力水平，放松管制和改进管理降低了生产成本，因而会导致产品价格下降，出现成本压低型通货紧缩。

4. 投资和消费有效需求不足

当预期实际利率进一步降低和经济走势不佳时，消费和投资会出现有效需求不足，导致物价下跌，形成需求拉下型通货紧缩。金融体系的效率降低或信贷扩张过快导致出现大量不良资产和坏账时，金融机构"惜贷"或"慎贷"引起信用紧缩，也会减少社会总需求，导致通货紧缩。

二、通货紧缩的效应

（一）需求下降效应

通货紧缩会导致投资和消费的需求都下降。当物价持续下降时，消费者和企业可能会推迟消费和投资决策，因为它们预期未来物价会更低，这种预期导致消费者当前的需求减少，减少购买，随之企业生产的动力减弱。但是，当企业减少生产，为了维持基本的收益率，企业主就会延迟投资、减少生产、降低工人收入甚至裁员，这些都会对经济活动产生负面影响。而工人收入的减少和失业又会进一步推动市场整体的需求下降。

（二）经济衰退效应

与通货膨胀使得债务人减少实际支付价值相反，通货紧缩使实际利率升高导致债务人负担加重。较高的实际利率也会降低企业的预期收益，使得企业在资本市场上股价下跌，市值缩小，企业筹资困难，这些都将迫使企业下调工资或者减少雇工。这种下调工资或裁员的情况可能导致收入分配不均，加剧贫富差距。

(三)破坏信用关系

类似于通胀较为严重的情形,通缩也将破坏社会信用关系,影响正常的经济运行秩序。在通货紧缩期间,实际利率可能会上升,这增加了借款人的还款负担,尤其是对于那些有固定利率贷款的借款人。这可能导致个人和企业违约率上升,增加金融机构的信贷风险。加之由于经济前景不明朗和借贷风险增加,银行可能变得更加谨慎,减少贷款发放,导致信用收缩。信用收缩会进一步减少市场流动性,抑制经济增长。

三、通货紧缩的治理

通货紧缩既是一种货币现象,更是一种社会经济现象。对通货紧缩的治理,通常采取积极的财政政策和货币政策等配套措施,调节市场的需求并拉升价格至正常水平。

(一)扩大有效需求

总需求包括投资需求、消费需求和出口需求。在通货紧缩时期,扩大有效需求是恢复经济增长的关键。

(1)投资需求的增加可以通过增加政府和企业的支出实现。对政府可以通过增加公共投资、提高社会福利等方式来刺激经济。这些措施可以直接增加总需求,促进经济增长。对企业可以通过减少税收、发放补贴、降低利率、增加利润预期等方式来实现。

(2)消费需求的变化应集中于改善公众对未来收入的预期,包括缩小收入差距,提高就业水平和增加失业补助标准,刺激低收入阶层的消费需求,调整政府投资结构和支出方向以改善需求结构,加快社会保障制度改革来消除公众在增加消费时的后顾之忧,利用股市上涨的财富效应来刺激消费。有时,对特定的民众发放购物券或现金,增加民众的消费能力和支出。

(3)出口需求在外部经济环境较好的情况下,通过货币汇率贬值或出口补贴等措施,增加国内产品在国际市场上的竞争力,扩大出口需求,从而增加总需求。

(二)调整改善供给

调整和改善供给需要政府采取一系列的政策措施,包括产业政策、技术政策、财政税收政策等。这些措施不仅可以提高经济的生产效率和竞争力,还可以帮助经济走出通货紧缩的困境。

1. 推动技术进步和创新

政府可以鼓励企业加大研发投入,推动技术创新,提高生产效率。这有助于降低生产成本,提高产品质量,增加总供给。

2. 优化产业结构

通过产业政策和市场机制,引导资源向高附加值、高技术含量的产业转移,促进产业结构的优化升级,提高经济的竞争力和可持续发展能力。

3. 降低生产成本

政府可以通过减税降费、降低能源和原材料成本等手段,降低企业的生产成本,提高其盈利水平,从而增加有效供给。

4. 改善基础设施

加大对基础设施建设的投资力度,如交通、通信、能源等,可以提高经济的运行效率,降低物流成本,为经济发展提供良好的硬件环境。

5. 培育新的增长点

通过政策扶持和市场机制,培育新的经济增长点,如新兴产业、服务业等,可以增加经济的多样性和韧性,提高总供给。

(三)调整宏观经济政策

为了治理通货紧缩还需要采取积极的财政政策和货币政策。实行积极的财政政策不仅意味着要在数量上扩大财政支出,更重要的是要优化财政支出结构,也就是既要弥补因个人消费需求不足造成的需求不足,又要拉动私人部门投资,增加总需求。通过扩张央行资产负债表、降低法定存款准备金率和利率、本币的汇率贬值等积极的货币政策能对总支出水平施加重要影响。在货币政策中,除采取常规的货币政策操作外,还可以通过创新非常规的政策工具,向市场注入流动性,力求拉动需求,让价格恢复正常水平,促进经济复苏。

关 键 词

货币均衡　通货膨胀　需求拉上型通货膨胀　成本推动型通货膨胀　通货膨胀的收入分配效应　通货膨胀的财富分配效应　通货紧缩

本 章 小 结

1. 货币均衡即货币供求均衡,是指在一定时期内,经济运行中的货币需求与货币供给在动态上保持一致的状态。货币均衡的实质是总供求均衡的一种反映,与总供求均衡相互影响。货币供给的变动影响不仅会通过影响利率、信贷可获得性和股票市场价格等因素来影响投资,还对消费和净出口有着重要的影响,在保持国民经济持续、稳定发展和总供求的均衡中起重要作用,也是货币政策发挥作用的前提和基础。

2. 市场经济条件下的货币均衡需要具备两个条件：健全的利率机制和发达的金融市场。货币均衡还受中央银行市场干预和调控的有效性、国家财政收支、经济结构、国际收支等因素影响。

3. 通货膨胀是指，在信用货币制度下，流通中的货币数量超过经济实际需要而引起的货币贬值和物价水平全面而持续的上涨的现象。

4. 通货膨胀的成因主要包括需求拉上、成本推动、供求混合和结构失调等。尽管这些理论的着眼点不同，但货币发行过多是产生通胀的一个基本条件。治理通胀的主要政策包括抑制总需求的货币政策、收入政策等。

5. 通货紧缩从本质上讲是一种货币现象。在市场化条件下，通货紧缩表现为货币供应量低于货币需求量而引致的有效需求严重不足。

学术前沿拓展

1. 田方钰, 等. 通货膨胀传导机制识别与通胀分型治理[J]. 中国软科学, 2024(05): 152-162.
2. 方培杰, 朱思源. 通货膨胀预期与企业并购重组: 协同效应还是市值管理[J]. 当代财经, 2024(04): 71-84.
3. 王永龙. 通货紧缩影响经济增长机理与宏观政策配置[J]. 经济学家, 2016(01): 83-88.

习 题

一、单项选择题

1. 在完全市场经济条件下，货币均衡最主要的实现机制是（   ）。
   A. 央行调控机制   B. 货币供给机制   C. 自动恢复机制   D. 利率机制

2. 国际大宗商品价格上涨，导致A国重要原材料和中间产品的价格持续上涨，由此引发A国通货膨胀的是（   ）。
   A. 供求混合型通货膨胀   B. 生产结构型通货膨胀
   C. 需求拉上型通货膨胀   D. 成本推进型通货膨胀

3. 根据"成本推进"型通货膨胀理论，导致"利润推进型通货膨胀"的因素是（   ）。
   A. 经济结构失衡   B. 汇率变动使进口原材料成本上升
   C. 工会对工资成本的操纵   D. 垄断性大公司对价格的操纵

4. 下列关于通货膨胀的说法中，错误的是（   ）。
   A. "过多的货币追求过少的商品"描述的通货膨胀类型是需求拉上型通货膨胀

B. 石油危机、资源枯竭等造成原材料、能源价格上升,从而导致一般物价水平上涨,这种通货膨胀类型属于成本推进型

C. 恶性通货膨胀是一般物价水平年平均上涨率在100%以上,且发展速度很快

D. 某国总需求和总供给处于基本平衡状态,但一定时期内农产品供不应求、价格上涨,并引发其他部门价格全面上涨,这种情形属于结构型通货膨胀

5. 在治理通货膨胀过程中,收入政策主要是针对(　　)。
   A. 需求拉上型通货膨胀　　　　　　　　B. 成本推进型通货膨胀
   C. 结构性通货膨胀　　　　　　　　　　D. 供求混合型通货膨胀

6. 在席卷全球的金融危机期间,中央银行为了对抗经济衰退,刺激国民经济增长。不应该采取的措施是(　　)。
   A. 在证券市场上卖出国债　　　　　　　B. 下调商业银行利率
   C. 降低商业银行再贴现率　　　　　　　D. 降低商业银行法定存款准备金率

7. 货币供应量小于货币需求量时,可能会导致(　　)。
   A. 通货膨胀　　　B. 通货紧缩　　　C. 货币供应过剩　　　D. 货币供应不足

8. 货币均衡是指(　　)。
   A. 货币供应量小于货币需求量　　　　　B. 货币供应量大于货币需求量
   C. 货币供应量完全等于货币需求量　　　D. 货币供应量大致等于货币需求量

9. 不是用来反映通货膨胀或通货紧缩的指标是(　　)。
   A. 股票价格指数　　　　　　　　　　　B. 消费物价指数
   C. 批发物价指数　　　　　　　　　　　D. 国民生产总值平减指数

10. 最能灵敏反映通货膨胀对居民生活直接影响的物价指标是(　　)。
    A. 股票价格指数　　　　　　　　　　　B. 消费物价指数
    C. 批发物价指数　　　　　　　　　　　D. 国民生产总值平减指数

11. 下列有关社会总供求均衡与货币供求关系表述错误的是(　　)。
    A. 总需求对总供给有决定性的影响　　　B. 总供给决定货币需求
    C. 货币需求是货币供给调整变动的决定依据　　D. 货币需求是总需求的载体

12. 凯恩斯主义认为,当经济已处于充分就业状态时,以货币供应量过快增长为手段刺激需求,将导致的通货膨胀类型是(　　)。
    A. 需求拉上型通货膨胀　　　　　　　　B. 供求混合型通货膨胀
    C. 利润推动型通货膨胀　　　　　　　　D. 结构失调型通货膨胀

13. 具有(　　)特征的物价上涨,可以反映通货膨胀。
    A. 持续上涨　　　B. 暂时上涨　　　C. 季节性上涨　　　D. 偶然性上涨

14. 我国的经济学界,对货币均衡的普遍理解是货币均衡即(　　)。
    A. 货币供求平衡　　　　　　　　　　　B. 投资储蓄平衡

C. 货币利率与自然利率平衡　　　　　　　　D. 消费投资平衡

15. 通货膨胀的考察对象是(　　)的价格。
    A. 股票　　　　　　B. 债券　　　　　　C. 商业票据　　　　　　D. 商品和生产要素
16. 需求拉上型通货膨胀产生的主要原因是(　　)。
    A. 总需求超出了社会潜在产出
    B. 生产要素价格上涨导致的生产成本上涨
    C. 总需求和总供给两个方面因素的共同作用
    D. 经济结构方面的因素的变动
17. 为抑制或治理成本推动型通货膨胀而采取的政策与措施不包括(　　)。
    A. 财政政策　　　　　B. 货币政策　　　　　C. 需求政策　　　　　D. 收入政策
18. 对货币供求与社会总供求的内在联系与区别描述错误的有(　　)。
    A. 社会商品供给规模对货币需求有制约
    B. 调节货币供给量的规模能影响社会总需求的扩展
    C. 社会总供给所提出的货币需求不是货币需求的全部
    D. 货币供给量变动与社会总需求量变动在时间上一致
19. 当出现恶性通货膨胀时,容易产生的后果和危害不包括(　　)。
    A. 银行面临较大的挤兑风险　　　　　　B. 哄抢商品,正常的商品交易秩序被破坏
    C. 人们更愿意签订长期的经济合同　　　D. 正常信用关系遭到破坏
20. 在通货膨胀度量指标中,居民消费价格指数(CPI)的优点是(　　)。
    A. 直接与公众的日常生活相联系,可较好地反映通货膨胀的程度
    B. 能较为灵敏地反映企业生产成本的变动趋势
    C. 可比较真实地反映房价的变动趋势
    D. 容易获取,每年公布

二、多项选择题

1. 对社会总供求平衡的理解正确的是(　　)。
   A. 社会总需求与总供给的平衡是货币均衡,而不是实物均衡
   B. 社会总需求与总供给的平衡是市场的总体均衡
   C. 社会总需求与总供给的平衡是静态的均衡
   D. 社会总需求与总供给的平衡是动态的均衡
2. 关于对通货膨胀概念的说法,正确的有(　　)。
   A. 通货膨胀所指的物价上涨必须超过一定的幅度
   B. 通货膨胀所指的物价上涨是全部物品及劳务的加权平均价格的上涨
   C. 通货膨胀所指的物价上涨是因季节性或自然灾害等原因引起的物价上涨

D. 通货膨胀所指的物价上涨是一定时间内的持续上涨

E. 通货膨胀所指的物价上涨在非市场经济中表现为商品短缺、凭票供应等

3. 中央银行为降低通货膨胀率可采取的措施有（　　）。

　　A. 降低再贴现率、再贷款率　　　　　　B. 在公开市场出售政府债券

　　C. 提高法定存款准备金率　　　　　　　D. 提高利率水平

　　E. 在公开市场上购买政府债券

4. 在治理通货紧缩时，可以采取的政策措施有（　　）。

　　A. 增加对基础设施的投资　　　　　　　B. 增加技术改造投资

　　C. 增加对金融机构的再贷款　　　　　　D. 增加税收

　　E. 提高法定存款准备金率

5. 通货膨胀对（　　）经济主体有利。

　　A. 债权人　　　　B. 债务人　　　　C. 固定收入者　　　　D. 非固定收入者

6. 货币均衡的实现除了主要受利率机制影响以外，还有赖的因素包括（　　）。

　　A. 央行的市场干预和有效调控　　　　　B. 财政收支的基本平衡

　　C. 经济结构的合理性　　　　　　　　　D. 国际收支的基本平衡

7. 面对通货紧缩，在货币政策方面应当采取的措施有（　　）。

　　A. 加大基础货币投放　　　　　　　　　B. 增加政府支出

　　C. 适当提高利率　　　　　　　　　　　D. 促使金融机构增加贷款

8. 假设中央银行为了促进产出而增加了货币供给，会出现（　　），货币需求相应上升，货币供求在一个新的利率水平上实现了重新的均衡。

　　A. 市场利率下降

　　B. 市场利率上升

　　C. 利率下降增加了居民和企业部门对货币的需求

　　D. 利率上升增加了居民和企业部门对货币的需求

9. 针对需求拉上型通货膨胀的治理对策有（　　）。

　　A. 减少货币供给量　　　　　　　　　　B. 降低法定存款准备金率

　　C. 减少政府支出　　　　　　　　　　　D. 提高税收

10. 运用紧缩性财政政策来抑制通货膨胀的两条途径是（　　）。

　　A. 增加税收　　　　　　　　　　　　　B. 减少税收

　　C. 增加政府财政支出　　　　　　　　　D. 削减政府财政支出

三、判断题

1. 通货膨胀对债务人有利，对债权人不利。（　　）

2. 通货紧缩可能导致消费和投资的延迟，从而抑制经济增长。（　　）

3. 货币均衡可以通过市场机制自动实现，无须政府干预。（　　）

4. 居民消费价格指数、批发物价指数和国民生产总值平减指数的变化方向和变化幅度总是一致的。（　　）
5. 结构性的国际收支失衡，消除失衡将是一个长期、复杂的过程，仅仅依靠货币政策或汇率政策往往难以解决问题。（　　）
6. 货币供应量和经济增长率可以作为判断和衡量通货紧缩的主要标准。（　　）
7. 通货膨胀可能导致收入分配不公，加剧社会经济矛盾。（　　）
8. 当市场均衡利率变化时，货币供给与货币需求也会随之变化，最终在新的均衡货币量上实现新的货币均衡。（　　）
9. 当有效需求不足时，温和型通胀对经济发展有一定促进作用。（　　）
10. 通货紧缩可能会导致债务负担的实际增加。（　　）

四、问答题

1. 货币均衡涉及哪些市场？又是如何实现的？
2. 货币均衡的影响因素有哪些？
3. 简述需求拉上型通胀及成本推进型通货膨胀的成因。
4. 简述通货膨胀的治理措施。
5. 通货紧缩的效应有哪些？

参考文献

1. 李健.金融学[M].4版.北京：高等教育出版社,2022.
2. 黄达,张杰.金融学[M].5版.北京：中国人民大学出版社,2019.
3. 吴军梅.金融学[M].3版.厦门：厦门大学出版社,2020.
4. 万解秋.货币银行学通论[M].4版.上海：复旦大学出版社,2023.
5. [美]弗雷德里克·S.米什金.货币金融学[M].13版.王芳,译.北京：中国人民大学出版社,2024.
6. 曹龙骐.金融学[M].6版.北京：高等教育出版社,2019.
7. 戴国强,柳永明.货币金融学[M].5版.上海：上海财经大学出版社,2023.
8. 田方钰,等.通货膨胀传导机制识别与通胀分型治理[J].中国软科学,2024(05):152-162.
9. 方培杰,朱思源.通货膨胀预期与企业并购重组：协同效应还是市值管理[J].当代财经,2024(04):71-84.
10. 王永龙.通货紧缩影响经济增长机理与宏观政策配置[J].经济学家,2016(01):83-88.

第四篇
金融调控与监管

第四章

金相顯微鏡

組織

第十章 货币政策

学习目标

1. 理解货币政策的含义,掌握货币政策的目标及诸目标之间的关系;

2. 理解货币政策操作目标和中介目标的含义及选取要求,掌握主要的货币政策操作目标和中介目标;

3. 了解货币政策工具的概念,掌握一般性货币政策工具的含义、作用机制和政策效果,熟悉选择性货币政策工具和其他货币政策工具;

4. 掌握货币政策的传导机制,理解货币政策的时滞效应,熟悉货币政策发挥作用的条件,掌握货币政策和财政政策的配合逻辑;

5. 培养学生的政策分析能力,使他们能够评估不同货币政策的效果和潜在风险,为政策制定提供有力支持。

在宏观经济的大舞台上,货币政策以其独特的魅力和影响力,成为调控经济、引导发展的关键力量。作为中央银行行使经济调控职能的主要手段,货币政策通过调节货币供应量、影响利率水平,对经济活动产生深远影响。随着经济全球化和金融市场的快速发展,货币政策的作用愈发凸显,其复杂性与挑战性也与日俱增。如何设计和实施有效的货币政策,以应对通货膨胀、经济周期波动、金融市场动荡等经济现象,成为政策制定者非常关注的事项。本章将介绍货币政策的含义、目标和工具等,并深入探讨货币政策的传导机制与有效性。

 思维导图

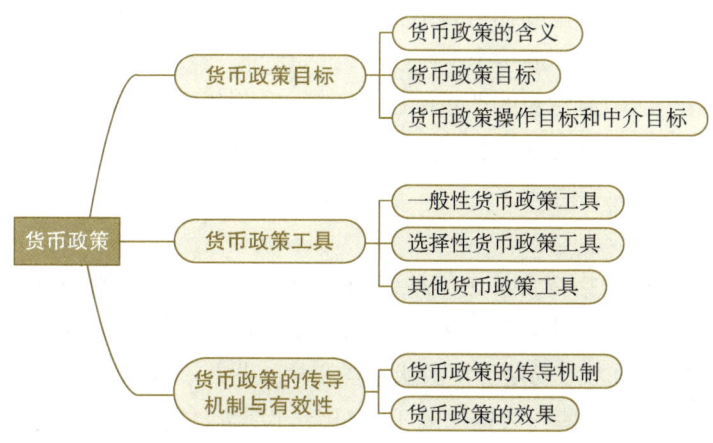

10-1 货币政策

10-2 央行：推出一系列货币政策应对疫情影响

第一节 货币政策目标

一、货币政策的含义

货币政策是中央银行为实现特定的经济目标，运用各种工具调节和控制货币供应量及信用量，进而影响宏观经济的方针和措施的总和。货币政策是实现中央银行金融宏观调控目标的核心所在，在国家宏观经济政策中居于十分重要的地位。

货币政策包括三个方面的基本内容：一是政策目标，二是实现目标所运用的政策工具，三是预期达到的政策效果。从确定目标、运用工具，到实现预期的政策效果，其间还存在着一些作用环节，主要包括中介目标和政策传导机制等。

二、货币政策目标

（一）货币政策目标的内容

货币政策目标也称为货币政策最终目标，是中央银行运用货币政策所要达到的最终宏观经济目标。虽然不同国家不同时期的货币政策目标有所不同，但总体上货币政策目标有四个，分别是物价稳定、充分就业、经济增长和国际收支平衡。

1. 物价稳定

物价稳定也称币值稳定，是指中央银行通过货币政策的实施，使币值保持稳定，从而保持价格水平、利率、汇率的基本稳定，在短期内不发生显著的或急剧的变动。这里的物价是指物价的一般水平或总体水平，而不是某种或某类商品的价格。近一个世纪以来，通货膨胀（紧缩）造成的物价波动是各国经济生活中最常见的严重问题。因此，物价稳定往往成为各国货币政策追求的首要目标，任何国家都试图将物价波动限制在最小的幅度内，以便与其他经济目标相协调。

2. 充分就业

充分就业是指符合法定年龄、具有劳动能力并愿意工作的劳动者，都能在较合理的条件下随时找到工作。充分就业时劳动力的供给等于劳动力的需求，劳动力市场处于均衡状态。充分就业并不意味着100%就业，因为在多数国家，即使社会提供的工作机会与劳动力完全均衡，也可能存在摩擦性或结构性失业。一般认为，失业率控制在4%左右，即可视为充分就业。

3. 经济增长

经济增长是指一个国家或地区在一定时期内生产活动的总量扩张，表现为GDP的持续增加。保持经济的增长是各国（地区）政府追求的最终目标，因此，作为宏观经济政策组成部分的货币政策，自然要将它作为一项重要的调节目标。在一般情况下，货币政策可以通过增加货币供应量和降低利率保持较高的投资率，为经济运行创造良好的货币环境，达到促进经济增长的目的。

4. 国际收支平衡

国际收支平衡是指一个国家在一定时期内与其他国家进行经济交易时，其货币收入与支出达到相对均衡的状态。中央银行通过货币政策措施的具体实施，如稳定币值、调节利率、汇率等，可以改善贸易收支和资本流动，解决或预防国际收支失衡问题。这一目标的实现对于维护国家经济安全、促进对外经济交往以及保持汇率稳定具有重要意义。

（二）货币政策目标之间的关系

货币政策诸目标之间的关系是比较复杂的，有的在一定程度上具有一致性，如充分就业与经济增长，二者成正相关关系；有的则相对独立，如充分就业与国际收支平衡。但它们之间的关系更多地表现为目标间的冲突性。货币政策诸目标的矛盾主要表现在以下几方面。

1. 物价稳定与充分就业之间的矛盾

一个国家的物价稳定目标与充分就业目标之间经常发生冲突。为了稳定物价，必要的措施就是紧缩银根，抑制需求，降低通货膨胀率，但其结果往往会导致经济衰退和失业率上升。为了增加就业，则要放松银根，增加货币供应量，增加投资、刺激需求，从而增加就业人数，但其结果又往往会导致物价上涨，加剧通货膨胀。也就是说，若要币值比较稳定，物价上涨率较低，失业率往往会很高；而要降低失业率，就得以牺牲一定程度的币值稳定为代价。最先在理论上总结、分析这样一种矛盾的经济学家是澳大利亚的菲利普斯，他提出了著名的菲利普斯曲线。

2. 物价稳定与经济增长之间的矛盾

通常经济增长和物价稳定之间并无大的冲突，只有经济增长，物价稳定才有雄厚的物质基础；只有物价稳定，经济增长才有良好的社会环境。因此可以通过稳定物价来发展经济，也可以通过发展经济来稳定物价。但是世界各国的经济发展史表明，就现代社会来说，经济的增长总是伴随着物价的上涨。这是因为经济增长提高了人们的收入水平和支付能力，有效需求得以增加，这在一定程度上刺激了一般物价水平的上涨。因此在经济增长较快时，总是伴随着物价水平的大幅上涨，如果过分强调物价稳定，就会阻碍经济的增长。

3. 物价稳定与国际收支平衡之间的矛盾

物价稳定主要是稳定货币的对内价值，国际收支平衡则是稳定货币的对外价值。如果国内物价不稳，国际收支便很难平衡。当本国物价稳定而外国发生通货膨胀时，本国的物价水平相对低于外国的物价水平，由此引起出口增加，进口减少，增加本国的贸易顺差或减少本国的贸易逆差。相反，当国内发生通货膨胀而外国物价稳定时，本国商品的相对价格将高于外国，由此引起出口减少，进口增加，会加大本国的贸易逆差或减少本国的贸易顺差。

4. 充分就业与经济增长之间的矛盾

一般认为，充分就业与经济增长之间是不存在矛盾的，就业人数越多，经济增长的速度就越快；经济增长速度越快，提供的就业机会就越多。但是在现代技术进步条件下，实现经济增长主要不是依靠就业人数，而是依靠科技进步、劳动者技能水平的提高和经营管理手段的现代化。即经济增长的方式由劳动密集型向资本或资源或知识密集型转变，那么经济增长不仅不一定能带来就业率的提高，甚至可能引起就业率的下降。

5. 充分就业与国际收支平衡之间的矛盾

充分就业如果能够促进经济快速增长，那么一方面可以减少进口，另一方面还可以扩大出口，有利于国际收支平衡。但为了追求充分就业，就需要更多的资金和生产资料，当国内满足不了需求时，就需要引进外资、进口设备与原材料等，这对国际收支又是不利的。

6. 经济增长与国际收支平衡之间的矛盾

经济增长与国际收支平衡间之所以会出现矛盾，是因为随着经济增长，就业人数增加，收入水平提高，对进口商品的需求通常也会相应增加，从而使进口贸易增长得更快，出现贸易逆差。为了平衡国际收支，消除贸易逆差，中央银行需要紧缩信用，减少货币供给，以抑制国内的有效需求，但是生产规模也会相应缩减，从而导致经济增长速度放缓。因此，经济增长与国际收支平衡二者之间也相互矛盾，难以兼得。

正因为货币政策各目标之间既有统一性，但更多地表现为矛盾性，所以货币政策几乎不可能同时实现这些目标，于是就出现了货币政策目标的选择问题。在理论上主要有主张以物价稳定为唯一目标的"单一目标论"；主张同时追求物价稳定和经济增长的"双重目标论"；主张总体上兼顾各个目标，而不同时期确定各目标的主次地位和先后顺序的"多重目标论"。各国由于经济发展水平和经济结构的差异，在货币政策目标的选择上也有差异，如发展中国家多以促进经济增长为首选目标，而开放经济型小国通常将国际收支平衡放在首要地位；同一国家在不同时期也有不同的选择。

三、货币政策操作目标和中介目标

（一）货币政策操作目标的含义

货币政策的操作目标是中央银行通过货币政策工具操作能够有效准确实现的政策变量，如存款准备金、基础货币等目标。操作目标有两个特点：一是直接性，即可以通过政策工具的运用直接引起这些目标的变化；二是灵敏性，即对政策工具的运用反应极为灵敏，或者说，政策工具可以准确地作用于操作目标，使其达到目标区域。一般来说，操作目标是在中央银行体系之内的可控性目标。

（二）货币政策中介目标的含义

货币政策的中介目标是处于最终目标和操作目标之间且中央银行通过货币政策操作和传导后能够以一定的精确度达到的政策变量。中介目标常用的是市场利率和货币供给量等。由于中介目标不在中央银行体系之内，而是受整个金融体系的影响，因此，中央银行对中介目标的可控性较弱，但中介目标与最终目标之间的关系十分密切。中央银行主要通过政策工具直接作用于操作目标，进而控制中介目标，最终达到期望的政策目标。

（三）货币政策操作目标和中介目标的选取要求

（1）可测性。所选的目标必须能够被中央银行迅速且准确地测量。这意味着中央银行需要能够获取到及时、可靠的数据，以便对中介目标的变化进行追踪和评估。

（2）可控性。所选目标必须在较短时间内受到货币政策的影响，并且能够按照货币政策设定的方向和力度发生变化。

（3）相关性。所选目标必须与货币政策的最终目标有紧密的关联，即控制这些目标的变化能够直接或间接地推动货币政策最终目标的实现。

（4）抗干扰性。所选目标应能够较好地反映货币政策的力度和效果，同时较少受到其他非货币政策因素的干扰。

（四）主要的货币政策操作目标

1. 基础货币

基础货币包括流通中的现金和商业银行等金融机构在中央银行的存款准备金，可测性好。在中央银行提供基础货币的过程中，多种货币政策工具如法定存款准备金率、公开市场业务、再贴现和再贷款、发行央行票据等都可以作用于基础货币，可控性和抗干扰性较强。但离货币政策最终目标较远，只有在经济机制充分发挥作用和货币乘数稳定的情况下，调控基础货币才能实现对货币总供求的调节，相关性较弱。

2. 超额准备金

银行的准备金包括法定存款准备金和超额准备金，超额准备金是指金融机构存放在中央银行超出法定存款准备金的部分。中央银行通过变动法定存款准备金率和实行公开市场业务操作，对商业银行的超额准备金进行调控。当提高法定存款准备金率或在公开市场出售有价证券时，就会使商业银行的超额准备金减少；反之，就会使商业银行的超额准备金增加。此外通过超额准备金这个指标也可以观察经济活动的变化情况，当经济繁荣时，商业银行会减少超额准备金以扩张信用；当经济衰退时，贷款需求减少，商业银行的超额准备金就会增加。因此中央银行可以通过控制超额准备金来控制信用规模，进而影响经济活动水平。但因为超额准备金取决于商业银行的意愿和财务状况，因此不易为货币当局测度、控制。

（五）主要的货币政策中介目标

1. 利率

以利率作为中介目标，是指中央银行通过货币政策工具调节、监控市场利率水平，使其达到中央银行的期望值。中央银行根据经济金融环境和金融市场状况提出预期理想的市场基准利率水平，当实际利率水平偏离期望值，中央银行就会通过调整货币供给的方法调整实际利率至预期理想水平。

利率作为中介目标，其优点是可测性和相关性都较强，能有效地作用于货币和金融变量，调节市场总供求。其缺点是这里的利率是指市场利率，然而市场利率是由经济体系内部因素决定的内生变量，中央银行难以进行有效的控制，且在经济周期波动中，利率的变动趋势主要受非政策因素支配，因此，其抗干扰性较差。

2. 货币供给量

以货币供给量作为中介目标，是指中央银行通过政策工具来调节、监控货币供给量增长水平，以便货币供给增长与经济增长要求相适应。具体操作是中央银行根据经济金融环境和商品市场供需状况提出货币供给量的期望值，并通过政策工具的调节实现所期望的水平。

货币供给量作为中介目标，其优点在于该项目标与经济发展状况联系密切，社会总供给与社会总需求失衡不管由何种因素引起，都会通过货币供给量的过多或过少反映出来；并且这一目标与货币政策最终目标比较接近，相关性较好，中央银行比较容易判断其政策效果。在金融发展稳定的阶段，货币供给量的可测性、可控性和抗干扰性都较强。但值得注意的是，近年来随着金融创新的活跃，货币供给量本身包含的范围或统计口径越来越难以清晰界定，可测性在减弱；由于货币供给内生性的增强，中央银行控制货币供给量的难度也在加大；同时，各经济主体的行为对货币乘数的影响很不稳定，降低了该目标的抗干扰性。

专栏10-1

中国2023年货币政策

2023年是三年新冠疫情防控转段后经济恢复发展的一年,也是新一届政府的开局之年,在以习近平同志为核心的党中央坚强领导下,我国顶住外部压力、克服内部困难,加大宏观调控力度,国民经济回升向好,全年国内生产总值(GDP)同比增长5.2%,转型升级成效显著,高质量发展扎实推进。中国人民银行坚持以习近平新时代中国特色社会主义思想为指导,全面贯彻党的二十大精神,认真落实党中央、国务院决策部署,稳健的货币政策精准有力,适时强化逆周期调节,统筹把握总量与结构、数量与价格、内部与外部均衡,有效支持了实体经济发展。

一是加大货币信贷支持经济力度。全年两次降准释放长期资金超1万亿元,中期借贷便利(MLF)超额续作2.5万亿元,灵活开展公开市场操作,保持流动性合理充裕。多次召开金融机构座谈会,引导信贷总量适度、节奏平稳,增强贷款增长的稳定性和可持续性。二是降低融资成本激发有效需求。两次下调政策利率带动贷款市场报价利率(LPR)等市场利率下行。发挥存款利率市场化调整机制作用,稳定银行负债成本。调整优化住房信贷政策,引导商业银行有序降低存量首套房贷利率。三是优化资金供给推动结构转型。出台金融支持民企的指导性文件落实支持科技型企业融资行动方案;增加支农支小再贷款额度2 500亿元,延续实施普惠小微贷款支持工具、碳减排支持工具,增加抵押补充贷款(PSL)额度5 000亿元,引导金融资源更多流向重大战略、重点领域和薄弱环节。四是稳定汇率兼顾内外均衡。深化汇率市场化改革,适时上调跨境融资宏观审慎调节参数、下调外汇存款准备金率,发挥外汇自律机制作用,强化预期引导,调节外汇市场供求,保持人民币汇率在合理均衡水平上的基本稳定。五是处置重点领域风险保障金融稳定。加强金融风险监测评估,稳妥处置重点区域和重点机构风险。有序推进金融支持融资平台债务风险化解。强化金融稳定保障体系建设。

总体看,2023年货币政策坚持稳字当头、稳中求进,为经济回升向好营造了良好的货币金融环境。

资料来源:中国人民银行货币政策分析小组.中国货币政策执行报告(2023年第四季度)[R].2024-02-08.

第二节 货币政策工具

货币政策工具也称货币政策手段,是中央银行为调控中介目标进而实现货币政策目标所采用的政策手段。货币政策中介目标和最终目标都是通过中央银行对货币政策工具的运用来实现的。货币政策工具可分为一般性货币政策工具、选择性货币政策工具和其他货币政策工具。

一、一般性货币政策工具

一般性货币政策工具是从供应量和信用总量上进行调控的货政策工具，是中央银行最常用的传统工具，主要包括法定存款准备金政策、再贴现政策和公开市场业务。这三大政策工具也被称为中央银行的"三大法宝"。

（一）法定存款准备金政策

1. 法定存款准备金政策含义

法定存款准备金政策是指中央银行在法律赋予的权限内，通过规定和调整法定存款准备金率，改变货币乘数，影响商业银行的信用创造能力，从而间接调控货币供应量，进而影响一国经济的金融政策。

2. 法定存款准备金政策的作用机制

法定存款准备金政策是影响货币供应量最强有力的政策。根据货币供给的基本模型 $M_S = m \times B$，货币供应量的改变取决于货币乘数（m）和基础货币（B）的调整。当中央银行提高法定存款准备金率时，一方面由于货币乘数与法定存款准备金率成反比关系，提高法定存款准备金率会使货币乘数 m 降低；另一方面由于法定存款准备金率提高，商业银行的超额准备金减少，即商业银行创造信用和派生存款的能力会降低，因此会使基础货币减少。综上所述，提高法定存款准备金率会迫使商业银行减少放款和投资，使货币供应量缩小，由于银根紧缩而导致利率水平提高，社会投资和支出都相应缩减，从而达到紧缩效果。同理，降低法定存款准备金率会使信贷规模和货币供应量扩张，从而达到宽松效果。

3. 法定存款准备金政策的效果

法定存款准备金政策的优点是它对所有的商业银行的影响是平等的，对货币供应量的扩张或收缩有极强的影响力，作用强烈、速度快，效果明显。

然而，这一政策工具也存在着一定的局限性和挑战。首先，由于其效果的强烈性，缺乏足够的弹性，可能会对经济产生较大的波动，因此不适宜作为中央银行日常性的货币调控手段。其次，由于各类存款机构对法定存款准备金率调整的敏感度和承受能力各异，中央银行在调整政策时难以精准把握其操作力度和预期效果。最后，频繁地调整法定存款准备金率还可能对商业银行的日常经营管理造成较大干扰，增加其流动性风险和管理难度。

（二）再贴现政策

1. 再贴现政策的含义

再贴现是指商业银行及其他金融机构将已贴现但尚未到期的票据向中央银行所做的票据转让，中央银行办理时收取的贴现率即为再贴现率。再贴现政策一般包括两方面的内容：一是调整再贴现率，二是规定申请再贴现的资格。

2. 再贴现政策的作用机制

再贴现率的调整着眼于实现短期市场供求的均衡。中央银行根据市场资金的供需动态来灵活调整再贴现率。具体而言，当再贴现率上升时，商业银行从中央银行再贴现的成本随之增加，这导致商业银行减少向中央银行再贴现的额度，进而减少其超额准备金。若超额准备金不足，商业银行会缩减对客户的贷款和投资规模，以维持其资金流动性。这种操作会减少市场上的货币供应量，收紧银根，促使市场利率上升，并降低社会对货币的总体需求。

相反，当再贴现率下降时，商业银行再贴现的成本降低，可能增加向中央银行的再贴现额度，从而增加其超额准备金。这将使商业银行有更多的资金用于贷款和投资，增加市场上的货币供应量，放松银根，降低市场利率，并刺激社会对货币的需求。

除了调整再贴现率外，中央银行还会对再贴现的资格条件进行规定和调整，包括对贴现票据的要求和对申请机构的筛选。这些规定旨在改变或引导资金的流向，以发挥对特定行业或领域的抑制或扶持作用，更多地关注长期经济结构的优化和调整。

3. 再贴现政策的效果

再贴现政策在调控经济时表现出较为温和的效果，有助于维持一国经济的平稳运行。它不仅能影响商业银行的融资决策，有效调节货币供应总量，还能优化信贷结构。此外，再贴现政策还使得中央银行能够更好地履行最后贷款人的角色，有助于防范金融风险。作为基准利率的一部分，再贴现率的变动也在一定程度上反映了中央银行的政策导向，从而影响公众预期，增强了政策效果。

然而，再贴现政策也面临一些挑战和限制。首先，商业银行在是否申请再贴现及额度上拥有自主权，这意味着市场的变化可能并不完全遵循中央银行的政策意愿。如果商业银行选择其他融资途径而非再贴现，中央银行的政策工具便难以发挥作用。其次，再贴现率的调整效果并非总是显著。在经济繁荣时期，即使提高再贴现率，商业银行的再贴现需求和资产扩张也可能难以被有效抑制；反之，在经济衰退时，降低再贴现率也未必能刺激商业银行的融资需求。再次，相较于法定存款准备金率，再贴现率的调整虽然较为灵活，但由于其作为中央银行利率的特殊性，频繁调整可能导致市场利率的大幅波动，增加利率风险，干扰市场机制的正常运行。最后，中央银行通过再贴现政策扮演最后贷款人的角色时，也可能加剧金融机构的道德风险。

(三) 公开市场业务

1. 公开市场业务的含义

公开市场业务是指中央银行在金融市场上公开买卖政府债券、回购协议或央行票据等有价证券，以调节市场货币供应量和利率，实现货币政策目标的一种政策措施。

2. 公开市场业务的作用机制

公开市场业务在货币政策调控中发挥着多元化的作用。首先，它通过买卖证券来影响商业银行的准备金水平和货币供应量。当中央银行在市场上购买证券时，这实质上是向市场注入基础货币，不论这些资金最终流向社会公众还是商业银行，都将增加银行体系的准备金。这种增加会促使商业银行扩大信贷规模，从而增加货币供应量，并可能导致利率水平下降。较低的利率将刺激投资和消费，进而推动社会经济的增长。

其次，公开市场业务还能够影响市场利率的整体水平和结构。当中央银行大量购买证券时，证券价格上升，市场利率随之下降。这降低了借款成本，鼓励了社会投资和消费的增长，从而强化了货币政策刺激经济增长的效果。此外，中央银行通过买卖不同期限的有价证券，可以直接调整市场上不同期限证券的供需关系，进而改变利率结构。这种利率结构的变化会影响投资和消费的结构，从而增强货币政策的效果。反之，如果中央银行采取相反的操作，即卖出证券，将会产生相反的效果。

3. 公开市场业务的效果

公开市场业务的优势体现在多个方面。首先，中央银行拥有高度的主动性。它可以根据经济运行的实际情况和需要，主动进行证券的买卖，无须被动等待市场反应。其次，公开市场业务操作具有高度的灵活性。这一工具可以进行精细化的操作，即使以较小的规模和步骤进行，也能较为准确地达到政策目标。再次，公开市场业务还可以频繁、连续和试探性地进行操作，具有强大的伸缩性，因此成为中央银行进行日常性调节的理想工具。最后，公开市场业务具有可逆转性。一旦发现操作有误，中央银行可以立即进行反向操作，以纠正错误。

然而，公开市场业务也存在一些局限性。首先，其告示作用相对较弱。由于操作较为细微，公开市场业务在传递政策意图和引导公众预期方面效果有限。其次，公开市场业务的效果容易受到市场因素的影响。其效果相对缓和，各种市场因素的变动可能会削弱或抵消其影响力。最后，公开市场业务的有效实施需要一个高度发达的证券市场作为支撑。这个市场需要具备相当的深度、广度和弹性，同时中央银行也需要有足够的资金实力和多样化的证券种类可供交易，否则公开市场业务的效果将受到影响。

> **专栏10-2**
>
> **灵活开展公开市场操作**
>
> 全年公开市场逆回购操作利率两次下行。2023年6月和8月,公开市场7天期逆回购操作中标利率各下行10个基点,年末为1.8%,较上年末下降20个基点,通过金融市场传导带动降低企业融资成本,促进金融支持实体经济发展提质增效。第四季度,影响银行体系流动性供求的短期因素有所增多,人民银行密切关注经济金融运行情况,加强流动性监测分析,前瞻灵活开展公开市场逆回购操作,适时适度加大操作力度,保持银行体系流动性合理充裕,引导货币市场利率围绕公开市场操作利率平稳运行。
>
> 支持政府债券集中大量发行。第四季度,地方政府债券发行加快,新增1万亿元国债也集中发行,政府债券净融资额创历史新高。人民银行进一步加强与财政政策的协调配合,积极与财政部门沟通,及时加大公开市场逆回购等政策工具的操作力度,精准对冲财政发债因素的短期影响,维护流动性和市场利率平稳运行,也为政府债券顺利发行提供了有力支持。
>
> 前瞻稳定年底资金面。人民银行于12月18日即启动14天期逆回购操作,并视市场需求逐步加大操作力度,保持年末市场流动性合理充裕,保障各类市场机构平稳跨年。2023年年末,公开市场逆回购操作余额为2.8万亿元,比上年末增加1.1万亿元;年末最后一个工作日,银行间市场存款类机构7天期回购加权平均利率(DR007)为1.91%,比上年同期低45个基点。
>
> 此外,第四季度人民银行继续每月开展央行票据互换(CBS)操作,助力提升银行永续债的二级市场流动性。同时,坚持常态化在香港发行人民币央行票据,并结合全球投资者需求增加了部分品种的发行规模。2023年,人民银行累计在香港发行12期共1 600亿元人民币央行票据,较上年增加400亿元,对于促进离岸人民币货币市场和债券市场健康发展发挥了积极作用。
>
> 资料来源:中国人民银行货币政策分析小组.中国货币政策执行报告(2023年第四季度)[R].2024-02-08.

二、选择性货币政策工具

选择性货币政策工具是指中央银行针对某些特殊经济领域或特殊用途的信贷而采用的信用调节工具。选择性货币政策工具并不影响总量,只是从不同领域进行控制,进行的是质的控制,这些工具一般都是有选择地使用,因此这类工具被称为选择性货币政策工具。

(一)消费信用控制

消费信用控制是指中央银行对不动产以外的耐用消费品销售融资进行监管和调控。特别是在消费信用过度扩张和物价上涨压力增大的时期,该策略有助于抑制过度消费需求,稳定物价水平。

在需求过旺及通货膨胀时,中央银行可以对消费者信用采取一些必要的管理措施，比如对各种耐用消费品规定付现的最低额，并对用于购买这些商品的贷款规定最长期限，使社会用于购买耐用品的支出减少，从而缓解通货膨胀压力。相反，在经济衰退时期，中央银行可能会撤销或者放宽对消费者信用的限制条件，以提高消费者对耐用品的购买力，促使经济回升。

（二）证券市场信用控制

证券市场信用控制涉及中央银行对证券交易相关贷款和信用交易保证金比率的限制，并根据市场状况灵活调整。

通过证券市场信用控制，中央银行可以达到两个目的：一是控制证券市场的信贷资金需求，防止过度投机和泡沫的产生，从而稳定证券市场价格。二是调节信贷供给结构，使更多的资金用于生产和流通领域，而不是过度流入证券市场。

（三）不动产信用控制

不动产信用控制是指中央银行对金融机构在房地产方面放款的限制性措施，包括对房地产贷款规定最高限额、最长期限及首次付款和分期还款的最低金额等，以抑制房地产投机和泡沫。

当经济过热，不动产信用膨胀时，中央银行可以通过规定和加强各种限制措施来减少不动产信贷，从而抑制不动产的盲目生产或投机，减轻通货膨胀压力，防止经济泡沫的形成。相反，在经济衰退时期，中央银行也可以通过放松管制，扩大不动产信贷，刺激社会对不动产的需求，进而以不动产的扩大生产和交易活跃带动其他经济部门的生产发展，从而促使经济复苏。

（四）优惠利率

优惠利率政策是中央银行针对国家重点发展的经济部门或产业而实施的激励措施。这一政策不仅广泛应用于发展中国家，也是发达国家推动产业发展和结构升级的重要手段。

优惠利率的形式主要有两种：一是中央银行对需要重点发展的部门、行业和产品制定较低的贷款利率，由商业银行执行；二是对需重点发展的部门、行业和产品的票据制定较低的再贴现率。在特定情况下，银行也会采取优惠利率政策来支持某些行业的发展，或考虑到某些地区、行业和企业的承受能力，对某些贷款以低于同类贷款的利率档次计息结息。这种政策有助于降低借款者的财务成本，提高其资金利用效率，同时也有利于银行维护客户关系，减少坏账风险。

（五）预缴进口保证金

进口保证金制度要求进口商在进口商品时预先缴纳与商品总值成一定比例的保证金，以此作为抑制进口过快增长的手段。这一制度多被国际收支出现逆差的国家采用，以平衡国际收支。

三、其他货币政策工具

其他货币政策工具是指中央银行根据本国的不同情况和不同时期的具体需要,对信用实施直接或间接控制的工具。

(一)直接信用控制

直接信用控制是指中央银行通过行政命令或其他方式,从总量和结构两方面,直接对商业银行等金融机构的信用活动进行控制。

1. 利率上限设定

中央银行通过法律或条例形式,为商业银行和其他金融机构的存贷款利率设定一个最高水平,这一水平被称为利率最高限额或利率上限。

2. 信贷资金配额

基于金融市场的状况和客观经济需求,中央银行会对各商业银行的信贷资金进行合理分配和必要限制,这一措施被称为信贷资金配额。

3. 流动性比率管理

为了限制商业银行的信用扩张能力并确保其稳健经营,中央银行会规定商业银行的流动性资产占其全部资产的比重,即流动性比率。

10-3 中国的货币政策工具

(二)间接信用指导

间接信用指导主要包括道义劝告和窗口指导两个工具。间接信用指导机制依赖于中央银行在金融体系中的权威地位以及完善的信用法律与手段。若商业银行对中央银行的依赖程度不高,那么道义劝告和窗口指导等政策工具的效果可能会大打折扣。

1. 道义劝告

中央银行通过发布通告、指示或进行面谈等方式,向商业银行及其他金融机构传达其政策意图,鼓励其遵守并贯彻相关政策,从而影响商业银行的贷款规模和投资方向。

10-4 央行推出碳减排货币政策工具

2. 窗口指导

中央银行会根据市场状况、物价趋势、金融市场动态、货币政策要求以及上一年同期的贷款情况等因素,为商业银行设定每季度的贷款增减额度,并要求其按照这一指导进行贷款操作。

10-5 人民银行:结构性货币政策工具箱已比较丰富和完善

专栏10-3

发挥货币政策的结构优化作用

聚焦"五篇大文章",发挥货币政策工具总量和结构双重功能。普惠金融方面,运用支农支小再贷款、再贴现引导地方法人金融机构扩大对涉农、小微和民营企业的信贷投放,2024年1月25日下调支农支小再贷款、再贴现各期限档次利率0.25个百分点；扶贫再贷款按照现行规定进行展期，巩固脱贫攻坚成果，支持乡村振兴；继续引导10个省（区、市）地方法人金融机构运用好再贷款等工具，促进区域协调发展。2023年年末，全国支农再贷款余额为6 562亿元，支小再贷款余额为1.7万亿元，扶贫再贷款余额为1 222亿元，再贴现余额为5 920亿元。继续实施普惠小微贷款支持工具。2023年年末，工具累计提供激励资金554亿元，比年初增加279亿元，支持地方法人金融机构累计增加普惠小微贷款33 222亿元，比年初增加17 168亿元。绿色金融方面，碳减排支持工具延续实施至2024年年末，将部分地方法人金融机构和外资金融机构纳入工具支持范围；支持煤炭清洁高效利用专项再贷款延续实施至2023年年末。截至2023年年末，两个工具余额分别为5 410亿元、2 748亿元，比年初增加2 314亿元、1 937亿元。科技金融方面，科技创新再贷款、设备更新改造专项再贷款等到期退出，存量资金继续发挥作用。2023年年末，两个工具余额分别为2 556亿元、1 567亿元，分别比年初增加556亿元、758亿元。养老金融方面，继续在浙江、江苏等5个试点省份实施普惠养老专项再贷款。2023年年末，工具余额为18亿元，比年初增加11亿元。

资料来源：中国人民银行货币政策分析小组.中国货币政策执行报告（2023年第四季度）[R].2024-02-08.

第三节 | 货币政策的传导机制与有效性

一、货币政策的传导机制

货币政策传导机制，是指中央银行运用货币政策工具作用于操作目标，进而影响中介目标，最终实现既定政策目标的传导途径与作用机理。货币政策传导机制大体可分为三个步骤：第一步，货币政策工具的运用直接作用于货币政策的操作目标；第二步，操作目标的变动影响中介目标；第三步，中介目标的变动影响实际经济活动，从而达到货币政策的最终目标。

由于不同政策工具对操作目标的影响不一，操作目标与中介目标、最终目标之间的关系非常复杂，传导过程本身又无法直接观察到，学者们对传导过程只能进行理论分析。不同的分析形成了不同的传导机制理论，如凯恩斯学派的传导机制理论、货币学派的传导机制理论、托宾的q理论、信贷传导机制理论、财富传导机制理论等，这里以凯恩斯学派和货币学派的传导机制理论加以分析。

（一）凯恩斯学派的货币政策传导机制

凯恩斯学派的货币政策传导机制认为传导过程中的主要机制或主要环

节是利率,其基本思路是:中央银行实施货币政策后,首先引起商业银行的存款准备金数量发生变动,继而导致货币供给量发生变化,通过货币供给量的变化引起市场利率发生变化,市场利率的变化导致投资发生增减变动,通过乘数效应,最终影响社会总支出与总收入,用符号表示为:

$$M \to r \to I \to E \to Y \quad (10-1)$$

其中,M 为货币供给量,r 为市场利率,I 为投资,E 为总支出,Y 为总收入。

具体而言,当中央银行采取宽松的货币政策,商业银行的超额准备金增加,贷款能力增强,从而导致货币供给量增加,市场银根放松促使利率降低,由于资金的使用成本降低,导致投资增加,并通过乘数效应直接增加了社会的总需求,最终导致社会总收入的增加。

需要注意的是上述分析只显示了货币市场对商品市场的影响,并没有显示出它们之间的循环往复过程,凯恩斯称之为局部均衡分析。

(二)货币学派的货币政策传导机制

以弗里德曼为代表的货币学派则认为,利率在货币传导机制中不起关键性作用,货币供给量则在整个传导机制过程中起到了直接的作用。货币学派的货币政策传导机制可表示为:

$$M \to E \to I \to Y \quad (10-2)$$

其中,M 为货币供给量,E 为总支出,I 为投资,Y 为总收入。

货币学派认为,在传导机制中,货币供应量的变动(M)首先会直接影响到经济中的支出(E),包括消费和投资等。当货币供应量增加时,通常初始阶段会出现利率下降,从而激励银行增加贷款。随着贷款的增加,人们的货币收入提高,进而推动物价上升。这一过程中,消费支出和投资支出受到刺激而增长,最终导致产出的提升(Y)。整个过程可以简化为以下传导路径:货币供应量的变化(M)直接影响到支出(E),进而影响到投资(I),最终反映在总收入或产出(Y)上。

10-6 央行:进一步疏通货币政策传导机制,保持流动性合理充裕

二、货币政策的效果

货币政策效果是指中央银行实施一定的货币政策后,最终实际取得的效果,即货币政策的有效性问题。

(一)货币政策的时滞效应

货币政策的时滞效应指的是从中央银行制定并实施货币政策措施到这些措施对经济产生实质性影响所经历的时间延迟。这种时滞包括内部时滞和外部时滞两个主要部分。

1. 内部时滞

内部时滞是指中央银行认识到经济形势需要货币政策调整,到实际采取行动的时间。它包括认识时滞(货币当局意识到经济形势变化需要采取行动的时间)和决策时滞(制定并决定采取何种货币政策的时间)。内部时滞的长短取决于货币当局对经济形势的预见能力、决策效率和行动决心。

2. 外部时滞

外部时滞也称为市场时滞,是指从中央银行采取货币政策行动到这些行动对经济活动产生可观测影响的时间。它涉及政策工具对中介目标的影响(操作时滞),以及中介目标对最终经济目标的影响(市场时滞)。

时滞是影响货币政策效果的重要因素。如果货币政策产生的影响可以很快表现出来,则中央银行可根据期初的预测值,考察货币政策的生效状况,并对货币政策的调控幅度作适当的调整,从而能够更好地实现预期目标。若货币政策的时滞难以确定且无法预测,则货币政策实施过程中经济形势可能会发生较大变化,可能使货币政策效果违背中央银行政策出台的初衷,甚至可能使经济、金融形势进一步恶化。因此,良好的货币政策应使政策的时滞降低到最低程度。

(二) 货币政策作用的条件及政策的配合

1. 货币政策发挥作用的条件

货币政策的效果大小,即其在宏观经济调控中所能发挥的作用程度,主要取决于以下五个关键条件。

(1) 完善的市场机制。货币政策的有效实施需要有一个完善的市场机制,包括有效的市场供求关系、价格机制、竞争机制等。这些机制能够确保货币政策工具的有效传导,实现货币政策目标。

(2) 微观主体的自主性。微观主体,即企业、居民等经济实体,需要成为自主经营、自负盈亏的经济实体,以利益为导向进行经济活动。这样,货币政策才能通过影响微观主体的经济行为来实现其政策目标。

(3) 生产要素的自由流动。生产要素,如劳动力、资本、技术等,需要在市场中自由流动,以实现资源的优化配置。货币政策通过影响生产要素的价格和供求关系,引导资源的流动方向,促进经济的协调发展。

(4) 中央银行的独立性。中央银行作为货币政策的制定者和执行者,需要保持一定的独立性,避免受到政治、经济等方面的不当干扰。这样,中央银行才能根据经济运行的实际情况,制定并执行适当的货币政策,实现其政策目标。

（5）健全的法制、法规。货币政策的实施需要有一个健全的法制、法规环境，以确保货币政策的合法性和有效性。同时，也需要有一个完善的监管体系，对货币政策实施过程中的各种行为进行监督和管理，防止违法违规行为的发生。

2. 货币政策与财政政策的配合

货币政策和财政政策是一国重要的两大宏观经济政策，两者都可以通过影响总需求进而影响总支出和总收入。如前所述，由于货币政策的效果受时滞的影响较大，其效果的大小取决于是否有完善的市场机制、微观主体是否具有自主性、中央银行是否独立等条件。因此，在实际宏观经济调控中，各国普遍重视货币政策与其他政策尤其是财政政策的配合，以最大限度地减少货币政策的副作用。

货币政策可以通过调节货币供应量和利率来影响经济增长、物价稳定和国际收支平衡等，常用工具包括存款准备金率、再贴现率、公开市场业务等。财政政策则可以通过改变政府支出和税收来影响社会总需求、总供给和国民收入等，常用工具包括政府支出、税收、国债等。货币政策和财政政策都是需求管理政策，通过影响总需求来影响宏观经济运行，且两者的调控目标具有统一性，都是为了实现宏观经济的稳定和健康发展。尽管货币政策和财政政策有以上共同点，但两者也有明显的区别。一般来说，在实现紧缩目标时货币政策比较有效，在实现扩张目标时财政政策比较有效。另外，货币政策是由中央银行通过金融体系进行一般经济总量调控，而财政政策是由政府财政部门依靠行政力量强制推行，用于解决经济结构问题。

各国政府在利用两大政策干预经济时，一般有四种配合模式：货币、财政双紧；货币、财政双松；紧货币、松财政；松货币、紧财政。

（1）货币、财政双紧。当社会总需求超出总供给，导致严重的通货膨胀和经济过热时，这一组合通常会被采用。其主要目标是有效地抑制过度增长的总需求，进而减轻通货膨胀压力，确保经济的稳定。然而，长时间实施此策略可能会对经济造成衰退的风险。

（2）货币、财政双松。面对社会总需求严重不足，生产资源大量闲置，经济陷入深度萧条的情况时，这一策略被广泛应用。通过扩大有效需求，促进经济的增长。然而，长期执行这一策略可能带来通货膨胀和经济过热的隐患。

（3）紧货币、松财政。当社会总需求偏高，物价有所上涨，且产业和产品结构出现严重不平衡时，该策略便显得尤为适宜。它通过紧缩的货币政策控制货币供给，抑制通货膨胀；同时，通过宽松的财政政策，如降低税率、增加政府投资与支出,来调整和优化产业结构,提升经济增长的质量。

（4）松货币、紧财政。当总需求与供给大致平衡,但消费过度旺盛而企业投资不足,物价有逐步上涨趋势时,该策略便被采纳。通过宽松的货币政策增加货币供应量,降低利率,刺激企业和个人的投资,推动经济增长;同时,通过紧缩的财政政策减少政府消费与投资支出,以抑制物价的上涨。

关键词

货币政策　货币政策目标　货币政策工具　再贴现政策　公开市场业务　法定存款准备金政策　一般性货币政策工具　选择性货币政策工具　货币政策传导机制　货币政策时滞

本章小结

1. 货币政策是中央银行为实现特定的经济目标,运用各种工具调节和控制货币供应量及信用量,进而影响宏观经济的方针和措施的总和。货币政策是实现中央银行金融宏观调控目标的核心所在,在国家宏观经济政策中居于十分重要的地位。

2. 货币政策包括三个方面的基本内容:一是政策目标,二是实现目标所运用的政策工具,三是预期达到的政策效果。

3. 货币政策目标也称为货币政策最终目标,是中央银行通过运用货币政策所要达到的最终宏观经济目标。虽然不同国家不同时期的货币政策目标有所不同,但总体上货币政策目标有四个,分别是物价稳定、充分就业、经济增长和国际收支平衡。

4. 货币政策诸目标之间的关系是比较复杂的,有的在一定程度上具有一致性,如充分就业与经济增长,二者成正相关关系;有的则相对独立,如充分就业与国际收支平衡。但它们之间的关系更多地表现为目标之间的冲突性。

5. 货币政策工具也称货币政策手段,是中央银行为调控中介目标进而实现货币政策目标所采用的政策手段。货币政策中介目标和最终目标都是通过中央银行对货币政策工具的运用来实现的。货币政策工具包括一般性货币政策工具、选择性货币政策工具和其他货币政策工具。

6. 货币政策传导机制是指中央银行运用货币政策工具作用于操作目标,进而影响中介目标,最终实现既定政策目标的传导途径与作用机理。

7. 货币政策效果是指中央银行实施一定的货币政策后,最终实际取得的效果,即货币政策的有效性问题。

8. 货币政策的时滞效应指的是从中央银行制定并实施货币政策措施到这些措施对经济产生实质性影响所经历的时间延迟。这种时滞包括内部时滞和外部时滞两个主要部分。

学术前沿拓展

1. 钟莉莎.我国货币政策利率传导渠道及其影响——基于直接、间接调控的实证分析[J].吉林金融研究,2023(11):30-34.
2. 肖浩然,等.家庭债务积压、总消费下降与财政货币政策协调[J].经济金融学研究.2024(06):1-13.
3. 刘金全,刘文轩.新时代中国货币政策创新的理论逻辑和改革方向[J].现代经济探讨,2024(01):1-10.

习 题

一、单项选择题

1. 货币政策的核心内容是(   )。
   A. 政策目标 B. 政策工具 C. 政策效果 D. 所有以上

2. 货币政策的最终目标不包括(   )。
   A. 物价稳定 B. 充分就业 C. 经济增长 D. 减少贸易逆差

3. 货币政策操作目标的特点是(   )。
   A. 直接性和灵敏性 B. 长期性和预测性
   C. 灵活性和多样性 D. 间接性和稳定性

4. 菲利普斯曲线反映(   )之间此消彼长的关系。
   A. 物价稳定与失业率 B. 经济增长与失业率
   C. 通货紧缩与经济增长 D. 通货膨胀与经济增长

5. 作为货币政策目标的物价稳定是指(   )。
   A. 个别商品价格固定不变 B. 商品相对价格稳定
   C. 一般物价水平固定不变 D. 一般物价水平相对稳定

6. 下列各要素的排列顺序正确表示了货币政策的传导过程的是(   )。
   ①最终目标 ②操作目标 ③中介目标 ④政策工具
   A. ①②③④ B. ①③②④ C. ①②④③ D. ④②③①

7. 货币政策工具的主要目的是(   )。
   A. 增加银行利润 B. 调控中介目标进而实现货币政策目标
   C. 提高储蓄率 D. 增加外汇储备

8. 中央银行的"三大法宝"指的是(   )。
   A. 利率政策、公开市场操作、再贴现政策

B. 法定存款准备金政策、再贴现政策、公开市场业务

C. 利率政策、汇率政策、货币政策

D. 法定存款准备金政策、汇率政策、货币政策

9. 下列（　　）不是法定存款准备金政策的作用机制。

 A. 改变货币乘数   B. 影响商业银行的信用创造能力

 C. 直接设定市场利率   D. 调控货币供应量

10. 再贴现政策中，中央银行不通过（　　）来影响市场。

 A. 调整再贴现率

 B. 规定申请再贴现的资格

 C. 直接购买商业银行的贷款

 D. 通过再贴现率影响商业银行的融资成本

11. 凯恩斯学派认为货币政策传导过程中的主要机制是（　　）。

 A. 货币供给量   B. 利率   C. 总支出   D. 投资

12. 在货币学派的货币政策传导机制中，货币供应量的变化首先影响（　　）。

 A. 利率   B. 总支出   C. 投资   D. 总收入

13. 货币政策的内部时滞包括（　　）。

 A. 认识时滞和操作时滞   B. 决策时滞和市场时滞

 C. 认识时滞和决策时滞   D. 操作时滞和市场时滞

14. 货币政策发挥作用的条件之一是中央银行需要保持（　　）。

 A. 独立性   B. 透明度   C. 灵活性   D. 多样性

15. 当社会总需求大于总供给，出现了严重的通货膨胀和经济过热，以致影响到经济稳定和正常运转，货币政策和财政政策的配合是（　　）。

 A. 货币政策、财政政策双紧   B. 货币政策、财政政策双松

 C. 货币政策松、财政政策紧   D. 货币政策紧、财政政策松

16. 当社会总需求严重不足，生产资源大量闲置，经济转入严重萧条时，货币政策和财政政策的配合是（　　）。

 A. 货币政策、财政政策双紧   B. 货币政策、财政政策双松

 C. 货币政策松、财政政策紧   D. 货币政策紧、财政政策松

17. 当社会总需求偏大，物价有一定幅度上涨，但产业结构、产品结构严重不平衡时，货币政策和财政政策的配合是（　　）。

 A. 货币政策、财政政策双紧   B. 货币政策、财政政策双松

 C. 货币政策松、财政政策紧   D. 货币政策紧、财政政策松

18. 当总需求与供给大体平衡，但消费偏旺而企业投资不足，物价有逐步上涨趋势时，货币政策和财政政策的配合是（　　）。

A. 货币政策、财政政策双紧　　　　　　B. 货币政策、财政政策双松
C. 货币政策松、财政政策紧　　　　　　D. 货币政策紧、财政政策松

19. 不属于宽松货币政策的是（　　）。
    A. 降低法定存款准备金率　　　　　　B. 降低再贴现率
    C. 在公开市场上卖出证券　　　　　　D. 在公开市场上买入证券

20. 再贴现政策的局限性不包括（　　）。
    A. 缺乏主动性　　　　　　　　　　　B. 具有一定的波动性
    C. 缺乏弹性　　　　　　　　　　　　D. 告示作用准确明显

二、多项选择题

1. 货币政策目标主要包括（　　）。
   A. 物价稳定　　　　　　　　　　　　B. 充分就业
   C. 经济增长　　　　　　　　　　　　D. 国际收支平衡

2. 货币政策目标之间的矛盾主要表现在（　　）方面。
   A. 稳定物价与充分就业　　　　　　　B. 稳定物价与经济增长
   C. 稳定物价与国际收支平衡　　　　　D. 充分就业与经济增长

3. 货币政策中介目标的选取要求包括（　　）。
   A. 可测性　　　B. 可控性　　　C. 相关性　　　D. 抗干扰性

4. （　　）属于货币政策的操作目标。
   A. 基础货币　　B. 超额准备金　C. 利率　　　　D. 货币供应量

5. 一般性货币政策工具包括（　　）。
   A. 法定存款准备金政策　　　　　　　B. 再贴现政策
   C. 公开市场业务　　　　　　　　　　D. 消费信用控制

6. 再贴现政策的效果包括（　　）。
   A. 影响商业银行的融资决策　　　　　B. 调节货币供应总量
   C. 优化信贷结构　　　　　　　　　　D. 增加外汇储备

7. 公开市场业务的优势包括（　　）。
   A. 高度的主动性　　　　　　　　　　B. 高度的灵活性
   C. 强大的伸缩性　　　　　　　　　　D. 可逆转性

8. 选择性货币政策工具包括（　　）。
   A. 消费信用控制　　　　　　　　　　B. 证券市场信用控制
   C. 不动产信用控制　　　　　　　　　D. 公开市场业务

9. 货币政策的时滞效应包括（　　）。
   A. 内部时滞　　B. 外部时滞　　C. 操作时滞　　D. 市场时滞

10. 货币政策与财政政策的配合模式包括(   )。

    A. 货币、财政双紧   B. 货币、财政双松   C. 紧货币、松财政   D. 松货币、紧财政

三、判断题

1. 货币政策的中介目标与最终目标之间的关系较弱。（   ）
2. 充分就业意味着100%的就业率。（   ）
3. 法定存款准备金政策对所有的商业银行的影响是不平等的。（   ）
4. 再贴现率的调整可以灵活地影响市场利率。（   ）
5. 公开市场业务是中央银行最常用的传统工具之一。（   ）
6. 选择性货币政策工具会影响货币供应量的总量。（   ）
7. 凯恩斯学派认为利率在货币政策传导机制中不起关键性作用。（   ）
8. 货币政策的外部时滞也称为市场时滞，涉及政策工具对中介目标的影响。（   ）
9. 在实现紧缩目标时，货币政策比财政政策更有效。（   ）
10. 内部时滞是指经济形势发生变化，需要中央银行采取行动，到中央银行实际采取行动所花费的时间。（   ）

四、问答题

1. 如何理解货币政策的各个目标及其之间的关系？
2. 货币政策中介目标选择的标准是什么？
3. 传统的货币政策工具是什么？对其效果如何评价？
4. 什么是货币政策时滞？货币政策时滞分为哪几类？
5. 货币政策与财政政策怎样协调配合？

参 考 文 献

1. 李健.金融学[M].4版.北京：高等教育出版社，2022.
2. 黄达，张杰.金融学[M].5版.北京：中国人民大学出版社，2019.
3. 吴军梅.金融学[M].3版.厦门：厦门大学出版社，2020.
4. 万解秋.货币银行学通论[M].4版.上海：复旦大学出版社，2023.
5. [美]弗雷德里克·S.米什金.货币金融学[M].13版.王芳，译.北京：中国人民大学出版社，2024.
6. 曹龙骐.金融学[M].6版.北京：高等教育出版社，2019.
7. 戴国强，柳永明.货币金融学[M].5版.上海：上海财经大学出版社，2023.

8. 钟莉莎.我国货币政策利率传导渠道及其影响——基于直接、间接调控的实证分析[J].吉林金融研究,2023(11):30-34.

9. 肖浩然,等.家庭债务积压、总消费下降与财政货币政策协调[J].经济金融学研究.2024(06):1-13.

10. 刘金全,刘文轩.新时代中国货币政策创新的理论逻辑和改革方向[J].现代经济探讨,2024(01):1-10.

第十一章 金融监管

金融市场在现代经济中扮演着核心角色,但其运行始终伴随着复杂性与风险。从金融创新引发的市场波动到系统性危机的潜在威胁,金融体系的稳健性直接关系到经济安全与社会福祉。金融监管作为维护金融秩序的核心手段,通过规范金融机构行为、防控市场风险、保护参与者权益,为金融市场的公平、高效运行筑牢防线。本章将围绕金融监管的基础理论展开,从概念内涵与监管必要性出发,解析监管目标与基本原则,系统介绍监管体制的构成类型,深入探讨监管手段、方法及不同金融行业的监管重点,帮助读者构建对金融监管体系的完整认知。

 学习目标

1. 了解金融监管的概念和必要性;
2. 理解金融监管的目标和原则;
3. 熟悉金融监管体制的构成和类型;
4. 熟悉金融监管的手段和方法,掌握不同行业金融监管的内容;
5. 强调金融监管在维护国家金融安全、促进经济发展和社会稳定方面的重要作用,使学生认识到金融行业的社会责任。

 思维导图

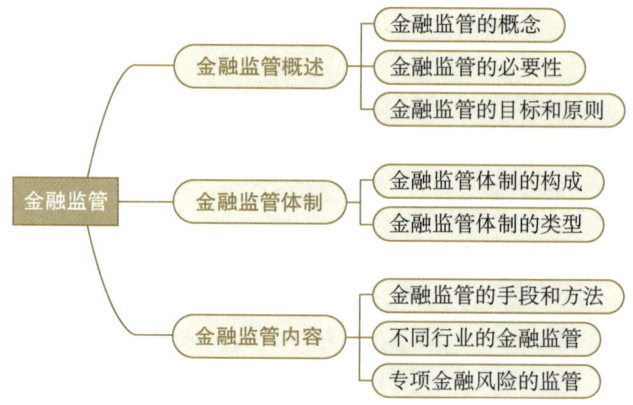

第一节 金融监管概述

一、金融监管的概念

金融监管是金融监督和金融管理的总称。从狭义的角度来看,金融监管是指金融主管当局根据国家法律法规的授权,对金融业(包括金融机构及其在金融市场上的业务活动)进行的监督、约束和管制,以确保其合规、稳健的运行。而从广义的角度来看,除了金融主管当局的监管外,还包括金融机构的内部控制与稽核、行业自律性组织的监督以及社会中介组织的监督等。

通常来说,一个国家的金融监管涉及金融的各个领域,包括但不限于以下几个方面:对存款货币银行的监管;对非存款货币银行金融机构的监管;对短期货币市场的监管;对资本市场和证券业以及各类投资基金的监管;对外汇市场的监管;对衍生金融工具市场的监管;对保险业的监管等。这些领域的监管对于维护金融市场的稳定、保护投资者权益以及防止金融风险等方面都至关重要。

11-1 金融监管

二、金融监管的必要性

在现代经济体系中,金融市场扮演着至关重要的角色。随着金融创新和全球化的加速发展,金融市场的复杂性和风险程度也在不断增加,因此,金融监管显得尤为重要。

一方面,金融业的行业特殊性决定了金融监管的重要性。金融市场的不完全性可能导致资源配置的无效率或低效率。而金融业自身又是一个脆弱的行业,表现为金融体系内在的脆弱性、金融机构内在的脆弱性和金融资产价格内在的波动性。金融业的风险来自方方面面,不仅有一般行业共有的信用风险、经营风险、管理风险,还有金融行业特有的利率风险、汇率风险、国际游资冲击风险等。一旦这些风险产生并累积就会引发金融机构发生危机或破产倒闭,将直接损害众多债权人的利益,后果是十分严重的。金融监管可以纠正由信息不对称、外部性、市场垄断和不公平、政府干预、金融创新和复杂性以及全球经济环境的不确定性等因素导致的市场失灵和缺陷。金融监管通过对金融机构的风险管理和内部控制进行监督,可以及时发现和处理潜在的风险点,防止风险的蔓延和扩散,从而保护整个金融体系的稳定。而金融体系安全运行,能够保持公众的信心,进而保证国民经济的健康发展。

另一方面,维护金融秩序、保护公平竞争、提高金融效率是金融业自身发展的需要,良好的金融秩序是保证金融安全的重要前提。金融活动是经济活动的一个重要组成部分,而金融立法为金融活动提供了平等的法律基础。现代社会的经济活动都是通过法律来加以规范和约束的。为了金融业的健康发展,金融机构应该按照有关法律的规定规范地经营,不能搞无序竞争和不公平竞争。监管机构通过立法和执法,推动建立公平的市场环境,确保各金融机构在平等的条件下竞争,防止市场垄断和不正当竞争,促进金融业降低成本、提高效率,为社会提供优质的金融服务。

三、金融监管的目标和原则

(一) 金融监管的目标

金融监管的目标是实现金融有效监管的前提和监管当局采取监管行动的依据。中央银行金融监管的总体目标是通过对金融业的监管维持一个稳定、健全、高效的金融制度。这是一个总目标,还有四个具体目标。一是确保金融稳定安全,防范金融风险;二是保护金融消费者权益;三是提高金融体系的效率;四是规范金融机构的行为,促进公平竞争。

尽管各国由于历史、文化背景以及经济发展阶段不同,具体的监管目标存在差异,但基本内容都包括维持金融业合理竞争、维护金融业安全以及推动金融业稳健发展等。

(二) 金融监管的原则

金融监管的原则是指金融监管机构在履行其职责时所遵循的基本准则和指导思想。这些原则确保金融监管活动的有效性、公正性和效率。

1. 依法监管原则

该原则的核心是确保金融监管的合法性和权威性,即所有的监管活动都必须基于明确的法律法规,监管机构在行使权力时必须有法可依,确保金融市场的规则秩序和健康发展。

2. 风险为本原则

该原则强调了对金融机构风险状况和管理能力的重视。监管机构要持续关注金融机构的风险暴露,并通过有效的风险评估和监控机制,确保金融机构能够稳健经营,防范系统性金融风险。

3. 公正、公开、公平原则

该原则要求监管机构在监管过程中保持公正性,不偏袒任何一方。同时,监管活动应公开透明,接受社会监督,确保监管的公正性和公信力。这一原则有助于维护金融市场的公平竞争环境,保护投资者的合法权益。

4. "内控"与"外控"相结合的原则

该原则是指金融机构在风险管理和监管活动中,既要注重内部控制的有效性,也要借助外部监管的力量,实现内外监管的有机结合,以确保金融市场的稳定和金融机构的稳健运行。

5. 适度监管原则

该原则注重寻求监管与市场发展之间的平衡。一方面,监管机构需要对金融机构进行适当的约束和监督,防止过度冒险和不当行为;另一方面,也要避免过度监管对金融机构正常经营的干扰,保持金融市场的活力和创新。

6. 国际合作原则

在全球化背景下,金融监管需要加强国际合作。各国监管机构应共同应对金融风险和挑战,通过信息共享、监管协调、危机应对等方式加强合作,提高全球金融体系的稳定性和韧性。

第二节 | 金融监管体制

金融监管体制是金融监管体系和基本制度的总称。金融监管体制所阐述的内容是由谁来监管,由什么机构来监管,按照什么样的组织结构进行监管以及谁来对监管效果负责的问题。

一、金融监管体制的构成

金融监管体制是由一系列监管法律法规和监管组织机构组成的体系,涵盖了包括中央银行和其他相关监管机构在内的金融监管当局,以及监管对象等多个重要组成部分。

(一)金融监管当局

金融监管的主体是作为社会公共利益的代表,运用国家法律赋予的权力去监管整个金融体系的特殊机构。金融监管当局是依法对金融业进行监督与管理的政府机构,是金融业的主要监督和管理主体。

中央银行是最早的金融监管当局,主要负责制定和执行货币政策,维护金融市场的稳定,防止金融风险,保护消费者权益,以及监督和管理金融机构的行为。在日常金融活动中,作为"银行的银行",中央银行为其他金融机构提供金融服务,如清算和结算服务,以及在必要时提供流动性支持。同时,中央银行对商业银行和其他金融机构的经营活动进行监督,确保它们的运作符合法律法规和政策要求,及时发现并处理可能引发金融风险的问题,以维护整个金融系统的稳定。总的来说,中央银行的监管职能是多方面的,既包括对金融机构的日常监督和管理,也包括在宏观层面上对经济进行调控和指导。通过这些职能,中央银行确保金融系统的健康运行,促进经济的稳定增长。

纵观世界各国的金融监管历史,除了中央银行外,财政部、货币政策委员会、证券交易委员会、金融监管总局等政府机构都充当过金融监管主体。

专栏11-1

国家金融监督管理总局正式挂牌　金融监管机构改革迈出重要一步

2023年5月18日，国家金融监督管理总局正式挂牌。继2018年中国银保监会组建之后，金融监管格局又迎来重大调整，这是深化金融监管体制改革、加强和完善现代金融监管、促进实现金融监管全覆盖的重大举措。2023年3月，我国金融监管领域迎来重磅改革。中共中央、国务院印发《党和国家机构改革方案》，其中多项涉及金融监管领域：组建中央金融委员会、组建中央金融工作委员会、组建国家金融监督管理总局、深化地方金融监管体制改革、中国证券监督管理委员会调整为国务院直属机构、统筹推进中国人民银行分支机构改革等。自改革方案发布以来，有关部门正在紧锣密鼓地落实，改革稳步推进。4月21日，中国证监会、国家发展改革委对外发布了关于企业债券发行审核职责划转过渡期工作安排的公告。4月23日，证监会宣布，对国家发展改革委移交的34个企业债券项目依法履行了注册程序，同意核发注册批文，及时稳定预期，市场反应积极。这意味着改革方案中的企业债划转已进入实施阶段。

1. 依法将各类金融活动全部纳入监管

根据改革方案，国家金融监督管理总局的职责是"统一负责除证券业之外的金融业监管"，在具体监管职责上，方案提出"强化机构监管、行为监管、功能监管、穿透式监管、持续监管"的要求。这些年来，让金融监管者头疼的一个大问题就是：一些新出现的金融行为很难按照原有的部门分工进行有效监管，原来相对清晰的银行、保险、证券的行业分割出现了一些模糊地带。金融监管存在盲区，还经常出现"铁路警察各管一段"的现象，风险随之滋生。此轮改革在中国银保监会基础上组建国家金融监督管理总局，通过构建"一行一局一会"的金融监管格局，把所有的合法金融行为和非法金融行为都纳入监管，让未来新出现的金融机构和金融业务都难逃监管，形成全覆盖、全流程、全行为的金融监管体系。另外，本次机构改革将中国人民银行对金融控股公司等金融集团的日常监管职责划入国家金融监督管理总局，也从另一个维度体现了功能监管理念。

2. 统筹负责金融消费者权益保护

根据改革方案，中国人民银行有关金融消费者保护职责，以及中国证监会的投资者保护职责划入国家金融监督管理总局，由其统筹负责金融消费者权益保护。此前"一行两会"均设立了消费者或投资者保护机构，金融领域的消保工作分散在不同监管部门。"随着平台经济和数字技术的应用，大量长尾用户渗入金融领域，对消保工作提出了更高的要求。"中国社会科学院金融研究所研究员尹振涛表示，"人民银行和证监会将有关金融消费者保护和投资者保护职责划入国家金融监督管理总局，有助于强化行为监管的标准统一并提高监管效率，也将大大减少因不同标准而产生的合规成本和风险。"新的金融监管体系，无疑肩负着诸多重任。机构职能调整、组织架构重建，只是第一步。从"物理反应"到"化学反应"，达到预定目标，还有大量工作要做，还有很多硬骨头要啃。专家表示，当下金融部门需要充分认识到党和国家机构改革的重要性和紧迫性，进一步提高政治站位，坚定决心和信心,坚持稳字当头,不折不扣落实各项机构改革任务,让金融在服务经济社会发展中发挥更大作用。

资料来源:国家金融监督管理总局正式挂牌　金融监管机构改革迈出重要一步[N].新华社,2023-05-18.

(二)被监管实体

被监管实体也称受监督主体,指的是那些从事金融业务和投资活动的法人、机构、个体和其他单位。这些包括金融服务中介、商业企业、投资基金、个人投资者以及与金融活动相关的其他相关方。这些受监管的实体不仅涉及传统的金融领域,如银行、保险、证券、信托和租赁等,还包括新兴的金融模式和值得关注的业务领域。

二、金融监管体制的类型

鉴于不同国家在历史、文化、法律、政治体系及经济发展等方面的差异,其金融监管机构的构建也各异。根据监管机构的数量,全球各国的金融监管框架大致可以分为集中监管体制、不完全集中监管体制、分业监管体制。

(一)集中监管体制

集中监管体制又称统一式监管、单一全能型监管,即由一家监管机构对所有金融机构的全部金融业务进行监管,这种模式下,金融业的监管由一家集中的监管机构统一执行。集中式监管的模式优势如下:第一,对于监管者来说,机构数目越少,管理成本就越小,在监管机构负责的各个不同的监管领域也可获得经济规模和增效作用,对被监管者来说,若只与一家监管机构打交道,也可以在一定程度上减少经营成本,比如使用标准程序和统的数据库。第二,在集中的全能型监管机构中,监管者的职责更加固定、明确,可以避免重复机构体制引发的政策的不一致性、监管的重复交叉与遗漏,还可以避免监管机构相互间的不公平竞争,防止不同机构之间互相推卸责任的情况。集中监管体制的代表国家有日本、韩国、新加坡等。

(二)不完全集中监管体制

不完全集中监管体制有集中式监管的基本特征,也是由一两家相对集中的机构对各类金融机构开展监管,但在实践业务的区分上,又有一些细化分类,即由不同的机构主要针对不同业务开展监管,是一种介于分业监管和集中监管之间的过渡模式。具体又可以细分为可以分为牵头式、双峰式、伞形+功能型三类。

牵头式监管体制是指在分业监管机构之上设置一个牵头监管机构,负责不同监管机构之间的协调工作。巴西是典型的牵头式监管体制的代表国家，由国家货币委员会牵头，负责协调对不同金融行业监管机构的监管活动。

双峰式监管体制是依据金融监管目标设置两头监管机构。一类机构专门对金融机构和金融市场进行审慎监管，以控制金融业的系统风险。另一类机构专门对金融机构进行合规性管理和保护消费者利益的管理。2013年，英国建立了审慎监管局和金融行为监管局，形成了双峰监管模式。

伞形+功能型监管模式以美国为典型代表，其在以美联储为基础进行集中监管的情况下，对于同时从事银行、证券、互助基金、保险与商人银行等业务的金融持股公司实行伞式监管制度，即从整体上指定美联储为金融持股公司的伞形监管人，负责综合监管，但对于金融持股公司的各项业务又按其所属种类接受不同行业主要功能监管人的监督。

（三）分业监管体制

分业监管体制是指根据不同的金融机构及其业务范围，由不同的监管机构分别进行监管。世界上绝大多数的国家实行这种监管体制。分业监管的优势在于：第一，现在并在可预见的将来，银行业、证券业和保险业仍会保持重要的区别。三者风险的性质不同，审慎监管就需要不同的方法。第二，集中监管会使得监管机构权力巨大且过于集中，缺乏权力的竞争和监督，更危险的是在执行监管时可能出现极端的官僚主义，对已经出现的问题反应迟缓，降低监管效率。

11-2 中国之金融监管改革历程

第三节 金融监管内容

一、金融监管的手段和方法

（一）依法实施金融监管

依法监管是指国家通过立法和执法，将金融市场运行中的各种行为纳入法治轨道，金融活动中的各参与主体按法律要求规范其行为。运用法律手段进行金融监管，具有强制力和约束性，因此只有确保金融监管的权威性、严肃性、强制性和一贯性，才能保证它的有效性。为了更好地与经济金融的发展形势相适应，需要不断完善金融法规的制定并强化执法效率，在保障投资者权益的基础上，给市场一定的发展空间，达到成本与效率相结合的效果。

（二）金融稽核监管

金融稽核，是指中央银行或金融监管当局根据国家规定的职责对金融业务活动进行的监督和检查。监管机构向稽核机构派出人员并以其以超脱的公正的客观地位，对辖属行处、所等，运用专门的方法，就其真实性、合法性、正确性、完整性做出评价和建议，并向派出机构及有关单位提交报告。它属于经济监督体系中的一个重要组成部分，与纪检监察、审计工作有着密切的联系。金融稽核的主要内容包括业务经营的合法性、资本金的充足性、资产质量、负债的清偿能力、盈利情况和经营管理状况等。

（三）多种手段相结合

1. 现场检查与非现场检查相结合

现场检查，也称为实地检查，是指监管机构派出专门的检查团队到金融机构进行实地核查。监管机构通过这种方式可以直接查看金融机构的运营状况、财务报表、内部控制系统等，具有较强的直观性、及时性和深入性。非现场检查，也称非现场监测或非现场监控，主要是通过对金融机构报送的各种经营管理和财务数据、报表和报告进行分析和审查。非现场检查可以及时发现潜在的风险和问题，对金融机构进行持续的监督和管理。总的来说，现场检查和非现场检查在金融监管中各有侧重，它们相辅相成，都是金融监管的有效手段。现场检查提供了直接的、面对面的监管方式；非现场检查则提供了更为广泛和持续的监控能力。两者结合使用，可以提高监管效率，更好地防范和控制金融风险。

2. 定期检查与随机抽查相结合

定期检查是指监管机构按计划在一定周期内对金融机构进行的例行检查，通常包括对金融机构的财务报表、风险管理、合规性等方面的审查。随机抽查则是在不定期的时间点对金融机构进行的突击性检查。这种抽查具有不确定性，可以有效防止金融机构的预测和应对，从而更真实地反映其运营状况。定期检查与随机抽查相结合的方法能够使金融监管更加全面和有效，不仅能够及时发现和处理问题，还能够起到预防风险的作用，对于维护金融市场的稳定运行至关重要。

3. 全面监管与重点监管相结合

全面监管是指对所有金融活动进行全面的监控和管理，包括对各类金融机构、金融产品和金融市场的监管，以及对金融消费者权益的保护，是为了确保金融市场的稳定和透明。重点监管则是在全面监管的基础上，针对金融领域的重要环节和关键问题，进行更加深入和细致的监管。例如，对于系统重要性金融机构、金融控股公司等重点领域和关键环节，实施更为严格的监管措施。此外，重点监管还包括对金融创新活动的监测和管理，以确保金融创新不会引发新的风险。全面监管与重点监管相结合，旨在通过全面覆盖和重点突破的方式，更好地防范和化解金融风险，支持实体经济发展。

4. 外部监管与内部自律相结合

外部监管是指由政府或监管机构从外部对金融机构进行的监管。外部监管过程中,除了官方的监管机构外,还包括社会性监管。社会性监管主要指协助监管的各种社会机构,如会计师事务所、审计师事务所、律师事务所、信用评级机构等以及社会公众和新闻媒体的监督。内部自律是指金融机构内部建立的风险管理和内控制度,如各国的银行业公会、证券业公会、保险业公会等行业公会都通过共同制定行业活动规则。外部监管与内部自律相结合的原则旨在通过外部强制性约束和内部自我约束的方式,共同维护金融市场的健康稳定。这种结合方式可以更好地防范和化解金融风险,保护消费者权益,促进实体经济发展。

二、不同行业的金融监管

(一)银行业的监管

1. 市场准入监管

市场准入监管是金融监管过程中的关键环节,符合标准的银行及其高层管理团队进入市场,并依据审慎性准则对银行的业务范围进行审批,有助于减少银行的营运风险,提升银行管理质量和服务水平,推动银行业的健康发展和金融体系的稳定。商业银行市场准入的监管主要包括两个方面的内容:一是对商业银行设立的监管,主要内容包括确定商业银行设立的基本条件、最低注册资本、组织形式、分支机构设立、高级管理人员任职资格等;二是对商业银行业务范围的监管,商业银行的经营范围一般会在其章程中予以明确,银行业监督与管理机构在商业银行设立时会对其业务范围进行核准,商业银行应当严格按照被批准的业务范围从事经营业务活动。

专栏 11-2

我国对商业银行设立的市场准入监管的主要内容

1. 商业银行设立资格要求

商业银行必须符合《中华人民共和国商业银行法》规定的设立条件,如具有一定规模的注册资本、有经营银行业务的实力和条件等。商业银行的股东资格要求严格,必须是合法合规的单位或个人,且需满足监管机构设定的资格标准。

2. 设立审批程序

商业银行需要向中国银行业监督管理机构(中国银保监会)递交设立申请,并提供相关材料和文件。申请提交后,监管机构会进行审查和评估,包括对商业银行的资本实力、管理水平、风险控制能力等方面进行评估,确保申请者符合设立条件和资格。

3. 资本金和分支机构规定

商业银行设立时需要缴纳一定规模的注册资本,具体数额根据监管要求和规定而定。商业银行设立分支机构时,需获得监管机构的批准,并符合分支机构数量和布局方面的规定。

4. 对银行业务的准入

对银行业务的准入是指按照依法合规、风险可控的原则,对商业银行开展的某些业务进行准入管理,例如对公业务、零售业务、资金业务、国际业务等的业务开展申请进行审查和审批的过程。

资料来源:吴军梅.金融学[M].3版.厦门:厦门大学出版社,2020.

2. 日常经营监管

(1) 资本充足性监管。资本充足性监管的常用指标是资本充足率(Capital Adequacy Ratio, CAR)。资本充足率是指商业银行持有的,符合监管规定的资本净额与风险加权资产之间的比率。这个比率用来显示金融机构在存款人和债权人资产遭到损失之前,该机构能以自有资本承担损失的程度。资本充足率越高,说明其抵御风险的能力越强。

资本充足率的计算基于监管机构制定的标准,其中最著名的是《巴塞尔协议》。《巴塞尔协议》为银行和其他金融机构设定了资本充足率的标准,以确保它们有足够的资本来吸收潜在的损失。资本充足率主要由两部分组成:一是核心资本,也称为一级资本,包括股本(普通股和优先股)和公开储备(如由利润产生的留存收益);二是附属资本,也称为二级资本,包括未公开储备、重估储备、一般贷款损失准备金、混合资本工具和长期次级债务。《巴塞尔协议Ⅲ》规定,银行的总资本充足率不得低于8%,一级资本充足率不得低于6%,由普通股构成的核心一级资本充足率不得低于4.5%。

11-3 《巴塞尔协议》

11-4 核心资本

(2) 流动性监管。流动性监管是对商业银行的资产在无损失状态下迅速变现能力的监督和管理。它关注银行是否拥有足够的流动性资源来应对潜在的流动性风险。流动性监管指标主要有两个:流动性覆盖率(LCR)和净稳定融资比率(NSFR)。流动性覆盖率是指银行持有的高质量流动性资产与未来30天内的预计资金净流出之间的比率。《巴塞尔协议Ⅲ》规定,银行的流动性覆盖率应不低于100%,以确保在流动性压力情况下,银行能够持续满足其负债的支付义务。净稳定融资比率是衡量银行一年内可用的稳定资金来源与预计的资金流出之间的比率。《巴塞尔协议Ⅲ》要求银行维持至少100%的净稳定融资比率,以避免过度依赖短期融资。

(3) 贷款风险监管。贷款风险监管是金融机构为确保贷款业务稳健运营、控制不良贷款风险而采取的一系列监管措施,主要是限制商业银行的存款与贷款比例,防止贷款对象过度集中,监管的重点是不良贷款的比例。具体内容包括以下几个方面。①贷款集中度监管:这包括对单一客户的贷款余额与银行净资本的比例、对最大十家客户的贷款余额占总贷款的比例等指标进行限制。②不良贷款率监管:不良贷款率是衡量银行贷款质量的重要指标。我国对银行业的不良贷款率进行严格监管,要求银行加大对不良贷款的处置力度,确保不良贷款率处于合理水平。③拨备覆盖率监管:拨备覆盖率是衡量银行贷款损失准备金充足程度的重要指标。我国对银行业的拨备覆盖率进行严格监管,要求银行根据贷款质量状况及时计提充足的拨备,以应对潜在的信用风险。④风险分类管理:银行需要按照相关规定对贷款进行风险分类管理,将贷款分为正常、关注、次级、可疑和损失五类,并针对不同类别的贷款采取相应的风险管控措施。⑤内部评级体系建立:银行应建立健全的内部评级体系,对客户信用状况进行准确评估,并根据评级结果制定相应的信贷政策和风险管理措施。⑥合规性监管:监管部门要求银行遵守相关法律法规和监管规定,在贷款过程中严格执行贷款审批、发放、使用和回收等方面的合规要求,防范违规行为导致的信用风险。

(4) 对存款人保护的监管。这种类型的监管主要涉及设定存款业务的准则、保护存款者权利的规定、管理存款利率、监督存款方式以及规定存款保险等。为了维护储户的利益和金融行业的稳定与安全,许多国家在金融体系中成立了负责存款保险的机构,要求国内金融机构根据其吸纳的存款比例向该保险机构缴纳保险费。一旦金融机构遭遇信用危机,存款保险机构将提供财务支持。存款保险机构的主要目标是保护存款者的利益和维护金融稳定性。

专栏11-3

2015年2月,我国推出了《存款保险条例》。存款保险制度是一种旨在建立稳定金融秩序的保障机制,它要求各存款机构作为投保人按照一定的比例向保险机构支付保险费,以建立存款保险准备金。当成员机构遇到经营困难或破产风险时,存款保险机构会提供财务援助或直接向存款人支付部分或全部存款,以此来保护存款者的利益并保持银行的信誉。《存款保险条例》涵盖的范围包括吸收存款的银行业金融机构,如商业银行(包括外商独资银行和中外合资银行)、农村合作银行、农村信用合作社等。从2015年5月1日起,我国的存款保险制度开始正式实施,各家银行统一向保险机构缴纳保险费。如果银行出现危机,保险机构将向存款人提供最高50万元的赔偿。

资料来源:李健.金融学[M].4版.北京:高等教育出版社,2022.

3. 市场退出监管

商业银行退出市场的原因和方式可以分为主动退出与被动退出两类。主动退出是指商业银行因分立、合并或者出现公司章程规定的事由需要解散。被动退出是指当商业银行可能或已经发生信用危机、严重影响存款人利益时，监管当局将对商业银行做出退出市场的处理。为了保证其退出市场的平稳性和最大限度地保护存款人利益，监管当局主要对商业银行的接管、终止、清算、解散等做出具体规定，并进行全过程的监管。监管的内容大体上包括三个方面：一是金融机构破产倒闭等行为，包括接管、解散、撤销和破产；二是金融机构变更、合并行为；三是终止违规者经营行为。

(二) 证券业的监管

作为金融市场的中心力量和主要行动者，证券机构的行为深刻影响着市场动态。同时，上市公司作为市场的根基和关键角色，其影响力同样不可小觑。尽管追求利润最大化是这些实体共有的宗旨，这种目标有时会诱发不诚信的行为，如诈骗、违约、市场操纵、价格操控以及过分的投机活动，这些行为可能会危害市场的稳定与安全。因此，对证券市场参与者及整个金融生态进行严格的监管显得格外关键。规范市场活动和预防金融风险，不仅可以保护投资者的利益，维护市场秩序，还能推动市场的稳健发展，防范系统性危机，并提升市场的国际竞争力。对证券业的监管包括对证券机构的监管、对证券市场的监管和对上市公司的监管三个方面。

1. 对证券机构的监管

证券行业是一个需要官方特许的行业，任何希望从事证券业务的机构都必须先获得相关证券监管机构的审批，并在相应的工商管理部门进行正式注册。为了确保证券机构的业务活动按照既定的标准进行，《中华人民共和国证券法》及其相关法律为证券公司的成立、其业务领域以及运营管理设置了明确的规范和要求。

我国证券机构主要包括证券公司、基金管理公司、证券登记结算公司等。在对证券机构的监管方面，我国采取了多种措施，以确保其合规经营和保护投资者利益。①设立审批制度：我国对证券机构实行了严格的设立审批制度，只有经过证监会审批的机构才能从事证券业务。②业务监管：对证券机构的业务活动进行监管，包括对其业务范围、业务合规性、风险控制等方面的监管。③日常监管：对证券机构的日常经营进行监管，包括对其财务报表、业务记录、客户资产等方面的监管。④风险控制：要求证券机构建立完善的风险控制体系，包括风险评估、风险控制措施、风险报告等方面的要求。⑤违规处理：对于证券机构的违规行为，监管部门将依法进行处理，包括警告、罚款、撤销业务许可等措施。

2. 对证券市场的监管

在我国的证券市场管理中,遵循公开、公平、公正的"三公"原则。公开原则体现在交易价格的公开形成和市场信息的充分披露,目的在于预防欺诈行为,接受公众监督,并为投资者提供评估与决策的基础信息。公平原则确保所有市场参与者在法律地位上的均等,保障它们的合法权益受到公正对待,并维持一个竞争公平的市场环境,禁止内幕交易等不法行径。公正原则强调在市场交易中执行公正的程序,比如以价格优先、时间优先以及客户指令优先为准则。监管当局和自律机构有责任对所有市场参与者一视同仁,确保执行法规的正义性,并且对任何形式的争议和纠纷进行中立的裁决。

证券市场的监管主要内容包括对内幕交易的监管、对证券欺诈的监管以及对市场操纵的监管。

(1) 防止内幕交易。内幕交易是指利用尚未公开的重要信息进行证券交易,以获取不正当利益。监管部门可以通过建立健全的信息披露制度,规范上市公司、证券公司等市场参与者的行为,加强内部控制和风险防范,对涉嫌内幕交易的行为进行查处。《证券法》(2019年修订)取消了证券公司分支机构设立、收购或者撤销等事项的行政许可,将证券公司董事、监事、高级管理人员任职由许可改为备案,这样的改革旨在简化行政程序,加强事中事后监管,从而更有效地防止内幕交易的发生。《证券法》(2019年修订)还大幅提高了对违法行为的处罚力度,增强了法律的威慑力,有助于遏制内幕交易等违法行为。

(2) 防止证券欺诈。证券欺诈是指利用虚假信息、欺诈手段诱导投资者买卖证券,或者故意隐瞒事实真相,误导投资者。监管部门可以通过加强对市场参与者的监管,规范其行为,提高信息披露的透明度和真实性,对欺诈行为进行严厉打击。《证券公司监督管理条例》(简称《条例》)的修订工作正在进行中,这将对照2019年新修订的《证券法》,立足监管实践,形成更加完善的监管框架。《条例》的修订旨在促进证券行业高质量发展,加强和完善现代金融监管,守住不发生系统性风险的底线。现行《条例》自2008年颁布以来,为证券行业的规范稳定运行提供了有力的法律保障,对证券公司的业务与风控、客户资产保护等方面作出了全面系统的规定。

(3) 防止操纵市场。操纵市场是指通过不正当手段控制证券价格,以达到谋取不正当利益的目的。监管部门可以通过建立有效的市场监管机制,对市场交易行为进行实时监控,及时发现并处理异常交易行为,维护市场秩序和稳定。证监会在2022年度立法工作计划中提出,要完善证券期货监管法律实施规范体系,加强市场基础制度建设,依法推进资本市场长期稳定健康发展。这表明监管部门正致力于构建更加健全的市场规则,以防范和打击操纵市场等违法行为。

3. 对上市公司的监管

对上市公司的监管主要包括以下几个方面：第一，信息披露的监管。这是上市公司日常监管的主要内容。它要求上市公司及时、准确、完整地披露信息，包括首次发行的信息披露和发行后的持续信息披露。这些信息包括但不限于财务报表、业务状况、重大事项等，以便投资者做出决策。第二，公司治理结构的监管。这涉及董事会、监事会、股东大会等公司治理结构的规范和监督，以确保公司治理的有效性和透明度。第三，并购重组的监管。对上市公司并购重组活动进行监管，包括对并购重组的信息披露、交易规则、交易的公平性和合理性等进行监督，防止市场操纵和不公平交易。第四，合规经营的监管。对上市公司日常经营活动的监管，确保其经营活动符合法律法规和监管要求，防止违规行为的发生。

另外，从投资者保护的角度，对上市公司的债务违约监管是十分重要的方面。主要包含以下几个方面：第一，信息披露监管。这是债务违约监管的基础。上市公司必须及时、准确、完整地披露债务情况，包括债务的种类、金额、期限、利率等，以及任何可能影响债务履行的重大风险。第二，风险预警机制。监管机构通过建立风险预警机制，对上市公司的债务状况进行实时监测。一旦发现上市公司存在债务违约风险，监管机构会及时采取措施进行干预，防止风险扩大。第三，债务重组监管。当上市公司无法按时偿还债务时，监管机构会引导公司进行债务重组，以减轻债务压力。

（三）保险业的监管

对保险业的监管指的是监管机构通过法律和行政手段对保险市场的各个参与方（如保险公司、保险中介等）进行监督管理，旨在规范和调控保险业。

我国对保险业的监管主要包括以下几个方面。

1. 市场准入和退出的监管

我国对保险公司的设立和经营实行严格的审批和监管，确保只有符合条件的企业才能从事保险业务。同时，对保险公司的退出也有相应的监管措施，以保障市场的稳定和消费者的权益。

2. 保险经营的监管

它主要对保险公司的业务范围、保险费率与保险条款、偿付能力等方面进行监管。例如，《中华人民共和国保险法》规定保险公司只能经营经批准的保险业务，禁止非法扩大业务范围。此外，监管部门还会对保险公司的偿付能力进行评估和监控，确保其有足够的资金来履行保险合同。

3. 保险财务的监管

它包括对保险公司的最低偿付能力、各种保险准备金、公积金以及资金运用等方面进行监管。这些措施旨在保证保险公司的财务状况稳健，能够应对潜在的财务风险。

4. 保险中介人的监管

它主要是对保险代理人、经纪人、公估人等保险中介人的资质和行为进行监管，以规范市场秩序，防止保险中介人利用职权损害消费者利益。

5. 再保险的监管

再保险是对原保险的再次保险，我国对再保险业务也有相应的监管措施，以确保市场的稳定和公平。

近年来，我国陆续出台了一系列新的法律条例来加强保险业的监管，如《保险公司偿付能力管理规定》《保险资金运用管理办法》等。这些法规进一步细化了保险业的监管要求，为监管部门提供了更加明确的执法依据。

总的来说，我国对保险业的监管旨在保障市场的公平竞争、保护消费者权益和维护市场的稳定发展。通过一系列的法规和措施，我国已经建立起了一套相对完善的监管体系，为保险业的健康发展提供了有力保障。

三、专项金融风险的监管

随着金融创新的不断涌现，影子银行和金融科技带来了便利性和效率的提升，但同时也引入了新的风险点。监管不仅有助于防范系统性风险，避免金融市场的过度波动，还能够确保金融科技产品和服务的透明度和公平性，保护消费者免受信息不对称和隐私泄露等问题的侵害。此外，适度的监管能够引导影子银行和金融科技企业合理运用技术，避免无序竞争和资源浪费，促进整个行业的健康发展。

（一）影子银行风险监管

影子银行是指那些在传统银行监管体系之外进行信用中介活动的机构和业务。影子银行的构成主要包括非银行金融机构，如货币市场基金、投资基金、特殊目的实体等，它们通过各种金融工具和安排，提供类似传统银行的信贷服务，但未像传统银行一样受到严格监管。我国在监管影子银行的风险方面，已经采取了一系列措施，包括：集中整治不规范的同业、理财和表外业务；陆续出台资管新规及其配套实施细则，统一资管业务监管标准，建立资管产品统计制度，加强穿透式监管和功能监管，推动资管业务回归"卖者尽责、买者自负"的本源；合理设定调整资管新规过渡期，完善配套支持政策和激励约束机制，推动金融机构早整改、早转型。经过努力，影子银行规模大幅压降，无序发展的现象得到有效治理。

（二）金融科技风险监管

金融科技风险监管是指针对金融科技发展中可能带来的各种风险，采取监管措施进行预防、识别、评估和应对的过程。随着金融科技的迅速发展和应用，监管机构需要密切关注金融科技创新对金融市场稳定和消费者权益的影响，加强风险监管，促进金融科技健康发展。金融科技风险监管主要涉及以下几个方面。

1. 数据安全和隐私保护

随着金融科技的发展，大量的个人和企业数据被应用于金融服务中，数据安全和隐私保护成为重要问题。监管机构需要制定相关规定和标准，规范金融科技企业的数据采集、存储、传输和使用行为，保障数据安全和隐私权。

2. 网络安全和防范网络犯罪

金融科技的发展使得金融服务更加便捷，但也增加了网络安全的风险。监管机构需要加强对金融科技平台和系统的监管，防范网络攻击、数据窃取等网络犯罪行为，确保金融系统的稳定和安全。

3. 消费者权益保护

金融科技为消费者提供了更多选择和便利，但也可能带来不当销售、欺诈等问题，损害消费者权益。监管机构需要规范金融科技企业的经营行为，加强对金融产品和服务的监管，保护消费者的合法权益。

4. 金融稳定和风险管理

金融科技的快速发展可能会对金融体系稳定性产生影响，包括市场波动、系统性风险等。监管机构需要加强对金融科技企业的监管，强化风险管理和监测，防范金融风险，维护金融市场的稳定。

5. 合规管理和监管科技创新

金融科技的发展促使监管机构加强对科技创新的监管，确保金融科技企业合规经营。监管机构需要制定相应的政策和规定，鼓励健康的科技创新，同时防范潜在的风险和挑战。

关-键-词

金融监管　金融监管目标　金融监管体制　集中监管体制　不完全集中监管体制　分业监管体制　资本充足率　流动性覆盖率　净稳定融资比率　影子银行

本-章-小-结

1. 金融监管是金融监督和金融管理的总称。从狭义的角度来看，金融监管是指金融主管当局根据国家法律法规的授权，对金融业进行的监督、约束和管制，以确保其合规、稳健的运行。而从广义的角度来看,除了金融主管当局的监管外,还包括金融机构的内部控制与稽核、行业自律性组织的监督以及社会中介组织的监督等。

2. 金融监管的必要性包括两个方面:一方面,金融业的行业特殊性决定了金融监管的重要性;另一方面,维护金融秩序、保护公平竞争、提高金融效率是金融业自身发展的需要,良好的金融秩序是保证金融安全的重要前提。

3. 金融监管的目标是实现金融有效监管的前提和监管当局采取监管行动的依据。中央银行金融监管的总体目标是通过对金融业的监管维持一个稳定、健全、高效的金融制度。

4. 金融监管的四个具体目标:一是确保金融稳定安全,防范金融风险;二是保护金融消费者权益;三是提高金融体系的效率;四是规范金融机构的行为,促进公平竞争。

5. 金融监管的原则包括依法监管原则,风险为本原则,公正、公开、公平原则,"内控"与"外控"相结合的原则,适度监管原则和国际合作原则。

6. 金融监管体制是由一系列监管法律法规和监管组织机构组成的体系,涵盖了包括中央银行和其他相关监管机构在内的金融监管当局,以及监管对象等多个重要组成部分。

7. 金融监管体制的类型包括集中监管体制、不完全集中监管体制和分业监管体制。

8. 金融监管的手段和方法包括依法实施金融监管、通过金融稽核监管和多种手段相结合,其中多种手段相结合具体包括:现场检查与非现场检查相结合、定期检查与随机抽查相结合、全面监管与重点监管相结合、外部监管与内部自律相结合。

9. 专项金融风险的监管包括影子银行风险监管和金融科技风险监管。

学术前沿拓展

1. 王西换.资本充足率对商业银行盈利能力的影响研究——以中国工商银行为例[J].投资与创业,2022,33(24):7-9.

2. 蔡宁伟.中国特色金融监管与中国式愿景——兼评监管的历程、特征、内涵和方向[J].当代经济管理,2024(05):1-11.

3. 张钰宁,等.生成式人工智能对金融监管框架的重构:技术、法律与市场的三维分析[J].金融市场研究,2024(06):42-54.

习题

一、单项选择题

1. 金融监管是金融监督和金融管理的总称,从狭义的角度来看,它主要指(　　)方面的监管。

A. 金融机构内部控制 B. 行业自律性组织的监督
C. 社会中介组织的监督 D. 金融主管当局对金融业的监督

2. 金融监管的（ ）目标是保护金融消费者的权益。
A. 确保金融稳定安全 B. 保护金融消费者权益
C. 提高体系的效率 D. 规范金融机构的行为

3. 金融监管的（ ）强调了对金融机构风险状况和管理能力的重视。
A. 依法监管原则 B. 风险为本原则
C. 公正、公开、公平原则 D. 国际合作原则

4. 不属于金融监管的主要领域的是（ ）。
A. 对银行业的监管 B. 对证券市场的监管
C. 对教育行业的监管 D. 对保险业的监管

5. 金融监管国际合作的主要形式不包括（ ）。
A. 信息共享 B. 监管协调 C. 跨境执法 D. 贸易壁垒

6. 金融监管体制主要阐述（ ）问题。
A. 监管法律法规的内容
B. 监管机构的组织结构
C. 监管效果的评估方法
D. 由谁来监管，监管什么机构，监管结构和监管效果负责的问题

7. 中央银行在金融监管中承担（ ）的角色。
A. 仅提供金融服务 B. 仅制定货币政策
C. 维护金融市场稳定和监管金融机构 D. 仅保护消费者权益

8. 集中监管体制由（ ）个监管机构执行。
A. 一个 B. 两个
C. 三个以上 D. 没有固定的数量

9. 牵头式监管体制中负责不同监管机构之间的协调工作的是（ ）。
A. 财政部 B. 货币政策委员会
C. 国家货币委员会 D. 证券交易委员会

10. 双峰式监管体制依据（ ）设置两头监管机构。
A. 金融机构的规模 B. 金融监管的历史
C. 金融监管目标 D. 金融业务的种类

11. 分业监管体制的优势之一是（ ）。
A. 监管权力集中
B. 监管机构之间存在竞争
C. 监管方法统一

D. 针对不同金融机构及其业务范围进行专门监管

12. 依法监管的强制力和约束性要求金融监管具有的特性包括(　　)。
    A. 灵活性
    B. 权威性、严肃性、强制性和一贯性
    C. 随意性
    D. 短期性

13. 金融稽核的主要内容包括(　　)。
    A. 业务经营的合法性、资本金的充足性
    B. 员工满意度
    C. 客户服务质量
    D. 市场推广效果

14. 现场检查与非现场检查相结合的监管方式中,现场检查的特点不包括(　　)。
    A. 直观性　　　B. 及时性　　　C. 深入性　　　D. 广泛性

15. 定期检查与随机抽查相结合的监管方法中,随机抽查的特点是(　　)。
    A. 按计划执行　　B. 突击性　　　C. 例行性　　　D. 可预测性

16. 全面监管与重点监管相结合的监管策略中,重点监管主要针对的是(　　)。
    A. 所有金融活动
    B. 金融消费者权益
    C. 系统性重要金融机构和金融控股公司
    D. 金融产品创新

17. 外部监管与内部自律相结合的监管原则中,外部监管的内容不包括(　　)。
    A. 官方监管机构的监督
    B. 社会性监管
    C. 行业公会的自我管理
    D. 新闻媒体的监督

18. 银行业监管中,资本充足性监管的常用指标是(　　)。
    A. 资产负债率
    B. 流动性覆盖率
    C. 资本充足率
    D. 净稳定资金比率

19. 证券市场监管中,防止内幕交易的措施不包括(　　)。
    A. 建立健全信息披露制度
    B. 加强内部控制和风险防范
    C. 利用内幕信息进行交易
    D. 对涉嫌内幕交易的行为进行查处

20. 保险业监管中,市场准入和退出的监管主要确保(　　)。
    A. 保险公司的盈利能力
    B. 保险公司的偿付能力
    C. 保险公司的服务质量
    D. 保险公司的合规性和市场稳定

二、多项选择题

1. 金融监管的必要性主要体现在(　　)。
   A. 纠正市场失灵和缺陷
   B. 防范金融风险
   C. 保护投资者权益
   D. 促进金融业的创新

2. 金融监管的主要领域包括(　　)。
   A. 对银行业的监管
   B. 对证券市场的监管
   C. 对保险业的监管
   D. 对教育行业的监管

3. 金融监管的原则包括(　　)。
   A. 依法监管原则　　　　　　　　　　B. 风险为本原则
   C. 公正、公开、公平原则　　　　　　D. 禁止竞争原则

4. 金融监管的目标有(　　)。
   A. 确保金融稳定安全　　　　　　　　B. 保护金融消费者权益
   C. 提高体系的效率　　　　　　　　　D. 消除所有金融风险

5. 金融监管体制的构成包括(　　)。
   A. 监管法律法规　　B. 监管组织机构　　C. 金融监管当局　　D. 被监管实体

6. 中央银行的监管职能包括(　　)。
   A. 制定和执行货币政策　　　　　　　B. 维护金融市场稳定
   C. 防范金融风险　　　　　　　　　　D. 监督和管理金融机构的行为

7. 金融监管的手段和方法包括(　　)。
   A. 依法实施金融监管　　　　　　　　B. 通过金融稽核监管
   C. 多种手段相结合　　　　　　　　　D. 定期发布金融报告

8. 现场检查与非现场检查相结合的监管方式中,现场检查的特点包括(　　)。
   A. 直观性　　　B. 及时性　　　C. 深入性　　　D. 广泛性

9. 定期检查与随机抽查相结合的监管方法中,这两种方法的特点包括(　　)。
   A. 突击性　　　　　　　　　　　　　B. 可预测性
   C. 按计划执行　　　　　　　　　　　D. 不定期的时间点

10. 全面监管与重点监管相结合的监管策略中,重点监管的内容包括(　　)。
    A. 对所有金融活动的监管　　　　　　B. 对系统性重要金融机构的监管
    C. 对金融创新活动的监管　　　　　　D. 对金融产品的监管

三、判断题

1. 金融监管只涉及对金融机构的外部监管,不包括金融机构的内部控制。(　　)
2. 金融监管的目标是确保金融市场的完全竞争,不需要关注金融稳定。(　　)
3. 金融监管国际合作只需要在危机发生时进行,平时不需要。(　　)
4. 金融监管只需要关注金融机构的合规性,不需要关注其业务效率和创新能力。(　　)
5. 集中监管体制下,监管者和被监管者之间的互动可以减少经营成本。(　　)
6. 双峰式监管体制下,一个机构负责审慎监管,另一个机构负责合规性管理和消费者保护。(　　)
7. 分业监管体制下,所有金融机构都由同一个监管机构监管。(　　)
8. 现场检查和非现场检查在金融监管中是相互排斥的,不能同时使用。(　　)
9. 定期检查与随机抽查相结合的监管方法可以更真实地反映金融机构的运营状况。(　　)

10. 外部监管与内部自律是金融监管中的两个独立部分,它们之间没有联系。　　　(　　)

四、问答题

1. 请简述金融监管的必要性。
2. 金融监管的目标是什么?
3. 金融监管体制的构成有哪些?
4. 影子银行风险监管的目的是什么?
5. 金融科技风险监管主要涉及哪些方面?

参 考 文 献

1. 李健.金融学[M].4版.北京:高等教育出版社,2022.
2. 黄达,张杰.金融学[M].5版.北京:中国人民大学出版社,2019.
3. 吴军梅.金融学[M].3版.厦门:厦门大学出版社,2020.
4. 万解秋.货币银行学通论[M].4版.上海:复旦大学出版社,2023.
5. [美]弗雷德里克·S.米什金.货币金融学[M].13版.王芳,译.北京:中国人民大学出版社,2024.
6. 曹龙骐.金融学[M].6版.北京:高等教育出版社,2019.
7. 戴国强,柳永明.货币金融学[M].5版.上海:上海财经大学出版社,2023.
8. 王西换.资本充足率对商业银行盈利能力的影响研究——以中国工商银行为例[J].投资与创业,2022,33(24):7-9.
9. 蔡宁伟.中国特色金融监管与中国式愿景——兼评监管的历程、特征、内涵和方向[J].当代经济管理,2024(05):1-11.
10. 张钰宁,等.生成式人工智能对金融监管框架的重构:技术、法律与市场的三维分析[J].金融市场研究,2024(06):42-54.

第十二章 金融发展

 学习目标

1. 了解金融发展的概念,理解金融发展与经济发展之间的关系;
2. 熟悉金融抑制的概念和表现,掌握金融抑制的负效应;
3. 熟悉金融深化的概念和主要内容,掌握金融深化的效应;
4. 了解金融创新的概念和原因,熟悉科技金融、绿色金融、普惠金融、养老金融和数字金融的内容;
5. 掌握金融创新对经济发展的推动作用和不利影响;
6. 培养学生的批判性思维,学会在金融创新和发展中把握机遇、防范风险,促进金融行业和经济社会的健康发展。

金融发展是现代经济发展的核心动力与重要标志。一个成熟、高效的金融体系能够有效地动员储蓄,优化资源配置,促进投资活动,加速技术创新,从而为经济发展注入动力。金融创新,作为金融发展的引擎,通过引入新工具、新技术和新业务模式等,不断满足市场需求,提高金融服务的效率和范围,为经济发展注入新鲜血液。本章旨在探讨金融发展与经济发展之间的互动机制,分析金融抑制与金融深化对经济增长的不同影响,并考察金融创新对经济发展的影响。

 **思维导图**

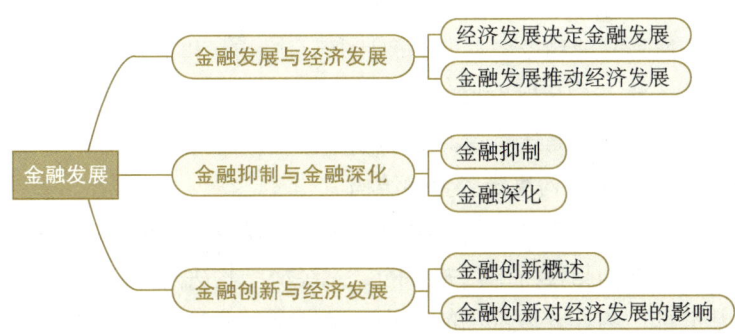

第一节 | 金融发展与经济发展

金融发展是指金融结构的变化,金融结构包括金融工具的结构和金融机构的结构两个方面。这两种不同的结构组合在一起,构成了不同特征的金融结构。通常而言,金融工具的丰富性与金融机构的发展水平共同决定了金融结构的层级。金融发展程度越高,金融工具与金融机构的品类愈加丰富,数量更为庞大,其运作效率也相应更高。金融发展本身并非目的,其核心在于服务和推动经济发展,经济发展又从根本上决定了金融发展的规模、层次与结构。

一、经济发展决定金融发展

(一) 经济发展水平决定了金融规模

经济发展水平的提高,意味着更多的财富积累、更复杂的金融需求和更先进的金融创新,这些都直接推动了金融行业的发展和金融市场规模的扩大。随着经济的发展,人们的收入和财富逐渐增加,对于金融服务的需求也会相应增加。同时,经济的繁荣也会吸引更多的投资者和企业进入市场,进一步推动金融市场的发展。此外,随着经济全球化的加速,国际贸易和投资活动日益频繁,这也为金融提供了更广阔的发展空间。

(二) 经济发展水平决定了金融层次

在经济发展的初级阶段,金融体系以提供基本的存贷款服务为主,主要通过银行来满足简单的融资需求。随着经济的进步,企业和个人的金融需求变得更加多样化,金融市场开始深化,股票和债券市场等资本融资渠道得到发展。进一步地,当经济达到更高层次时,金融衍生品市场应运而生,以满足复杂的风险管理和投资需求,同时国际金融市场集成加速,金融机构的跨国经营成为常态。金融发展的层次是随着国家或地区经济增长、结构转型和对外开放程度的提升而逐步提高的。

(三) 经济发展结构决定了金融结构

经济发展结构决定金融结构主要表现为宏观经济的部门结构决定了金融结构。现代部门与传统部门并存的二元经济结构决定了二元金融结构;经济中开放部门与非开放部门的结构决定了金融业的开放结构;企业的组织结构和商品结构决定了金融机构的业务结构;市场结构决定了金融体系的组织结构和金融总量的结构。

二、金融发展推动经济发展

金融发展通过提供资金支持、优化资源配置、管理风险、促进国际贸易、推动技术创新等多种方式,对经济发展起到重要的推动作用。

(一)金融服务实体经济,推动经济发展

金融被喻为实体经济的血脉,金融为生产和交易活动提供资金支持、支付结算、风险管理等服务,以促进经济的稳定增长。金融机构通过吸纳储蓄和发放贷款,将社会闲散资金转化为有效的投资,支持企业扩大再生产,推动技术创新和产业升级。同时,金融市场为企业提供了多元化的融资渠道,降低了融资成本,增强了企业的资本实力和市场竞争力。此外,金融衍生品市场允许企业和投资者进行风险管理和对冲,减少外部不确定性的影响。

(二)金融促进社会储蓄转化为投资,优化资源配置

金融是现代社会经济发展的重要引擎,它通过一系列机制有效地促进社会储蓄转化为投资,并优化资源配置。一方面,金融机构通过吸收社会上的闲置资金,形成庞大的储蓄池,然后通过贷款、购买证券等方式将这些资金转化为投资,流向企业、项目或个人,支持他们进行生产、创新和消费,从而推动经济的发展。另一方面,金融市场通过价格发现机制,引导资源的优化配置。在市场中,资金的价格(即利率)反映了资金的供求状况和风险水平。这使得资源能够流向效益更高、风险更低的部门或项目,提高了资源的利用效率。

(三)金融通过管理和分散风险,维护经济稳定

金融通过管理和分散风险,为经济社会提供了稳定的环境,保障了经济的健康发展。一方面,金融机构通过提供专业的风险管理服务,帮助企业和个人有效应对潜在的经济风险。如银行通过信贷评估,筛选出风险较低的借款人,降低信贷违约的可能性;保险公司通过提供各类保险产品,为企业和个人提供风险保障,减少因突发事件导致的经济损失。另一方面,金融市场通过多元化投资工具,实现了风险的分散。投资者可以通过购买股票、债券等金融产品,将资金分散投资于多个不同的行业和企业,从而降低单一投资带来的风险。这种风险的分散化有助于稳定市场波动,减少经济危机发生的可能性。

12-1 坚持金融服务实体经济 推动金融高质量发展

第二节 | 金融抑制与金融深化

一、金融抑制

(一)金融抑制的概念

"金融抑制"这一概念是由罗纳德·麦金农和爱德华·肖两位经济学家

在20世纪70年代提出的,这一概念是针对发展中国家普遍存在的金融资产单一、金融机构形式单一、金融管制过多和金融效率低下等现象提出的。它解释了发展中国家金融业因抑制而不能有效促进经济增长的原因,并强调了金融深化对于经济发展的重要性。

如前所述,经济发展与金融发展之间存在相互推动和相互制约的关系,由于不同的发展中国家经济发展水平不同,因此他们的金融体系发达程度也有较大差别。但从整体上看,大多数发展中国家普遍存在金融抑制的现象。

(二) 金融抑制的表现

(1) 金融工具单一,规模有限。发展中国家金融市场的交易品种和数量有限,无法满足多样化的投资需求。

(2) 金融的二元性。发展中国家的经济呈现出二元性特征,即现代部门和传统部门并存。这种经济的二元性也反映在金融体系中,现代金融部门与传统金融部门并存。

(3) 金融市场落后。发展中国家的金融市场通常较为落后,金融机构单一,商业银行在金融活动中占据主导地位,非银行金融机构发展不足。此外,金融市场的专业化程度低,金融效率不高。

(4) 直接融资市场落后。发展中国家的直接融资工具种类相对单一,主要以股票和债券为主,其他类型的直接融资工具如私募股权、风险投资等发展不足。这限制了融资者的融资渠道选择,也影响了投资者的投资多元化。

(5) 金融管制严格。政府往往通过控制利率和汇率等金融政策,以及实施信贷配给和额度控制等手段,对金融市场进行干预。

(三) 金融抑制的负效应

(1) 负收入效应。由于人为压制利率和高通胀,人们会减少以货币形式保有的储蓄,从而使投资来源枯竭,收入水平下降。这种效应直接影响了人们的储蓄意愿和投资能力,对经济发展产生不利影响。

(2) 负储蓄效应。由于储蓄实际利率较低或为负利率,人们被迫采用购买实物、增加消费支出以及向国外转移资金的方式来规避风险,使得国内储蓄锐减。这意味着社会的资金积累速度减缓,无法为经济发展提供足够的资本支持。

(3) 负投资效应。由于发展中国家急于实现"工业现代化",政府常常利用国家集权方式将有限的资金投向所谓的"新兴产业",而忽视了对发展中国家传统产业特别是农业部门的投资。这种投资结构的不平衡不仅会导致资金的浪费,还可能阻碍经济的均衡发展。同时,"新兴产业"的吸纳力有限,也可能造成资源的错配和浪费。

(4) 负就业效应。由于金融抑制对传统经济部门的限制,大量劳动力可能流向城市,而资本密集型的投资又减少了传统劳动密集型产业对就业的贡献。这可能导致严重的失业问题,加剧贫富分化,对社会稳定产生负面影响。

以上几个方面的负效应严重制约了发展中国家的经济发展和经济稳定,因此推动金融深化至关重要。

二、金融深化

(一)金融深化的概念

金融深化,是指一个国家的金融和经济发展之间呈现相互促进的良性循环状态。在这种状态下,政府放弃对金融体系和金融市场过分的行政干预,放开利率和汇率,使其充分反映资金和外汇的实际供求情况,从而充分发挥市场机制的调节作用,有效地控制通货膨胀。

(二)金融深化的主要内容

(1)放松利率管制。发展中国家为了控制资金成本,引导资金流向关键领域,促进经济增长,政府往往会规定官方利率。官方利率一般远低于市场供求均衡利率,因此在信贷分配上可能会出现大量的权力寻租、以权谋私等问题。为了解决这些问题,不少发展中国家逐步放松了对利率的管制,采取较为灵活的方式管理利率。

(2)放松汇率管制。发展中国家为了防止资本外流导致通货膨胀和外汇储备流失,常常对汇率进行管制,管制汇率往往会高估本国货币,一旦放开,可能出现本币的大幅贬值,引发严重的通货膨胀。因此,不少发展中国家对汇率的放松比较谨慎,一般采取分阶段、逐步放开的方法。

(3)放松信贷配额。发展中国家为了有效地配置有限的信贷资源,往往进行信贷配额。信贷配额会抑制金融市场的活力和创新,阻碍经济的发展。因此,为了提升金融市场效率,发展中国家逐步放松了信贷配额,银行可以根据市场需求和风险状况自主决定信贷额度,从而提高信贷资金的配置效率,促进经济增长。

(4)放松市场准入。多数发展中国家的经济发展水平不高,金融体系不完善,金融机构数量有限,且存在对本国和外国银行登记注册限制,常常导致金融垄断,进而导致信贷不合理分配和僵化利率,严重影响了金融市场的运行效率。为了提高金融市场效率,促进经济发展,许多发展中国家逐步放松市场准入条件,促进金融同业竞争。

(5)发展证券市场。在放松利率管制、放松市场准入和鼓励金融同业竞争的同时,提出金融自由化的发展中国家也积极发展证券市场,如增加可流通金融工具的发行数量,培育证券一、二级市场,完善有关的证券管理法规,适时对外开放证券市场。

（三）金融深化的效应

1. 爱德华·肖的观点

爱德华·肖认为，金融深化能够促进经济的增长，对一国经济增长和金融资源配置具有一系列正效应。

（1）储蓄效应。利率管制取消使得实际利率提高，储蓄变得更具吸引力，从而鼓励居民将更多资金存入金融机构。同时，金融深化还扩大了储蓄者的资产选择范围，使得他们能够根据个人风险偏好和收益预期来灵活选择储蓄方式，进一步提升了储蓄的积极性。此外，金融深化还有助于纠正汇率扭曲，降低国际融资难度，吸引国外资金流入，增加国内储蓄水平。

（2）投资效应。利率管制取消后，利率将作为一种有效的相对价格引导着资源的配置。随着储蓄效应和金融中介的发展，投资规模和投资效率都将得到提高。在这一过程中，储蓄者和投资者之间的竞争加剧，不仅提高了储蓄的分配效率，也优化了投资的选择和效益。此外，金融深化还降低了融资成本，使得企业更容易获得所需的资金支持，从而扩大了投资规模。

（3）就业效应。发展中国家的失业问题，一定程度上是由于金融抑制造成的。利率管制导致实际利率较低，从而导致储蓄率较低，进而导致生产因缺少资金而无法扩大。更糟糕的是，这些稀少的资金又被大量投入到资本密集型产业，从而使失业状况更为严重。而金融深化有助于缓解这一状况。

（4）收入分配效应。随着金融市场的深化和发展，资金流动更加自由，信贷资金分配更加合理，使得更多的人群和企业能够享受到金融服务，从而增加收入来源。此外，金融深化也有助于减少特权阶层对资源的垄断，降低贫富差距。通过提高金融市场的透明度和公正性，金融深化使得资源分配更加公平，为弱势群体提供更多发展机会。

（5）稳定效应。金融深化有助于改善国内储蓄流量和国际收支状况，使经济对国际贸易、国际信贷与国际援助等方面的波动具有更强的承受能力。此外，金融深化还有利于就业和产出的稳定增长，摆脱经济时走时停的局面，为经济的长期健康发展奠定坚实基础。

（6）减少效率损失和贪污腐化。虽然金融深化能提升金融体系的效率，但改革过程中如果监管不力，可能导致资源错配，进而造成效率损失。此外，金融深化也可能加剧贪污腐化问题。在改革过程中，由于权力与利益的重新分配，可能诱发一些不法分子利用改革漏洞进行贪污腐败活动。因此，爱德华·肖强调，在推进金融深化的同时，必须加强监管，完善法规，确保改革的顺利进行，防止效率损失和贪污腐化问题的发生。

2. 罗纳德·麦金农的观点

麦金农通过金融深化的导管效应和替代效应解释金融深化对经济增长

的促进作用。

(1) 货币与实物资本的互补性假说。传统理论认为,货币和实物资本作为两种不同的财富持有形式,是相互竞争的替代品。麦金农却提出货币与实物资本是互补品,而非替代品。麦金农这一假说有两个前提:一是发展中国家金融市场不发达,经济单位主要依赖自我积累来筹集投资所需的资金,即内源融资;二是投资具有不可分割性,即投资必须达到一定规模才能获得收益,因此投资者需要在具备相应规模的资源后才进行一次性投资。

(2) 发展中国家的货币需求函数。根据货币与实物资本的互补性假说,麦金农提出了适用于发展中国家的货币需求函数:

$$(M/P)^D = L(Y, I/Y, d-\pi^e) \tag{12-1}$$

式(12-1)中,$(M/P)^D$代表实际货币需求,M是名义货币存量(指广义货币,包括定期存款、储蓄存款、活期存款及流通中的通货等),P是价格水平,Y是收入,I是投资,I/Y是投资占收入的比重,d是各类存款利率的加权平均数,π^e是预期的未来通货膨胀率,$d-\pi^e$是货币存款的实际收益率。

L的所有偏导数都是正数,这表明解释变量与实际货币需求都是正相关关系:货币需求与收入正相关,这与传统理论相同;I/Y与实际货币需求是正相关关系,表明投资率越高,实际货币需求越大;货币存款的实际收益率$d-\pi^e$与货币需求也呈正相关关系,因为在严重的利率压制和通货膨胀下,货币的实际收益率往往为负数,这制约了货币需求,如果采取金融深化政策,使货币的实际收益率提高并转为正值,则持有货币就有实际收益,就会引致实际货币积累的不断增长和货币需求的增加。

(3) 金融深化的导管效应。麦金农在以上分析的基础上,推导出了发展中国家的投资函数,其表达式为:

$$I/Y = f(r, d-\pi^e) \tag{12-2}$$

式(12-2)中,r是实物资本的平均回报率,它与投资需求呈正相关关系;货币存款的实际利率$d-\pi^e$对投资率的影响分为两种不同的效应,即导管效应和替代效应。当货币存款的实际收益率低于投资的平均回报率r时,由于货币需求与货币存款的实际利率正相关,实际利率的上升,就会提高人们以货币的形式进行内部储蓄的意愿。在投资不可细分的假设下,内部储蓄的增加导致内源融资型投资上升。麦金农将货币存款的实际利率对投资的这种正向影响称为货币的导管效应,即货币在一定条件下是资本积累的一个导管,而不是实物资本的替代资产。

当货币存款的实际利率超过实物资本的平均回报率r时,经济主体将不

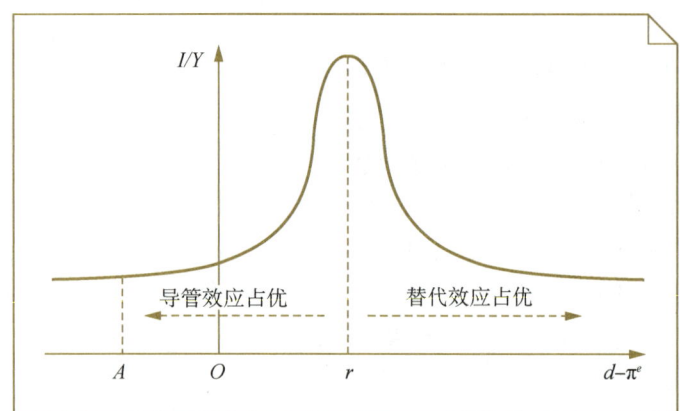

图 12-1
发展中国家货币的导管效应与资产替代效应

愿投资，持有货币，货币与实物资本之间传统的替代效应依然存在。当货币存款的实际利率 $d-\pi^e$ 较低时，导管效应比较明显，因而投资将随实际利率的上升而增加；但是，在货币存款的实际利率上升到超过实物资本的平均回报率 r 后，资产的替代效应将超过导管效应而居于主导地位，此时投资将随着利率的上升而减少。麦金农的上述观点可用图 12-1 表示。

假设某发展中国家处在金融抑制状态，由于人为压低利率和存在通货膨胀，实际利率为负值，在图 12-1 中用 A 点表示。当实施适当的金融深化政策后，货币存款的实际利率提高，在小于实物资本的平均回报率 r 的范围内，导管效应发挥作用，投资将增加；当存款的实际利率超过了实物资本的实际回报率 r 时，替代效应发挥作用，投资反而下降。

第三节 金融创新与经济发展

一、金融创新概述

（一）金融创新的概念

金融创新是指金融领域引进新的金融要素或对已有要素进行重新组合，主要表现在有别于以往的新业务、新技术、新工具、新机构、新市场与新制度安排的创造和推广。它是变更现有的金融体制和增加新的金融工具，以获取现有的金融体制和金融工具所无法取得的潜在利润的过程。

金融创新可以分为广义和狭义两种，广义的金融创新是指发生在金融领域的一切形式的创新活动，包括金融制度创新、机制创新、机构创新、管理创新、技术创新和业务创新。狭义的金融创新则主要指金融工具和金融服务等业务创新。

（二）金融创新的原因

金融创新一般是多种因素共同作用的结果，具体的原因包括技术进步、金融环境变化、监管政策调整、规避风险及满足客户需求与提升竞争力几个方面。

12-2 金融创新

1. 技术进步

技术进步是金融创新的重要驱动力。随着科技的发展,特别是互联网、人工智能、大数据等技术的广泛应用,金融机构能够提供更便捷、高效的金融服务,满足客户日益增长的需求。这些技术不仅推动了银行结算、清算系统和支付制度的创新,还为日益复杂的金融工具创新提供了技术保障。

2. 金融环境变化

金融市场的开放和改革为金融创新提供了更广阔的空间。金融机构可以利用开放的市场环境进行业务拓展和创新,拓宽业务范围和创收渠道。此外,经济环境的变化,如通货膨胀率和市场利率的波动,也促使金融业寻找新的投资工具来规避风险。

3. 监管政策调整

监管政策的调整和放宽也是金融创新的重要推动因素。政府通过改革金融监管政策,降低市场准入门槛,鼓励金融机构进行创新试验和探索,从而推动金融创新的发展。

4. 规避风险

随着金融市场的日益复杂,金融机构面临着更大的风险。为了规避这些风险,金融机构通过创新减少潜在的损失。

5. 满足客户需求与提升竞争力

金融创新也源于对客户需求的不断满足和提升竞争力的需求。金融机构通过创新金融产品和服务,能够更好地满足客户的多样化需求,从而在激烈的市场竞争中脱颖而出。

(三)金融发展的新理念

1. 科技金融

科技金融是指通过金融制度、金融工具、金融产品与服务的系统性安排,为科技创新、科技成果转化和科技型企业发展提供全方位融资支持与风险管理的金融体系。它不是简单的"科技+金融",而是以金融为手段、科技为服务对象,强调金融资源与科技创新的深度融合,解决科技企业"融资难、融资贵、融资慢"等核心痛点。

从历史演进看,科技金融的雏形可追溯到18世纪中后期英国商业银行对蒸汽机产业的设备抵押贷款,19世纪末美国投资银行为铁路、电气化企业发行股票与债券则标志着市场主导型结构的成型;真正意义上的现代科技金融范式诞生于1970年后的美国硅谷,半导体-软件-互联网的技术浪潮催生了"风险投资+并购退出+纳斯达克上市"的经典组合,使技术资产首次实现了大规模证券化与流动性溢价。进入21世纪,技术资产证券化、政府引导基金、跨国并购基金、金融科技平台等工具层出不穷,科技金融正式步入

12-3 科技金融

多元融合的全球化阶段。

中国的科技金融几乎与改革开放同步。1985年,国家设立中国新技术创业投资公司并发放首笔科技贷款,正式启动科技贷款业务,以贴息贷款方式支持技术革新;1999年,《关于建立风险投资机制的若干意见》奠定了风险投资制度的框架;2006年,《国家中长期科技发展规划纲要》首次提出"科技金融体系"概念;2019年,科创板设立并试点注册制,允许未盈利科技企业上市;2021年,北京证券交易所成立,聚焦"专精特新"企业的融资需求,中国的科技金融由此完成了"行政拨款—政府主导—市场机制引入—多元融合"的四阶段跃迁,并在政府引导基金规模、多层次资本市场建设等方面跃居全球前列。

2. 绿色金融

绿色金融是指金融业为支持环境改善、应对气候变化和资源节约所实施的高效经济活动。这些活动包括为环保、节能、清洁能源、绿色交通、绿色建筑等领域的项目投融资、项目运营、风险管理等提供金融服务。其突出特点是强调人类社会的生存环境利益,它将对环境保护和对资源的有效利用程度作为计量其活动成效的标准之一,通过自身活动引导各经济主体注重自然生态平衡。它讲求金融活动与环境保护、生态平衡的协调发展,最终实现经济社会的可持续发展。其核心目标是促进环保和经济社会的可持续发展。

"绿色金融"的发展历史,可以追溯到20世纪的70年代。早在1974年,当时的联邦德国就成立了世界第一家政策性环保银行,命名为"生态银行",专门负责为一般银行不愿接受的环境项目提供优惠贷款。2002年,世界银行下属的国际金融公司和荷兰银行,在伦敦召开的国际知名商业银行会议上,提出了一项企业贷款准则,即赫赫有名的"赤道原则"。这项准则要求金融机构在向一个项目投资时,要对该项目可能对环境和社会的影响进行综合评估,并且利用金融杠杆促进该项目在环境保护以及周围社会和谐发展方面发挥积极作用。现在"赤道原则"已经成为国际项目融资的一个新标准,全球已有60多家金融机构宣布采纳"赤道原则",那些采纳了"赤道原则"的银行又被称为"赤道银行"。

绿色金融在国际上呈现出蓬勃发展的态势,越来越受到全球各国政府、金融机构以及国际组织的关注和重视。各国纷纷出台了一系列绿色金融政策,鼓励金融机构加大对绿色项目的投融资力度,同时全球许多大型银行、保险公司和投资机构已经设立了专门的绿色金融业务部门,致力于开发绿色债券、绿色贷款、绿色基金等金融产品,以满足投资者对环保项目的投资需求。

12-4 绿色金融

专栏12-2

绿色金融之中国实践

中国的绿色金融发展史可以追溯至20世纪90年代,经历了三个阶段的发展,至今已取得了显著的进步。

1. 初步探索阶段(1995—2011年)

1995年2月,中国人民银行发布了《关于贯彻信贷政策和加强环境保护工作有关问题的通知》,这是我国首次在文件中强调金融部门要将发展信贷工作和环境保护工作相结合。2004年和2007年,银监会分别发布了关于信贷风险管理和节能减排授信工作的通知,进一步强调了对高污染、高排放行业的信贷管理。

2. 初步建设阶段(2012—2016年)

2012年,银监会发布了《绿色信贷指引》,强调绿色信贷对绿色经济、低碳经济和循环经济的促进作用。同年,在联合国可持续发展大会上,中国政府首次提出了建设绿色金融体系的构想。2015年,中国政府颁布了《关于积极推进绿色发展的指导意见》,明确了对绿色金融的支持政策,各大商业银行开始探索绿色金融产品和服务。

3. 发展壮大阶段(2017年至今)

2017年,国家发改委、人民银行等九部委联合发布了《关于建立绿色体系的指导意见》,进一步明确了我国推进绿色金融的重点领域和政策措施。在此期间,中国绿色债券市场迅速增长,绿色信贷业务得到广泛推广,市场主体积极参与绿色金融活动。绿色金融政策不断完善,包括碳减排支持工具的推出、绿色债券支持项目目录的更新等,这些都极大地推动了中国绿色金融的发展。

目前,中国在绿色金融政策、绿色实践以及市场规模等方面都取得了显著成绩。特别是在绿色信贷和绿色债券方面,中国的发展已经走在世界前列。政府部门发布了一系列关于绿色信贷的政策意见,为银行绿色信贷业务的行业规范及健康发展提供了指引。绿色信贷规模和比例不断上升,同时,"两高一资"行业贷款规模和比例迅速降低,显示出绿色信贷在引导资金流向、促进节能减排方面的积极作用。同时,中国已经发展出多样化的绿色金融产品序列,包括绿色信贷、绿色债券、绿色信托、绿色保险、绿色基金等。中国的绿色金融市场正在逐步丰富和完善,为各类企业和项目提供了多元化的融资渠道。

3. 普惠金融

普惠金融是指立足机会平等要求和商业可持续原则,以可负担的成本为有金融服务需求的社会各阶层和群体提供适当、有效的金融服务。普惠金融这一概念由联合国在2005年提出,是指以可负担的成本为有金融服务需求的社会各阶层和群体提供适当、有效的金融服务,小微企业、农民、城镇低收入人群等弱势群体是其重点服务对象。这个概念强调金融服务的普及

12-5 普惠金融

性和包容性，确保不同社会群体都能以合适的价格、及时、有尊严地享受到金融服务。

目前，普惠金融在全世界范围内取得的成效显著，其概念和实践逐渐得到广泛认可和推广。首先，普惠金融极大地扩大了金融服务的覆盖面。无论是发达国家还是发展中国家，普惠金融都致力于将金融服务延伸到以往被忽视的群体，如农村人口、低收入家庭、小微企业等。其次，普惠金融在促进经济发展和社会稳定方面发挥了重要作用。通过提供便捷、低成本的金融服务，普惠金融有助于激发创业精神，促进小微企业和农村经济的发展。同时，它也为弱势群体提供了应对风险和挑战的工具，增强了他们的经济稳定性和抗风险能力。此外，普惠金融还推动了金融行业的创新和发展。随着数字技术的广泛应用，普惠金融领域涌现出许多新型金融产品和服务，如移动支付、网络借贷、数字保险等。这些创新不仅提高了金融服务的效率和便捷性，也降低了运营成本，使得更多人能够享受到高质量的金融服务。

专栏12-3

普惠金融之中国实践

我国近年来高度重视发展普惠金融。2013年，党的十八届三中全会正式提出"发展普惠金融"。2015年，国务院印发了《推进普惠金融发展规划（2016—2020年）》。2020年，党的十九届五中全会明确提出了要增强金融的普惠性。

近十年来，我国的普惠金融发展取得了积极的成效。

一是金融服务覆盖面逐步扩大。县域和农村地区基础金融服务发展迅速。目前，全国银行机构网点覆盖97.9%的乡镇，基本实现乡乡有机构、村村有服务、家家有账户。全国乡镇基本实现保险服务全覆盖，大病保险已覆盖12.2亿名城乡居民。农业保险已覆盖农林牧渔各领域，2023年1—8月，覆盖农户1.4亿户次，提供风险保障3.7万亿元。

二是重点领域金融服务可得性持续提升。近年来小微企业支持、乡村振兴、巩固拓展脱贫攻坚成果等重点领域金融服务呈现"增量、扩面"的态势，为实体经济发展提供强有力保障。截至2023年8月末，全国小微企业贷款余额67.7万亿元，涉农贷款余额55.0万亿元。其中，普惠型小微企业贷款余额27.4万亿元，近五年年均增速约25%。推出利率优惠、财政贴息的脱贫人口小额信贷（原扶贫小额信贷），累计发放9 600多亿元，支持2 300多万户次。

三是人民群众对金融服务满意度逐步提高。小微企业等经营主体获取金融服务的成本更低。2023年前8个月，全国新发放普惠型小微企业贷款平均利率4.8%，较2017年累计下降3.1个百分点。金融科技的发展加速各类业务数字化转型，人民群众存款、取款、支付更方便、更快捷。保险机构聚焦重点群体，提供具有普惠性质的保险产品和服务，更好满足了广大人民群众和企业的风险保障需求。

金融消费争议解决渠道进一步畅通，消费者权益保护和风险防范意识逐步增强。

资料来源：邢炜.银行业普惠金融十年发展成效回顾与展望[C].2023金融街论坛年会——中国银行业普惠金融高质量发展主题论坛,2023-11-08.

4. 养老金融

养老金融是一个概念体系，是指为了应对老龄化挑战，综合运用信贷、保险、债券、股权、理财等金融工具，满足社会成员的多样化养老需求，服务银发经济发展的一系列金融活动总和，主要包括养老金金融、养老服务金融和养老产业金融三个方面。养老金融既有金融的盈利属性，更有社会保障的稳定功能。养老金融的发展有助于推动养老产业的发展，为经济增长提供新的动力。

12-6 养老金融

世界银行于1994年首次提出并不断完善其"三支柱"养老金模型，这一模型已成为全球养老金制度设计的通行语言。其核心理念是通过多层次的养老金体系，平衡社会共济、储蓄积累与个人补充，以应对人口老龄化带来的挑战。其中，第一支柱是强制参加的公共现收现付计划，强调社会共济与贫困预防；第二支柱是雇主或个人强制缴费的积累制计划，突出储蓄与投资收益；第三支柱是个人自愿参加的补充储蓄，追求灵活性与多样化。各国根据自身国情进行了多样化实践，美国以"OASDI＋401(k)＋IRA"为典型，北欧国家通过"名义账户制"缓冲现收现付压力，智利1981年率先引入私营管理的个人账户，新加坡则以中央公积金制把住房、医疗、教育等功能整合进同一账户。

中国的养老金制度框架于1991年确立，以社会统筹与个人账户相结合的基本养老保险作为第一支柱；2004年，企业年金作为第二支柱正式启动，旨在为企业员工提供补充养老保障；2018年，个人养老金作为第三支柱启动，通过税收优惠等政策激励个人自愿储蓄。目前，中国正在进行全国统筹与个人账户改革，以解决地区间基金余缺不均、激励不足等问题。全国统筹旨在通过中央调剂金制度，平衡不同地区的养老金收支压力，确保养老金制度的可持续性；个人账户改革则聚焦于提高透明度和投资效率，通过市场化投资实现养老金的保值增值。

 **专栏12-4**

中国养老金融的演进脉络

1. 传统期（1949—1990年）：家庭养老与单位保障

计划经济时代，养老以家庭赡养和国有企业"单位福利"为主，资金循环封闭，金融功能缺位。

2. 制度初创期（1991—2003年）：第一支柱建立与第二支柱萌芽

1991年，国务院提出建立"基本养老保险+企业补充养老保险+个人储蓄性养老保险"三支柱设想。1997年，统账结合的基本养老保险制度正式运行，资金当期结余开始委托全国社保基金理事会进行市场化投资，养老金融迈出第一步。

3. 市场化探索期（2004—2015年）：企业年金与社保基金投资

2004年，《企业年金试行办法》出台，第二支柱正式启航。2006年，《全国社会保障基金投资管理暂行办法》允许社保基金进入股票、债券、股权等市场，养老金资产开始与金融市场深度对接。2013年，国务院《关于加快发展养老服务业的若干意见》首次将"老年金融服务"纳入政策文件，标志养老产业金融概念萌芽。

4. 政策密集期（2016—2021年）：产业基金、专项债与第三支柱提出

2016年，央行等五部委出台《关于金融支持养老服务业加快发展的指导意见》，提出开发差异化养老金融产品；同年财政部设立养老产业引导基金，并以吉林、山东等八省份为试点，撬动社会资本进入养老产业。2018年，税延型商业养老保险试点启动。2021年，国民养老保险公司获批，银行理财子公司成为股东主力，为第三支柱落地奠定机构基础。

5. 体系成型期（2022年至今）：个人养老金启航与银发经济国家战略

2022年11月，个人养老金制度在36城试点，储蓄、理财、保险、基金四大类产品同台竞争，5 000万人开户，缴费超28亿元。2023年，中央金融工作会议将"养老金融"列为金融高质量发展"五篇大文章"之一。2024年，国办1号文《关于发展银发经济增进老年人福祉的意见》首次在国家层面提出丰富养老金融产品、支持银发经济融资；同年12月，央行等九部门发布《关于金融支持中国式养老事业 服务银发经济高质量发展的指导意见》，养老金融正式成为应对人口老龄化的国家战略支柱。

资料来源：根据网上资料整理。

5. 数字金融

数字金融是指借助大数据、人工智能、区块链、云计算等数字技术实现金融业务的创新与发展，涵盖数字支付、数字货币、数字银行、数字信贷、数字保险、数字证券等多个领域。数字金融通过优化金融资源配置、提升金融服务效率、拓展金融服务边界，为金融行业带来深刻的变革。

12-7 数字金融

20世纪90年代，金融科技概念开始出现，当时主要由传统金融机构主导，利用信息技术推进流程电子化。1999年，第一家主要在线运营的州特许、FDIC保险机构——第一互联网银行成立。2008年金融危机后，金融监管变革与数字技术进步共同推动金融科技进入新阶段，区块链、大数据、云计算、人工智能等数字技术广泛应用于金融业，提升变革速度。2010年后，金融科技领域的投资迅速增长，特别是在移动支付、在线借贷和数字银行等领域。这一时期，数字金融在全球范围内迅速发展，尤其是在新兴市场，移

动支付和数字银行等服务为金融服务不足的人群提供了更多机会。

中国的数字金融发展大概经历了30年,这其中以2003年为分水岭,2003年之前是金融业的电子化和信息化过程,这是数字金融最早期的表现。2003年,支付宝的产生标志着中国数字金融进入了一个新的发展阶段。2013年,微信支付的出现改变了移动支付的市场格局,此外,银联、银行等也开始发力移动支付。从此,数字金融开始在中国金融系统内生根发芽,并迅速向金融业的各个领域蔓延。近年来,我国在数字金融领域发展取得明显成效,移动支付、数字信贷等领域已走在全球前列。以数字人民币为例,截至2024年5月末,数字人民币试点范围已扩大至17个省(自治区、直辖市)的26个地区,已落地线上线下场景近68.6万个,数字人民币累计交易金额达6.6万亿元,相较于2023年交易金额同比增长7.3倍。

二、金融创新对经济发展的影响

(一)对经济发展的推动作用

1. 提升金融服务效率

金融创新通过引入新技术和新型金融产品,提高了金融服务的效率。例如,移动支付、网上银行等新型金融服务方式使得人们可以更加便捷地进行金融交易,大大缩短了交易时间,降低了交易成本。这种效率提升有助于加速资金流动,优化资源配置,从而促进经济发展。

2. 促进经济增长

金融创新有助于拓宽融资渠道,降低融资门槛,使得更多的企业和个人能够获得资金支持。金融创新还有助于激发市场活力,推动创新创业,促进产业升级和经济发展。同时,金融创新还可以为政府提供更多的财政支持,增加公共投资,进一步推动经济增长。

(二)对经济发展的不利影响

1. 增加金融风险

金融创新往往伴随着新的风险点。例如,一些高风险、高杠杆的金融产品可能导致市场波动加剧,甚至引发金融危机。此外,随着金融市场的日益复杂化,信息不对称问题也可能加剧,使得投资者面临更大的风险。这些风险一旦爆发,可能对整个经济体系造成冲击。

2. 加剧经济波动

金融创新可能导致经济波动加剧。一些新型金融产品和业务模式可能具有较高的杠杆率和波动性,使得市场更加敏感和脆弱。在经济下行时期,这些高风险因素可能引发连锁反应,加剧市场恐慌和波动,对经济发展造成不利影响。

关 键 词

金融发展　金融抑制　利率管制　汇率管制　信贷配额　市场准入　金融深化　金融创新　科技金融　绿色金融　普惠金融　养老金融　数字金融

本 章 小 结

1. 金融发展是指金融结构的变化，金融结构包括金融工具的结构和金融机构的结构两个方面。这两种不同的结构组合在一起，构成了不同特征的金融结构。通常而言，金融工具的丰富性与金融机构的发展水平共同决定了金融结构的层级。金融发展程度越高，则金融工具与金融机构的品类愈加丰富，数量更为庞大，其运作效率也相应更高。

2. 金融创新，作为金融发展的引擎，通过引入新工具、新技术和新业务模式等，不断满足市场需求，提高金融服务的效率和范围，为经济发展注入新鲜血液。

3. 经济发展水平决定了金融规模、金融层次和金融结构。

4. 金融发展通过提供资金支持、优化资源配置、管理风险、促进国际贸易、推动技术创新等多种方式，对经济发展起到重要的推动作用。

5. 金融抑制是针对发展中国家普遍存在的金融资产单一、金融机构形式单一、金融管制过多和金融效率低下等现象提出的，它解释了发展中国家金融业因抑制而不能有效促进经济增长的原因，并强调了金融深化对于经济发展的重要性。

6. 金融抑制的负效应包括负收入效应、负储蓄效应、负投资效应和负就业效应，这些负效应严重制约了发展中国家的经济发展和经济稳定，因此推动金融深化至关重要。

7. 金融深化，是指一个国家的金融和经济发展之间呈现相互促进的良性循环状态。

8. 金融创新是指金融领域引进新的金融要素或对已有要素进行重新组合，主要表现在有别于以往的新业务、新技术、新工具、新机构、新市场与新制度安排的创造和推广。

9. 金融发展的新理念主要包括科技金融、绿色金融、普惠金融、养老金融和数字金融。

学 术 前 沿 拓 展

1. 王力,宋林书.我国自贸试验区金融创新案例评述[J].银行家,2024(05):46-53.
2. 揭阳扬.金融抑制如何影响区域创新及其溢出效应？[J].当代经济,2024,41(03):61-73.
3. 曾小倩,等.发展中国家的金融深化与收入不平等——基于58个发展中国家面板数据研究[J].统计研究,2023,40(04):60-72.

习　题

一、单项选择题

1. 金融规模扩大的直接推动力是（　　）。
   A. 经济发展水平的提高　　　　　　　　B. 金融创新
   C. 政府政策　　　　　　　　　　　　　D. 国际贸易增长
2. 在经济发展的初级阶段，金融体系主要提供（　　）服务。
   A. 股票交易　　　　　　　　　　　　　B. 债券发行
   C. 存贷款服务　　　　　　　　　　　　D. 金融衍生品交易
3. 经济中的开放部门结构决定了（　　）。
   A. 金融服务的效率　　　　　　　　　　B. 金融市场的规模
   C. 金融业的开放结构　　　　　　　　　D. 金融机构的数量
4. 金融发展推动经济发展的方式不包括（　　）。
   A. 提供资金支持　　B. 优化资源配置　　C. 增加交易成本　　D. 管理风险
5. 金融机构通过（　　）方式将社会闲散资金转化为有效投资。
   A. 发放债券　　　　　　　　　　　　　B. 股票交易
   C. 吸纳储蓄和发放贷款　　　　　　　　D. 政府拨款
6. 金融市场降低融资成本的方式是（　　）。
   A. 提高利率　　　　　　　　　　　　　B. 增加税收
   C. 提供多元化融资渠道　　　　　　　　D. 限制贷款额度
7. 金融衍生品市场的主要功能是（　　）。
   A. 提供基本存贷款服务　　　　　　　　B. 管理风险和对冲
   C. 增加金融市场波动性　　　　　　　　D. 调控宏观经济
8. 金融通过（　　）机制优化资源配置。
   A. 价格发现　　　　B. 政府干预　　　　C. 强制分配　　　　D. 随机分配
9. 提出"金融抑制"这一概念的两位经济学家是（　　）。
   A. 亚当·斯密和约翰·梅纳德·凯恩斯
   B. 罗纳德·麦金农和爱德华·肖
   C. 米尔顿·弗里德曼和罗伯特·卢卡斯
   D. 保罗·萨缪尔森和詹姆斯·托宾
10. 发展中国家的金融市场通常较为落后，（　　）在金融活动中占据主导地位。
    A. 非银行金融机构　　　　　　　　　　B. 保险公司
    C. 商业银行　　　　　　　　　　　　　D. 证券公司

11. 金融抑制中,由于人为压制利率和高通胀可能导致的效应是( )。
   A. 正收入效应　　　B. 负储蓄效应　　　C. 正投资效应　　　D. 负收入效应

12. 在金融抑制下,发展中国家传统经济部门受到限制,可能导致的现象是( )。
   A. 增加就业　　　　　　　　　　　B. 减少贫富分化
   C. 严重的失业问题　　　　　　　　D. 提高社会稳定

13. 爱德华·肖认为金融深化对经济增长的主要正效应不包括( )。
   A. 储蓄效应　　　　　　　　　　　B. 消费效应
   C. 就业效应　　　　　　　　　　　D. 收入分配效应

14. 在爱德华·肖的理论中,金融深化对于( )的影响体现在资源分配的优化和融资成本的降低。
   A. 储蓄效应　　　B. 投资效应　　　C. 就业效应　　　D. 收入分配效应

15. 爱德华·肖强调,在推进金融深化的过程中,必须重视( ),以防止效率损失和贪污腐化问题的发生。
   A. 储蓄规模的扩大　　　　　　　　B. 金融监管的加强
   C. 利率水平的调整　　　　　　　　D. 金融市场的开放

16. 金融深化在爱德华·肖的理论中,主要是通过( )提高储蓄的吸引力的。
   A. 降低储蓄利率　　　　　　　　　B. 提高储蓄利率
   C. 扩大信贷规模　　　　　　　　　D. 限制储蓄期限

17. 爱德华·肖提出的金融深化理论中,其预期的正效应不包括( )。
   A. 提升投资效率　　　　　　　　　B. 增加就业机会
   C. 扩大贫富差距　　　　　　　　　D. 改善国际收支状况

18. 麦金农提出的金融深化理论中,货币与实物资本的关系是( )。
   A. 替代品　　　　B. 互补品　　　　C. 无关　　　　D. 不确定

19. 金融创新主要表现在( )。
   A. 新业务、新技术、新工具　　　　B. 新机构、新市场、新制度
   C. A和B都是　　　　　　　　　　D. 新理念、新政策、新规定

20. 金融创新中,技术进步的主要作用是( )。
   A. 推动了金融市场的开放　　　　　B. 降低了金融市场的风险
   C. 提供了更便捷、高效的金融服务　D. 增加了金融机构的运营成本

二、多项选择题

1. 经济发展水平对金融发展的决定作用体现在( )。
   A. 金融规模　　　　　　　　　　　B. 金融层次
   C. 金融结构　　　　　　　　　　　D. 金融机构的地理位置

2. 金融发展推动经济发展的方式包括（　　）。
   A. 提供资金支持　　　　　　　　　　B. 优化资源配置
   C. 管理风险　　　　　　　　　　　　D. 替代实体经济
3. 金融体系在经济发展中的作用有（　　）。
   A. 提供存贷款服务　　　　　　　　　B. 管理经济风险
   C. 促进国际贸易　　　　　　　　　　D. 完全取代政府角色
4. 金融市场的功能包括（　　）。
   A. 融资功能　　　　　　　　　　　　B. 价格发现
   C. 风险管理　　　　　　　　　　　　D. 监管金融机构
5. 金融抑制的表现包括（　　）。
   A. 金融工具单一，规模有限　　　　　B. 金融市场专业化程度高
   C. 直接融资市场落后　　　　　　　　D. 金融管制严格
6. 金融抑制的负效应包括（　　）。
   A. 负收入效应　　B. 负储蓄效应　　C. 正投资效应　　D. 负就业效应
7. 爱德华·肖提出的金融深化的正效应包括（　　）。
   A. 储蓄效应　　　　　　　　　　　　B. 消费效应
   C. 就业效应　　　　　　　　　　　　D. 收入分配效应
   E. 稳定效应
8. 金融深化在减少效率损失和贪污腐化方面需要注意（　　）。
   A. 监管不力可能导致资源错配
   B. 改革过程中应完善法规
   C. 利率管制需要逐步取消
   D. 权力与利益的重新分配可能诱发贪污腐败
   E. 增加政府干预以提升金融体系的效率
9. 麦金农的金融深化理论中的"导管效应"主要体现在（　　）。
   A. 货币是资本积累的一个导管
   B. 货币替代实物资本
   C. 实际利率的上升会增加内部储蓄的意愿
   D. 投资随实际利率的上升而增加
10. 金融创新的原因包括（　　）。
    A. 技术进步　　　B. 金融市场封闭　　C. 监管政策调整　　D. 客户需求变化

三、判断题

1. 金融发展总是能够促进经济发展，没有任何负面影响。（　　）

2. 在经济发展初期,金融市场主要服务于大型企业和高收入群体。（   ）
3. 金融体系通过管理风险,减少了投资者和企业面临的不确定性。（   ）
4. 金融服务的普及和深化是促进经济包容性增长的重要手段。（   ）
5. 发展中国家普遍存在金融资产多样化和金融机构形式多样性。（   ）
6. 政府通过控制利率和汇率等手段对金融市场进行干预是金融抑制的一种表现。（   ）
7. 爱德华·肖认为,金融深化只能通过提高储蓄率来促进经济增长,没有其他效应。（   ）
8. 金融深化有助于改善国内储蓄流量和国际收支状况,增强经济对外部冲击的承受能力。（   ）
9. 麦金农认为货币与实物资本在发展中国家是互补的,而不是相互替代的。（   ）
10. 金融创新仅指金融工具和金融服务等业务创新。（   ）

四、问答题

1. 简述经济发展水平如何决定金融规模。
2. 金融发展如何优化资源配置并推动经济发展?
3. 简述麦金农提出的"导管效应"及其在金融深化中的作用。
4. 请简述金融创新对经济发展的推动作用主要体现在哪些方面?
5. 请简述金融创新对经济发展可能带来的不利影响有哪些?

参考文献

1. 李健.金融学[M].4版.北京:高等教育出版社,2022.
2. 黄达,张杰.金融学[M].5版.北京:中国人民大学出版社,2019.
3. 吴军梅.金融学[M].3版.厦门:厦门大学出版社,2020.
4. 万解秋.货币银行学通论[M].4版.上海:复旦大学出版社,2023.
5. [美]弗雷德里克·S.米什金.货币金融学[M].13版.王芳,译.北京:中国人民大学出版社,2024.
6. 曹龙骐.金融学[M].6版.北京:高等教育出版社,2019.
7. 戴国强,柳永明.货币金融学[M].5版.上海:上海财经大学出版社,2023.
8. 王力,宋林书.我国自贸试验区金融创新案例评述[J].银行家,2024(05):46-53.
9. 揭阳扬.金融抑制如何影响区域创新及其溢出效应?[J].当代经济,2024,41(03):61-73.
10. 曾小倩,等.发展中国家的金融深化与收入不平等——基于58个发展中国家面板数据研究[J].统计研究,2023,40(04):60-72.

习题参考答案

第一章 货币
习题参考答案

第二章 信用
习题参考答案

第三章 利率
习题参考答案

第四章 金融市场
习题参考答案

第五章 金融机构
习题参考答案

第六章 金融工具
习题参考答案

第七章 货币需求
习题参考答案

第八章 货币供给
习题参考答案

第九章 货币均衡
习题参考答案

第十章 货币政策
习题参考答案

第十一章 金融监管
习题参考答案

第十二章 金融发展
习题参考答案

图书在版编目(CIP)数据

金融学/李磊主编. --上海:复旦大学出版社, 2025.7. --(复旦卓越). --ISBN 978-7-309-17717-6

Ⅰ. F830

中国国家版本馆 CIP 数据核字第 2024AL4174 号

金融学
李 磊 主编
责任编辑/方毅超

复旦大学出版社有限公司出版发行
上海市国权路 579 号　邮编:200433
网址:fupnet@fudanpress.com　http://www.fudanpress.com
门市零售:86-21-65102580　团体订购:86-21-65104505
出版部电话:86-21-65642845
上海华业装璜印刷厂有限公司

开本 787 毫米×1092 毫米　1/16　印张 18.25　字数 327 千字
2025 年 7 月第 1 版第 1 次印刷

ISBN 978-7-309-17717-6/F·3076
定价:58.00 元

如有印装质量问题,请向复旦大学出版社有限公司出版部调换。
版权所有　侵权必究